Bayerischer Wald

Passau Regensburg Oberpfälzer Wald

**Dörfer und Städte · Kirchen und Klöster · Events
Naturerlebnisse · Museen · Hotels · Restaurants**

Die Top Tipps führen Sie zu den Highlights

von Regina Becker

Bayerischer Wald – die schönsten Radtouren

Bayerischer Wald Kaleidoskop

Leserforum

Die Meinung unserer Leserinnen und Leser ist wichtig, daher freuen wir uns von Ihnen zu hören. Wenn Ihnen dieser Reiseführer gefällt, wenn Sie Hinweise zu den Inhalten haben – Ergänzungs- und Verbesserungsvorschläge, Tipps und Korrekturen –, dann kontaktieren Sie uns bitte:

Redaktion ADAC Reiseführer
Travel House Media GmbH
Grillparzerstr. 12, 81675 München
adac.reisefuehrer@travel-house-media.de

Karten und Pläne

 Service

Bayerischer Wald aktuell A bis Z   131

Register   141

Den Bayerischen Wald multimedial erleben

Mit Ihrem Smartphone, Tablet-PC oder Computer können Sie viele Sehenswürdigkeiten des Bayerischen Waldes nun auch in bewegten Bildern erleben. Ergänzt wird das multimediale Angebot durch Hörstücke voller Hintergrundinformationen.

Im Buch finden Sie bei ausgewählten Sehenswürdigkeiten QR-Codes sowie Internet-Adressen.

▶ **Reise-Video Passau**
QR-Code scannen oder dem Link folgen:
www.adac.de/rf0113

Öffnen Sie den QR-Code-Scanner auf Ihrem Handy und scannen Sie den Code. Gut geeignet sind Apps wie barcoo oder Scanlife.

Die meisten Apps schlagen Ihnen nun ein Programm zum Öffnen des Films vor. Das iPhone startet ihn automatisch. Am flüssigsten laufen die Filme bei einer WLAN- oder 3G-Verbindung.

Sollten Sie kein Smartphone besitzen, dann nutzen Sie bitte die neben dem QR-Code stehende Internet-Adresse.

Bitte beachten Sie, dass beim Aufruf der Reise-Videos und Audio-Features über das Handy Kosten bei Ihrem Mobilfunkanbieter entstehen können. Im Ausland fallen Roaming-Gebühren an.

Bayerischer Wald Impressionen

Europas Grünes Dach

Der Bayerische Wald ist schön! Der Bayerische Wald ist groß! Der Bayerische Wald ist reich an Kulturschätzen! Von einem Bewohner des Bayerischen Waldes wird man solch begeisterte Ausrufe kaum zu hören bekommen, schließlich ist zurückhaltende Bescheidenheit ein typischer Wesenszug des Bayerwaldlers.

Und doch ist es wahr: Wochenlang könnte man durch die schier endlosen Wälder wandern, ehrfüchtig innehalten angesichts der herrlichen Ausblicke von seinen Berggipfeln und Monate damit zubringen, all seine Kirchen und Burgen, Klöster und Museen zu besuchen. Und weil das **Donautal** kaum irgendwo mehr als 60 km entfernt ist, sind auch das mittelalterliche **Regensburg**, die Agnes-Bernauer-Stadt **Straubing** und das barocke **Passau** gut zu erreichen.

Ein rauschendes Waldmeer

Urwüchsige Wildnis erwartet den Urlauber im **Nationalpark Bayerischer Wald**. Er ist Rückzugsgebiet für Luchs und Fischotter, Wasseramsel und Eisvogel. Perfekt ausgeschilderte Wanderwege und Fahrradrouten erschließen den Park, von den Gipfeln des **Großen Falkensteins** oder des **Lusen** reicht der Blick bis zu den Alpen im Süden und hinüber in den **Böhmerwald** im Osten. Dort findet das Schutzgebiet seine Fortsetzung im tschechischen **Nationalpark Šumava**. Šumava nennen die Tschechen den Böhmerwald, und was für ein schöner Name das ist! Denn im Tschechischen bedeutet er *Die Rauschende*, und tatsächlich ist das Rauschen des Windes in den Bäumen oft das einzige Geräusch, das der Wanderer zu hören bekommt.

Der **Große Arber**, der mit 1456 m höchste Berg des Mittelgebirges, reicht

Rechts oben: *Von Straubings Stadtturm blickt man über den Ludwigsplatz*
Rechts: *Dunkel ist das Wasser des von Fichtenwäldern gerahmten Großen Arbersees*
Oben: *Mit dem Pony über saftige Wiesen reiten – was kann es Schöneres geben?*
Unten: *Domspatzen auf dem Dienstweg*

hinein in die waldfreie, subalpine Zone und ist das Habitat von eiszeitlichen Pflanzen, die sonst nur noch in den Alpen vorkommen.

Vielfältige Städte an der Donau

Lebensader und südwestliche Grenze des Bayerischen Waldes ist die **Donau**. Im Süden eröffnet **Passau** den Städtereigen an ihrem Lauf. Die Fürstbischöfe verwandelten die **Dreiflüssestadt** an der Mündung von Inn und Ilz in die Donau im 17. Jh. in eine prachtvolle **Barockstadt**. Sie ließen den atemberaubend schönen **Dom St. Stephan** errichten und ihre **Residenz** unmittelbar nebenan mit erlesenen Kunstwerken ausstatten. Nicht für Schönheit, sondern für die hohe Kunst des geschliffenen Wortes sind die Kabarettisten des **Scharfrichterhauses** be-

tet. So unbeschadet hat die Stadt die letzten 700 Jahre überstanden, dass die UNESCO sie im Jahr 2006 zum **Weltkulturerbe** erklärte. Von welcher Richtung man sich Regensburg auch nähert, immer weist der himmelstürmende **Dom St. Peter** den Weg. Durch seine farbigen Glasfenster fällt gedämpftes Licht auf kunstvoll gefertigte Skulpturen und den edlen Silberaltar. Vom Repräsentationswillen der Fürsten von Thurn und Taxis kündet das **Schloss St. Emmeram**. Ganz zauberhaft ist sein Ballsaal, imposant das marmorne Treppenhaus.

Neben all seinen architektonischen Kostbarkeiten hat Regensburg auch ein reges **Kulturleben** zu bieten. Das Repertoire des Stadttheaters reicht von Schauspiel bis Ballett, und die sommerlichen Schlossfestspiele bringen Opernsänger von Weltrang nach Regensburg.

Zentrum des fruchtbaren Gäubodens ist **Straubing**. Von gediegenem Wohlstand künden hier die von Treppengiebeln bekrönten Häusern rund um den alles überragenden Stadtturm. Kostbares Kleinod der Frühgeschichte ist der **Römerschatz** im Gäubodenmuseum. Im August wird Straubings Fünfte Jahreszeit eingeläutet, denn dann beginnt mit dem

rühmt. Nichtsdestotrotz gehört der Blick von der **Veste Oberhaus**, in der die Bischöfe in Krisenzeiten Schutz suchten, hinunter auf Passaus Altstadt zu den schönsten Stadtpanoramen Europas.

Der erhabenen Strenge der Gotik ist die Altstadt von **Regensburg** verpflich-

Zug auf die Festwiese das **Gäuboden-volksfest**, Bayerns zweitgrößtes Volksfest.

Mit Fug und Recht als Tor zum Bayerischen Wald kann sich **Deggendorf** bezeichnen. Schon im Mittelalter war es, an einem natürlichen Donauübergang gelegen, eine wichtige Station am Handelsweg nach Böhmen. Ganz nah ist man hier dem Mittelgebirge, denn unmittelbar hinter den Stadtgrenzen erreicht das Bergmassiv des **Breitenauer Riegels** eine Höhe von bis zu 1100 m.

Oberpfälzer Ausblicke

Weiter im Norden, nur durch ein weites, von Regen und Chamb durchflossenes Tal vom Bayerischen Wald getrennt, erstreckt sich der **Oberpfälzer Wald**. Er zieht sich auf eine Länge von hundert Kilometern hinauf bis Waldsassen, seine höchste Erhebung ist der 901 m hohe Entenbühl bei Flossenbürg. Der Oberpfälzer Wald ist die etwas niedrigere und nicht ganz so waldreiche, die etwas weniger raue Variante des Bayerwaldes.

Es ist eine stille Landschaft, die den Besucher im Oberpfälzer Wald empfängt. Sanft wellen sich seine Hügel gen Osten, der nahen Grenze zur Tschechischen Republik entgegen. Wanderer finden in den weite Forsten malerische Bachläufe, die an bemoosten **Granitfelsen** vorbeifließen, und tief im Wald versteckte **Burgruinen**, etwa jene von Reichenstein bei Schönsee oder am Schellenberg nahe der Silberhütte.

Von menschlichen Eingriffen fast unberührt ist das **Waldnaabtal** zwischen Windischeschenbach und Falkenberg. Bizarre Steinformationen und mächtige Laubbäume säumen hier den Flusslauf.

Links oben: *Auf Regensburgs Bismarckplatz laden Cafés zum Verweilen, Mountainbiker begeistern sich für den Bikepark am Geißkopf*
Links: *Der Dom St. Stephan dominiert die Silhouette von Passaus Altstadt*
Oben: *Neukirchen beim Heiligen Blut ist ein bekannter Wallfahrtsort im Bayerischen Wald*

Folgt man der Waldnaab gen Norden, erreicht man das Stiftland. Hier breitet sich die einzigartige **Tirschenreuther Teichlandschaft** aus. Es ist eine wahre Lust, an ihren nur durch schmale Pfade getrennten und von Schilf und Lupinen umstandenen Seen vorbeizuwandern. Seinen Namen verdankt das Stiftland dem **Stift Waldsassen**. Dessen Basilika feiert architektonisch gewissermaßen eine Hochmesse des Barock, und in der Klosterbibliothek stützen meisterhaft gearbeitete Schnitzfiguren die umlaufenden Galerien mit gut gefüllten Bücher-

schränken. Größte Stadt der Region ist **Weiden in der Oberpfalz**. Rund um ihren Marktplatz laden nette Cafés zum Verweilen, Geschäfte zum Einkaufsbummel.

Lebendiges Brauchtum

Die weite Welt ist dem Bayerischen Wald inzwischen nahe gerückt. Doch vor noch nicht allzu langer Zeit war die Region sehr abgeschieden. Daran liegt es wohl, dass eine **originelle Volkskunst** hier wundervolle Blüten trieb. Die Freilichtmuseen von **Tittling** oder **Finsterau** bezeugen ebenso wie die Heimat- oder Bauernmuseen von **Grafenau** und **Zwiesel** den Geschmack, den die Bayerwaldler beim Bau und bei der Einrichtung ihrer Häuser bewiesen. Dieses Gespür für das Schöne lebt bei den **Glaskünstlern** von **Zwiesel** oder **Lohberg** fort. Seit über 600 Jahren entstehen hier feine Weingläser, mundgeblasene Vasen und bunte Schnupftabakgläser. Diese lange Handwerkstradition lässt das *Glasmuseum* in **Frauenau** Revue passieren.

Von der tiefen Verwurzelung der Bayerwaldler im **Glauben** zeugt das *Wallfahrtsmuseum* von **Neukirchen beim Heiligen Blut** mit seiner ergreifenden Ausstellung religiöser Kunst.

Eng mit diesem Glauben verbunden und fest im lokalen **Brauchtum** verwurzelt sind viele **Feste** im Bayerischen Wald. Ob nun das *Englmari-Suchen* in Sankt Englmar oder der *Pfingstritt* von Bad Kötzting, der *Further Drachenstich* oder die *Kerzenwallfahrt* zum Bogenberg – immer sind ganze Dorfgemeinden auf den Beinen, um ihre Traditionen zu feiern.

Oben: *Ein beliebtes Ausflugsziel ist der Dreisesselberg bei Breitenberg*
Unten: *Der Šumava-Nationalpark schließt unmittelbar an den Bayerischen Wald an*
Rechts oben: *Die vorbildlich sanierte Burg Wernberg birgt ein edles Hotel*
Rechts unten: *Im Winter verwandelt sich der Große Arber in ein Skigebiet*

Bei den alten Rittersleut'

Viele Jahrhunderten lang war der Bayerische Wald eine hart umkämpfte Grenzregion zwischen Bayern und Böhmen. Davon zeugen die vielen **Burgruinen**, die ihre Mauern und Zinnen über die Baumwipfel emporrecken. So erhebt sich bei Regen die **Ruine Weißenstein** auf dem Pfahl, und auch Haibach und Mitterfels werden von imposanten Festungen überragt. Nördlich von Passau verdankt ein ganzer Landstrich, nämlich das **Dreiburgenland**, den mittelalterlichen Wehranlagen seinen Namen. Im Oberpfälzer Wald beeindrucken die alte Stauferfeste **Flossenbürg** und die **Burg Leuchtenberg** hoch über dem Lerautal.

Auf in die Natur

Diese Burgen wachten im Mittelalter auch über die Handelswege durch das Mittelgebirge. Damals wurde auf ihnen Salz nach Böhmen und Luxusgüter nach Bayern transportiert. Mittlerweile folgen **Weitwanderwege** wie der **Böhmweg** oder der **Goldene Steig** diesen historischen Routen vom Donautal bis zur deutsch-tschechischen Grenze und darüber hinaus. Auf Tagestouren kann man die **Buchberger Leite**, die wohl schönste Wildbachklamm Bayerns durchqueren, den **Großen Arber** besteigen oder die **Rißlochfälle** bei Bodenmais besuchen.

Wer die Höhen des Bayerischen Waldes mit dem Fahrrad erkunden will, ist gut beraten, das **Mountainbike** zu wählen. Doch auch **Genussradler** kommen

auf ihre Kosten, etwa auf zu Fahrradwegen umgewandelten Bahntrassen wie dem **Donau-Regen-Radweg** von Bogen nach Miltach oder auf dem meist in Flussnähe verlaufende **Regental-Radweg**. Naab und Regen kann man auch mit dem Kanu erkunden – ein ganz besonderes Abenteuer.

Im Winter, wenn eine dicke Schneedecke das Land überzieht, verwandeln sich viele Wanderwege in herrliche **Langlaufloipen**. Dann nehmen auch die **Skilifte** an Arber und Geißkopf, am Silberberg und Pröller ihren Betrieb auf.

Geschichte, Kunst, Kultur im Überblick
Von der Altsteinzeit bis in die Moderne

ca. 10 000 v. Chr. Am Westrand des Bayerischen Waldes, etwa um Cham, Kötzting und Viechtach, leben Jäger, Fischer und Sammler.

ab 450 v. Chr. Während der La-Tène-Zeit siedeln Kelten entlang der Donau. Eine ihrer Wallburgen befindet sich auf dem Michelsberg über Kelheim.

15 v. Chr. Unter Kaiser Augustus dehnen die Römer ihr Reich bis ans Südufer der Donau aus und gründen dort die Provinz Raetia. Um die Grenze gegen die jenseits des Flusses siedelnden Kelten und Germanen zu sichern, entstehen die römischen Heerlager Castra Regina (Regensburg), Serviodurum (Straubing) und Castra Batavia (Passau).

um 200 Römische Soldaten und Händler bringen den christlichen Glauben in die Provinz Raetia.

ab 375 Die Völkerwanderung beginnt. Im Jahr 401 muss Rom alle Truppen von der bayerischen Donaugrenze abziehen, um sie in Italien beim Kampf gegen den Westgotenkönig Alarich einzusetzen. In den folgenden Jahrzehnten verwüsten Alemannen, Thüringer und schließlich die Hunnen unter Attila die Provinz Raetia.

um 460 Im Raum Passau bemüht sich der hl. Severin um den Schutz der verbliebenen römischen Bevölkerung vor den Germanen und den Erhalt des Christentums, allerdings ohne Erfolg. Die dem Heiligen geweihte Kirche St. Severin in Passau ist eine der wenigen, die über die Völkerwanderungszeit hinweg erhalten bleibt.

6. Jh. In Niederbayern leben Romanen, Alamannen, Goten, Langobarden und die aus Böhmen eingewanderten Baoivarii. Aus diesem Völkergemisch entsteht der Stamm der Bajuwaren.

um 550 Mit Garibald I. tritt das Herzogsgeschlecht der Agilolfinger in die Geschichte ein; in Regensburg hat es seine Residenz. Formal steht Bayern zwar unter der Oberhoheit der fränkischen Könige, wegen deren Schwäche können die Agilolfinger aber uneingeschränkt regieren. Da die Herzöge dem christlichen Glauben angehören, unterstützen sie die Missionierung ihrer heidnischen Untertanen. So gründet der irische Wandermönch Eustasius um 600 das Kloster Weltenburg.

739 Der hl. Bonifatius errichtet die Bistümer Regensburg und Passau.

8. Jh. Die Benediktinerklöster Niederaltaich, Metten und Pfaffmünster beginnen mit der wirtschaftlichen Nutzung des bis dahin kaum besiedelten Bayerischen Wald. So entstehen bis zum frühen 10. Jh. über 100 Siedlungen.

788 Unter Karl dem Großen gewinnt das Frankenreich an Macht. Karl lässt den bayerischen Herzog Tassilo III. wegen Bruchs seines Lehenseides verurteilen. Damit endet die Agilolfingerherrschaft, Bayern kommt unter fränkische Verwaltung.

843 Im Vertrag von Verdun teilen die Enkel Karls des Großen das Frankenreich untereinander auf. Ludwig II. erhält den Ostteil zwischen Rhein und Elbe und bis zu den Alpen. Daraus entsteht das Deutsche Reich. In Regensburg befindet sich eine bedeutende Königspfalz.

971 Unter Bischof Pilgrim wird das Bistum Passau zur größten Diözese des Deutschen Reiches.

1011 Der hl. Gunther gründet das Kloster Rinchnach und leitet eine neue Rodungsperiode im Bayerischen Wald ein.

um 1040 Um ihren Einfluss in Bayern zu sichern gründen die deutschen Könige Markgrafschaften, etwa um Nabburg und Cham.

um 1100 Die Grafen von Bogen avancieren zu einem der einflussreichsten Adelshäuser Bayerns und beherrschen auf dem Höhepunkt ihrer Macht das Land zwischen Isar und Laaber sowie den Bayerischen Wald bis zum Hohenbogen.

1180 Der Stauferkaiser Friedrich Barbarossa belehnt Otto I. von Wittelsbach mit

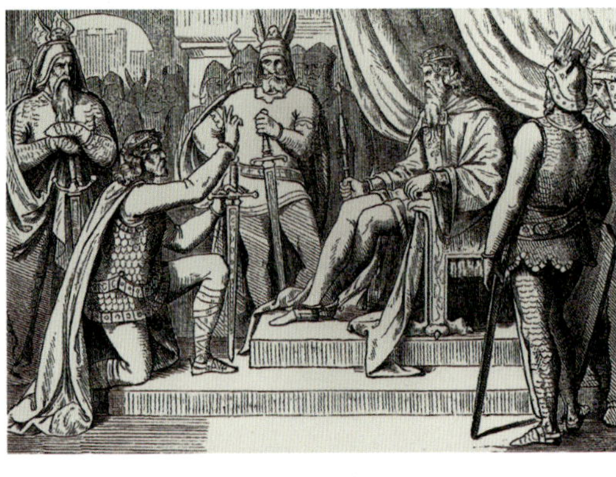

Bayernherzog Tassilo unterwirft sich Karl dem Großen

Otto I. (links) begründete die Wittelsbacher-Herrschaft

dem bayerischen Herzogtum. Bis 1918 herrschen die Wittelsbacher über Bayern.

1188 Nach dem Aussterben der Grafen von Sulzbach erbt der Kaiser den Nordgau, zu dem auch die heutige Oberpfalz gehört.

1191 Wolfger von Erla wird Bischof von Passau. An seinem Hof blüht die Dichtkunst. Neben Walter von der Vogelweide zählt auch der namentlich unbekannte Verfasser des Nibelungenliedes zu seinem Gefolge.

1204 Nach dem Aussterben der Markgrafen von Cham-Vohburg fällt ihr Besitz an Herzog Ludwig den Kelheimer. Er kontrolliert damit den wichtigen Handelsweg nach Böhmen durch die Cham-Further Senke. 1242 ziehen die Wittelsbacher auch das Erbe der Grafen von Bogen an sich, deren weiß-blaues Rautenwappen sie in das Ihre integrieren.

1217 Kaiser Friedrich II. erhebt Bischof Ulrich II. von Passau zum Reichsfürsten. Damit ist das Bistum der Hoheit der bayerischen Herzöge entzogen.

1255 Die Söhne Ottos II. von Wittelsbach teilen das Herzogtum Bayern unter sich auf. Niederbayern fällt an Heinrich, Ludwig erhält Oberbayern sowie den Titel des Pfalzgrafen bei Rhein. Dieser ist besonders presti-

geträchtig, da er mit der Kurfürstenwürde verbunden ist und zur Wahl des deutschen Kaisers berechtigt. Nach dem Tod des letzten Stauferkaisers Konradin erbt Ludwig zudem den Nordgau.

1314 Der Wittelsbacher Ludwig der Bayer, Herzog von Oberbayern und Pfalzgraf bei Rhein, wird deutscher König.

1329 Im Hausvertrag von Pavia teilt Ludwig der Bayer seine Erblande auf. Bei Ludwig bleibt Oberbayern, während die Pfalzgrafschaft bei Rhein sowie der Nordgau, nun als Obere Pfalz bezeichnet, an die Söhne seines Bruders Rudolf gehen.

1392 Das Wittelsbacher Territorium in Bayern zerfällt weiter. Es entstehen die drei Teilherzogtümer Bayern-Ingolstadt, Bayern-München mit dem Straubinger Land, das von der Donau bis Furth im Wald reicht, sowie das Herzogtum Bayern-Landshut. Besonders dieses finanzkräftige niederbayerische Herzogtum ist ständiger Zankapfel zwischen den unterschiedlichen Wittelsbacher-Linien.

1420 Böhmische Glasmacher wandern nach Bayern ein und lassen sich im Bayerischen Wald nieder. In Frauenau gründen sie die erste Glashütte.

1429 Aus Böhmen dringen die Hussiten vor. Viele Orte, darunter auch Zwiesel, werden verwüstet.

1435 Herzog Ernst von Bayern-München lässt Agnes Bernauer, die bürgerliche Gemahlin seines Sohns Albrecht, bei Straubing in der Donau ertränken.

1466 Ritter aus dem Straubinger Land und dem Bayerischen Wald gründen den Böcklerbund, um das Recht auf Mitbestimmung bei Kriegserklärungen und bei der Steuererhebung gegenüber dem Herzog von Bayern-München zu erzwingen.

Im folgenden Böcklerkrieg siegt der Herzog, die Burg des Böckler-Anführers Hans von Degenberg in Altnussberg wird völlig zerstört.

1505 Der Wittelsbacher Hausvertrag zwischen den Herzogtümern Bayern-München und Bayern-Landshut sieht vor, dass beim Fehlen eines männlichen Thronfolgers das verwaiste Herzogtum an die jeweils andere Familie fällt. Als Georg von Bayern-Landshut mit der Einsetzung seiner Tochter Elisabeth und deren Söhnen als Nachfolger gegen den Vertrag verstößt, kommt es zum Landshuter Erbfolgekrieg. Aus ihm geht Herzog Albrecht IV. von

Ottheinrich von der Pfalz herrschte im 16. Jh.

Bayern-München als Sieger hervor, damit ist Bayern wiedervereint. Fortan gilt auch in Bayern die Primogenitur, nach der der älteste Sohn das gesamte Reich erbt. Mit dem Sieg der Münchner Wittelsbacher-Linie beginnt der Aufstieg Münchens zur prunkvollen Hauptstadt, Nord- und Ostbayern verlieren an Bedeutung.

1525 Der Stadtrat von Straubing versucht, die Reformation einzuführen, scheitert jedoch am Widerstand des bayerischen Herzogs. Allein in der Freien Reichsstadt Regensburg kann sich die Lehre Luthers durchsetzen.

1542 Der protestantische

Pfalzgraf Ottheinrich von Wittelsbach führt in der Oberen Pfalz die Reformation ein.

1618 Der Dreißigjährige Krieg beginnt, als die protestantischen Stände von Böhmen den katholischen König Ferdinand von Habsburg für abgesetzt erklären und den protestantischen Pfalzgrafen Friedrich V. von Wittelsbach in Prag zum König krönen. Daraufhin verbündet sich Ferdinand von Habsburg mit dem bayerischen Herzog Maximilian I. gegen Böhmen und die Pfälzer Wittelsbacher-Linie. Nach dem Sieg erhält Maximilian die Obere Pfalz sowie die Kurwürde des Pfalzgrafen.

1631 Nach mehreren Siegen der Katholischen Liga um Kaiser Ferdinand II. und Herzog Maximilian I. greift König Gustav Adolf von Schweden auf Seiten der Protestanten in den Krieg ein. 1632 erreicht sein Heer die Oberpfalz und Niederbayern und verwüstet viele Städte und Dörfer.

1633 An Donau, Regen und im Bayerischen Wald kommt es zu Bauernaufständen gegen die schwedische Besatzung. Sie werden blutig niedergeschlagen.

1648 Mit dem Westfälischen Frieden endet der Dreißigjährige Krieg. Obere Pfalz und Kurwürde bleiben bei Bayern.

1663 In Regensburg beginnt der Immerwährende Reichstag, auf dem sich alle Stände des Deutschen Reiches vom Klerus über den Adel bis zum Kaiser über Reichsangelegenheiten beraten. Er soll zum Ausgleich zwischen den Konfessionen beitragen und einen erneuten Kriegsausbruch verhindern.

um 1700 Um Tirschenreuth und Erbendorf entstehen die ersten Glas- und Porzellanbetriebe.

18. Jh. Zeit des bayerischen Rokoko. Die Brüder Egid Quirin und Cosmas Damian Asam statten die Kirchen von Aldersbach, Gotteszell, Osterhofen, Rohr, Straubing und Weltenburg aus.

1701–17014 Bayerns Kurfürst Max Emanuel verbündet sich im Spanischen Erbfolgekrieg mit Frankreich gegen Österreich, um den Anspruch eines Enkels des französischen Königs auf den spanischen Thron durchzusetzen und die Erhebung Bayerns zum Königreich zu erreichen. Die Österreicher besetzen Bayern und Max Emanuel muss das Land verlassen, erst nach Kriegsende kann er zurückkehren. 1706 brechen in Niederbayern Bauernaufstände gegen die österreichischen Besatzer aus. In Aidenbach bei Vilshofen kommt es zum Kampf, die Bauern werden vernichtend geschlagen.

1778 Nach dem Aussterben der bayerischen Linie des Hauses Wittelsbach fällt Bayern an die Pfalz, wo der Wittelsbacher Karl Theodor regiert. Kaiser Joseph II. beansprucht daraufhin die Oberpfalz und Niederbayern, die er von Karl Theodor im Tausch gegen Freiburg und Konstanz auch erhält. Nun schaltet sich Preußen ein, weil es ein Ausgreifen des Kaisers nach Norden befürchtet. Es kommt zum Bayerischen Erbfolgekrieg. Im Frieden von Teschen muss Joseph II. Oberpfalz und Niederbayern an Bayern zurückgeben.

1803 Napoleon erklärt den Rhein zur Grenze zwischen Frankreich und den deutschen Territorien. Bayern verliert dadurch die Rheinpfalz und wird vom Reichsdeputationshauptschluss mit dem Kirchengut entschädigt. Allein in Niederbayern werden 55 Klöster und Stifte, darunter die Benediktinerabteien Weltenburg, Niederaltaich und Metten sowie das Fürstbistum Passau säkularisiert.

1805 Bayern verbündet sich mit Frankreich. Im Frieden von Pressburg wird Kurfürst Maximilian zum König erhoben. Im folgenden Jahr tritt Bayern dem von Napoleon dominierten Rheinbund bei und erklärt seinen Austritt aus dem Heiligen Römischen Reich Deutscher Nation. 1806 wird auch der Immerwährende Reichstag in Regensburg aufgelöst.

1812 Auch bayerische Soldaten müssen an Napoleons Russlandfeldzug teilnehmen. Der Krieg endet in einer militärischen Katastrophe, fast das gesamte bayerische Kontingent kommt um. Daraufhin sagt sich der bayerische König von Frankreich los und wendet sich den Alliierten um Preußen zu. Die nun beginnenden Befreiungskriege enden mit dem Sieg über Napoleon.

1815 Das Königreich Bayern tritt dem von Preußen und Österreich dominierten Deutschen Bund bei.

1825 Der Wittelsbacher Ludwig I. wird König von Bayern. Als ›nationale Weihestätten‹ lässt er die Walhalla bei Regensburg und die Befreiungshalle bei Kelheim bauen.

1858 Die Erschließung des Bayerischen Waldes durch die Eisenbahn beginnt. Zunächst entsteht eine Verbindung von München über Landshut nach Straubing. Bis 1877 sind auch Zwiesel und Bayerisch-Eisenstein ans Bahnnetz angeschlossen.

1871 Der Sieg Preußens im Deutsch-Französischen Krieg ermöglicht die Gründung des Deutschen Reichs.

1918 Nach der Niederlage des Deutschen Reichs im Ersten Weltkrieg bricht in München die Revolution aus. Kurt Eisner erklärt König Ludwig III. für abgesetzt. Damit endet die Herrschaft des Hauses Wittelsbach über Bayern.

1933 Reichspräsident Hindenburg ernennt Adolf Hitler zum Reichskanzler. Das am 31. März erlassene ›Gesetz zur Gleichschaltung der Länder mit dem Reich‹ hebt die Selbstständigkeit der Bundesländer auf. Oberpfälzer Wald, Bayerischer Wald und Fichtelgebirge werden zum ›Gau Bayerische Ostmark‹ zusammengefasst.

1938 Im Mai gründet die SS das Konzentrationslager Flossenbürg im Oberpfälzer Wald. In der Reichspogromnacht verwüsten die Nazis die Straubinger Synagoge. Bis 1945 werden fast alle bayeri-

schen Juden vertrieben oder in den NS-Vernichtungslagern ermordet.

1939–45 Besonders gegen Ende des Zweiten Weltkriegs kommt es in vielen Städten Niederbayerns zu schweren Zerstörungen. Nach Kriegsende wächst die Bevölkerung in manchen Gegenden Niederbayerns und der Oberpfalz durch den Zuzug von Flüchtlingen und Heimatvertriebenen aus den einstigen deutschen Ostgebieten stark an.

1946 Der Freistaat Bayern wird wieder errichtet.

1948 Angesichts des sich verschärfenden Gegensatzes zwischen Sowjetunion und Westmächten werden die bayerisch-tschechoslowakischen Grenzübergänge geschlossen.

1953 Um die wirtschaftliche Lage der Gemeinden entlang der innerdeutschen Grenze zu verbessern, beschließt die Bundesregierung die Zonenrandförderung. Sie ermöglicht Subventionen für Betriebe innerhalb eines 50 km tiefen Korridors entlang des Eisernen Vorhangs. Sowohl Oberpfälzer als auch Bayerischer Wald liegen fast vollständig innerhalb dieses Bereichs.

1970 Der Nationalpark Bayerischer Wald wird als erster deutscher Nationalpark gegründet.

1989 Mit dem Ende des Kalten Krieges öffnen sich auch die Grenzen zur damaligen Tschechoslowakei.

2007 Drei Jahre nachdem die Tschechische Republik das Schengener Abkommen unterzeichnete, enden die Kontrollen an den Landesgrenzen.

2009 Die Krise der ostbayerischen Glaserzeuger gipfelt im Aus für die Riedlhütte bei Grafenau, die seit 1450 Glas produziert hatte.

2013 Bayerische Landesgartenschau in Tirschenreuth. – Von einem verheerenden Donau-Hochwasser im Juni sind in Bayern Regensburg und Passau sowie die Landkreise Deggendorf und Straubing besonders schwer betroffen.

Unterwegs

Glasklar ist das Wasser der Kleinen Ohe
bei Waldhäuser im Bayerischen Wald

Das niederbayerische Donautal – traditionsreiche Städte am blauen Band

Wie an einer Perlenschnur sind die einstigen Handelszentren Straubing, Deggendorf und Passau an der Donau aufgereiht.

Weltberühmt ist **Straubings** Römerschatz im Gäubodenmuseum, weithin sichtbar der fünfdachige Stadtturm inmitten des Stadtplatzes. **Deggendorfs** Altstadt hat bis heute ihre mittelalterliche Gestalt bewahrt. In Passau schließlich ist der Repräsentationswille der Fürstbischöfe allgegenwärtig. Auf dem Höhepunkt ihrer Macht reichte ihr Bistum bis Wien, der Salzhandel auf der Donau mehrte ihren Reichtum. Zu welcher Prachtentfaltung die Kirche fähig war zeigt sich auch in den Klöstern an der Donau. **Niederaltaichs** Klosterkirche und die Bibliothek von **Metten** sind wahre Augenweiden, gleiches gilt für die Wallfahrtskirche auf dem **Bogenberg**.

1 Straubing

Zentrum des Gäubodens und Stadt mit einer fünften Jahreszeit.

Am Südufer der Donau liegt Straubing (45 000 Einw.). Als Zentrum des Gäubodens, einer fruchtbaren Landschaft entlang der Donau, prosperierte die Stadt schon im Mittelalter, imposante Bauwerke aus jener Zeit prägen Straubing bis heute. Da jede Generation dem Alten Neues hinzufügte, präsentiert sich die Stadt heute tatsächlich als ›moderne Metropole im historischen Gewand‹.

Geschichte Kontinuierliche Siedlungsspuren im Stadtgebiet Straubings reichen zurück bis in die Jungsteinzeit, an der wenig weiter östlich gelegenen Mündung des Allachbachs in die Donau entstand in spätkeltischer Zeit eine weitere Siedlung. Hier errichteten die Römer im 1. Jh. n. Chr. unter dem Namen **Sorviodurum** ein Kastell mit Lagerdorf mit Kastell. Nach dem Zusammenbruch des Römischen Reiches besiedelten keltischstämmige Bajuwaren das Straubinger Land. Dass sie sich auch im heutigen Stadtgebiet niederließen, beweist die

Auf dem Theresienplatz erhebt sich die Dreifaltigkeitssäule, überragt vom Stadtturm

Ausgrabung eines Friedhofs vom frühen 6. Jh. Auf einen bajuwarischen Sippenführer namens **Strupo Strupinga** soll auch der Name Straubing zurückgehen.

Westlich ihres Siedlungsgebiets gründete Herzog Ludwig I. der Kelheimer, der hier ein strategisch ideales Terrain zur Abgrenzung gegen den Einfluss der Grafen von Bogen und der Bischöfe Regensburgs fand, 1218 die **Straubinger Neustadt**. Bedeutende Baudenkmäler belegen den Wohlstand, den Straubing durch seine verkehrsgünstige Lage an der Kreuzung wichtiger Handelsstraßen erwirtschaftete. Prominentes Datum der Stadtgeschichte ist der 12. Oktober 1435. An diesem Tag ließ der Wittelsbacher Herzog Ernst die Gattin seines Sohnes Albrecht III., **Agnes Bernauer** [s. S. 25], wegen ihrer unstandesgemäßen Herkunft in der Donau ertränken.

Massive Zerstörungen und eine Dezimierung der Bevölkerung um fast die Hälfte brachte der Dreißigjährige Krieg. (1618–48). Am Wiederaufbau ab Ende des 17. Jh. wirkten bedeutende Künstler wie die **Gebrüder Asam** mit. Schwere Schläge erlitt die Stadt 1704 durch die Belagerungen der Österreicher während des Spanischen Erbfolgekrieges und den **Stadtbrand** 1780, der Teile des Zentrums verwüstete. Der Wiederaufbau im Stil des Rokoko und des Frühklassizismus prägt bis heute das Erscheinungsbild vieler Bürgerhäuser. Politisch blieb die Stadt unbedeutend, wirtschaftlich gelang ihr als Handelszentrum des Gäubodens ein erneuter Aufschwung. Heute ist Straubing ein moderner Industriestandort.

Das historische Zentrum

Ihre Namen verdanken Ludwigsplatz und Theresienplatz, der zweigeteilte Straßenmarkt im Herzen der Straubinger Innenstadt, dem Besuch des bayerischen Thronfolgerpaars im Jahr 1812. Gesäumt von Bürgerhäusern verschiedener Epochen zwischen Spätgotik und Klassizismus mit steil aufragenden Speichergiebeln und reich verzierten Rokokofassa-

den, bilden die Plätze ein harmonisches Ganzes.

Die Mitte von Straubings ›guter Stube‹ markiert der 68 m hohe **Stadtturm** ❶ (Informationen zu Führungen im Amt für Tourismus, s. u.) aus dem 14. Jh. Mit seinen fünf kupfergrün behelmten Spitztürmchen ist er das Wahrzeichen der Stadt. Er diente einst als Aussichtsposten und bot dem Türmer einen guten Rundumblick. So konnte er schnell melden, wenn in der Stadt ein Feuer ausbrach, Feinde nahten oder auf der Donau ein Schiff vorüber fuhr, von dem Zoll zu kassieren war.

Ostwärts zu Füßen des Stadtturms erstreckt sich der **Ludwigsplatz**, der werktags vom regen Treiben des Gemüse- und samstags vom Bauern- und Viktualienmarkt geprägt ist. Er steht unter der Obhut des ersten Stadtpatrons, der sich als steinerne Skulptur auf dem barocken **Jakobsbrunnen** ❷ (1644) erhebt.

Dem Stadtturm zur Seite steht das im späten 14. Jh. durch den Umbau zweier Handelshäuser entstandene **Rathaus** ❸. Sein heutiges Antlitz mit neugotischem Treppengiebel erhielt es, unter Berücksichtigung der ursprünglichen Form, allerdings erst Ende des 19. Jh.

Westlich schließt sich der **Theresienplatz** an. Sein im Wortsinn herausra-

gendstes Bauwerk ist die 15 m hohe **Dreifaltigkeitssäule** ❹. Flankiert von den Steinfiguren Mariens und des Verkündigungsengels von Michael Bernhard Mandl erhebt sich die helle Marmorsäule auf säulengerahmtem Postament. Oben thront auf korinthischem Kapitell die von Joh. Gottfried Frisch bewegt geformte, goldglänzende Dreifaltigkeitsgruppe. Die Straubinger lösten mit der Errichtung dieses Denkmals 1709 ein Gelübde ein, das sie fünf Jahre zuvor während der – gottlob vergeblichen – Belagerung der Stadt durch die Österreicher abgelegt hatten. Weitere Blickpunkte des Theresenplatzes sind der dem zweiten Stadtpatron geweihte, barocke **Tiburtiusbrunnen** ❺ (1685) zu Füßen des Stadtturms und die würdevolle einstige **Jesuitenkirche** ❻ weiter westlich. Sie ist spätgotischen Ursprungs, besticht aber seit einem umfassenden Umbau 1682 mit einem weiß stuckierten, weitläufigen Barocksaal.

Ein kurzer Abstecher nach Süden führt zur **Synagoge** in die Wittelsbacher Straße 2. Hier überstand das 1907 eingeweihte Gotteshaus der Israelitischen Kultusgemeinde die Verwüstungen der Nazizeit äußerlich weitgehend unbeschadet und zeigt sich in feinem neoromanischem Stil.

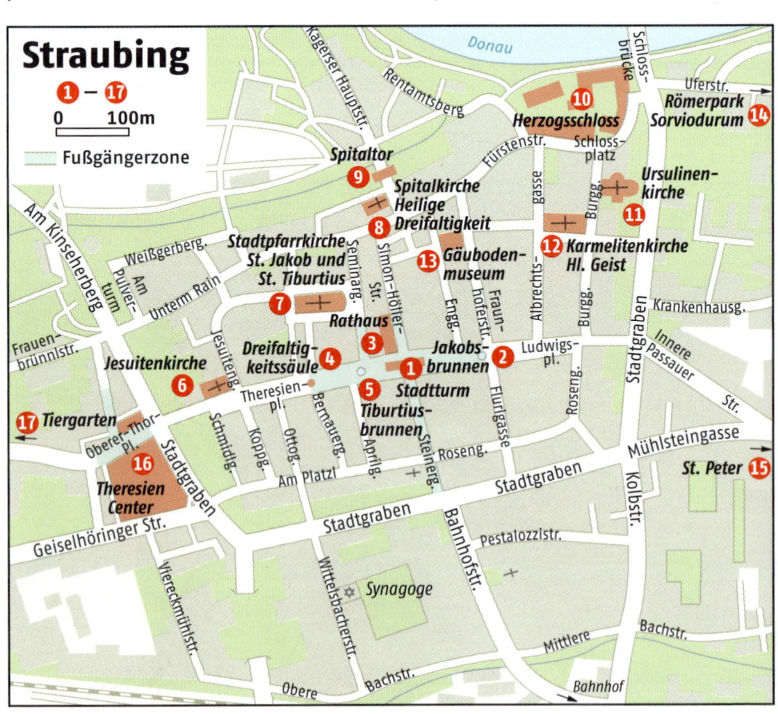

Den Torturm des Herzogsschlosses ziert das pfalzbayerische Wappen von Kurfürst Karl Theodor

Nördlich des Theresienplatzes gelangt man durch Jakobs- oder Seminargasse zur **Stadtpfarrkirche St. Jakob und St. Tiburtius** ❼ (15./16. Jh.), einer der größten gotischen Kirchen Altbayern. Ihr Turm ist 95 m hoch, bekrönt von einem auffällig schlanken Zwiebelhelm, der allerdings erst 1780 aufgesetzt wurde. Die backsteinerne Hallenkirche selbst ist gleichmäßig durch spitzbogige Maßwerkfenster und gestufte Strebepfeiler gegliedert. Das lichtdurchflutete Innere teilen schlanke Pfeiler in drei Schiffe, ringsum laufen 20 Seitenkapellen. Goldglänzende Blickfänge im Mittelschiff sind die 1752/53 von Wenzeslaus Miroffsky und Mathias Obermayr gefertigte *Rokoko-Kanzel* sowie der neugotischen *Hochaltar* mit einem eingesetzten spätgotischen Flügelaltar von 1485. Seine Flügelbilder zieren Episoden aus dem Leben Christi, die der Nürnberger Meister Michael Wolgemut vor detailreiche Landschaftskulissen malte. Rechts vom Hochaltar öffnet sich die um 1730 von den Brüdern Egid Quirin und Cosmas Damian Asam mit rauschendem Stuck ausgestattete *Tod-Mariä-Kapelle*, hinter ihm sind in der *Bartholomäus-Kapelle* am Grabdenkmal des Bürgermeisters Ulrich Kastenmeyer von 1431 körperliche Feinheiten virtuos herausgearbeitet.

Wenige Schritte weiter nördlich stößt man an der Spitalgasse auf das im 13. Jh. gegründete *Bürgerspital* und die **Spitalkirche Heilige Dreifaltigkeit** ❽. Ihr Kern ist mittelalterlich, wie an dem mit Laubwerk skulptierten Südportal noch zu erkennen ist. Der Innenraum wurde nach dem Stadtbrand 1780 von Franz Ignaz Hirschstetter frühklassizistisch umgestaltet. Frühbarock überformt wurde 1628 das gedrungene **Spitaltor** ❾ mit seinem niedrigen Turm dahinter. Es ist das einzige erhaltene Tor der mittelalterlichen Stadtbefestigung.

Ein Meisterwerk hochgotischer Schnitzkunst ist der Hochaltar von St. Jakob und Tiburtius

Bei römischen Militärparaden wurden die Masken im Gäubodenmuseum getragen

Die östliche Altstadt

Dem Verlauf der einstigen Stadtmauer ostwärts folgend gelangt man zum weiß verputzten, zinnenbekrönten **Herzogsschloss** ⑩. 1356 ließ Herzog Albrecht I. hier am Ufer der Donau seine Residenz errichten. Um einen Innenhof gruppieren sich fürstliches Wohnhaus, die Schlosskapelle St. Sigismund, ein Verwaltungstrakt sowie ein Wehrturm. In ihm war Agnes Bernauer [s. S. 25] vor ihrer Ermordung gefangen. Das heutige Erscheinungsbild des Schlosses prägen barocke Umbauten des 17. Jh. sowie die Umnutzung als Kaserne im 18. Jh. Inzwischen beherbergen die historischen Gemäuer Finanzamt, Stadtbibliothek und Stadtarchiv. Vis-à-vis vom

Zu Hochform liefen die Brüder Asam bei der Ausgestaltung der Ursulinenkirche auf

Schlossplatz erstreckt sich in der Burggasse die Straßenfront des 1691 gegründeten Ursulinenklosters (www.kloster.ur sulinen-straubing.de). Auch ein Kindergarten, eine Realschule, ein Gymnasium und eine Fachakademie sind hinter den historischen Mauern beheimatet.

In die Klosterfront fügt sich die schmale geschwungene Fassade der **Ursulinenkirche** ⑪ ein. Sie entstand 1736–41 auf kleeblattförmigem Grundriss als letztes gemeinsames Werk von Egid Quirin und Cosmas Damian Asam. Die Brüder schufen ein wahres Barockjuwel mit üppigen Stuckformen, ausgreifenden Figuren, gedrehten Säulen und schmuckreichen Emporen. Besonderes Augenmerk verdient der von zwei gedrehten Säulen flankierte Hochaltar. Links kniet betend der hl. Carl Borromäus, rechts breitet Ignatius von Loyola seine Arme aus.

Den Idealen eines Bettelordens folgt nahebei die ab 1368 von Hans Krumenauer und Hans von Burghausen als bescheidener Rohziegelbau errichtete gotische **Karmelitenkirche Hl. Geist** ⑫. Ihre heutige verputzte Fassade mit Pilastern, profiliertem Gesims und oktogonalem Turmgeschoss entstand erst ab 1700 im Zuge einer umfassenden Barockisierung nach Plänen von Wolfgang Dientzenhofer. Inne n präsentiert sich die lichte dreischiffige Pfeilerhalle im Stil der Spätgotik mit dezenten Stuckelementen über den Kapellennischen. Den feierlichen Glanzpunkt des in Weiß gehaltenen Kirchenraums bildet die goldgefasste *Kanzel* (1756/57) von Anton Abele mit üppigem Rocaille-Schmuck. Auch der monumentale, goldfunkelnde *Hochaltar*

(1741/42) mit Schnitzfiguren von Joseph Mathias Götz und dem Pfingstwundergemälde (1741) von Michelangelo Unterberger ist eine Augenweide. Im Mönchschor hinter dem Hochaltar beeindruckt das um 1410/20 aus Rotmarmor geschaffene *Hochgrab von Herzog Albrecht II.* († 1397) mit feinster Steinmetzarbeit.

TOP TIPP Durch die Zollergasse erreicht man schnell das **Gäubodenmuseum** ❸ (Fraunhoferstr. 23, Tel. 09421/974110, www.gaeubodenmuseum.de, Di–So 10–16

Uhr) mit Kostbarkeiten der Vor- und Frühgeschichte und einer stadtgeschichtlichen Sammlung. Zu ihr gehört die Kopie eines enorm detailfreudigen hölzernen Stadtmodells aus dem Jahr 1568 von Jakob Sandtner (Original im Bayerischen Nationalmuseum in München). Besuchermagnet aber ist der 1950 bei Aushubarbeiten im nahen Alburg entdeckte *Römerschatz.* Er besteht aus Waffen und Statuetten, aus Messingblech getriebenen Rossstirnen und bronzenen Parademasken. Wahr-

Straubings fünfte Jahreszeit: das Gäubodenvolksfest

Im Norden vom Bayerischen Wald und im Süden vom niederbayerischen Hügelland begrenzt, breitet sich in der Donauebene der **Gäuboden** aus. Es ist ein fruchtbares Lössgebiet, das sich auf etwa 15 km Breite und 60 km Länge zwischen Osterhofen und Wörth an der Donau erstreckt. Seine Entstehung verdankt es nacheiszeitlichen Winden, die aus den Schotterfeldern der Gletscher feinsten Gesteinsstaub alpenabwärts wehten und hier abgelagerten. Der Boden ist leicht zu bearbeiten und ertragreich, die Gegend von mildem Klima begünstigt und mit Niederschlag maßvoll versorgt – ein ideales Terrain für intensive agrarische Nutzung. Bis weit ins 20. Jh. hinein besserten viele arme Bayerwaldler ihr karges Einkommen als Saisonarbeiter bei den reichen Gäubodenbauern auf.

Größte Stadt und Zentrum dieser Kornkammer Bayerns ist **Straubing**. Hier findet alljährlich, beginnend am

TOP TIPP zweiten Freitag im August, das **Gäubodenvolksfest** (www.volksfest-straubing.de) statt. Es wurde erstmals 1812 als landwirtschaftliches Vereinsfest ausgerichtet, auf dem sich damals in erster Linie Bauern über Neuerungen in Ackerbau und Viehzucht informierten und beim Pferderennen mitfieberten. Diese Tradition wird heute mit der Ostbayernschau gewahrt, auf der mehr als 400 Aussteller aus Handel und Landwirtschaft ihre Produkte anbieten. Die meisten der rund 1,2 Mio. Besucher dieses nach dem Oktoberfest zweitgrößten Volksfestes Bayerns kommen allerdings wegen der Bierzelte, Fahrgeschäfte und Stände. Die elf Tage währenden Feierlichkeiten zelebriert Straubing als ›fünfte Jahreszeit‹. Den Auftakt bildet der farbenfrohe Auszug der Musik- und Trachtengruppen, der Festwägen und Pferdegespanne aus der Stadt zur Festwiese, den Abschluss ein grandioses Großfeuerwerk.

Alt und Jung amüsiert sich bestens auf dem Straubinger Gäubodenvolksfest

scheinlich versteckten ihn plündernde Alemannen im 3. Jh. auf dem Gelände eines römischen Gutshofes. Warum sie ihre Beute nie abholten, wird wohl ein Geheimnis bleiben.

Rund um Straubings historisches Zentrum

Östlich der Innenstadt zeugt der tagsüber frei zugängliche **Römerpark Sorviodurum** 14 (Tel. 09421/974115, www.gaeubodenmuseum.de, Zufahrt über Schlesische Straße ca. Höhe Nr. 35) von der Bedeutung, die der Kastellort Sorviodurum – so der römische Name von Straubing – einst als Militärplatz am Limes hatte. Im 1. und 2. Jh. n. Chr. schützten hier bis zu 1000 Bogenschützen die Nordgrenze des Römischen Reichs. Den Parkeingang markiert ein aus Holz nachgebautes Kastelltor mit zwei Wachtürmen. Einer ist begehbar und bietet nicht nur eine hervorragende Aussicht, sondern auch beliebte Kinderrutschen. Im Ausgrabungspark selbst kann man Abgüsse römischer Steindenkmäler entdecken, Fundamente eines Atriumshauses und Informationstafeln zur Stadtgeschichte.

Auf dem Rückweg in die Innenstadt erhebt sich nahe der Donau inmitten eines sehr stimmungsvollen Friedhofs die spätromanische dreischiffige Basilika **St. Peter** 15 (Petersgasse 50a, Innenbesichtigung nur mit Führung des Amtes für Tourismus, s. u.). Die zweitürmige Kirche wurde um 1200 anstelle eines karolingischen Vorgängerbaus errichtet. Im Tympanon des Westportals ist der Kampf eines Ritters gegen einen Drachen zu sehen. Auch die Steinmetzarbeiten des Südportals schildern metaphorisch den Kampf zwischen Gut und Böse. Eine edler Löwe steht hier einem Basilisken, einem Mischwesen aus Echse und Hahn, gegenüber. Von der ursprünglichen Innenausstattung blieb das romanische Kruzifix auf dem Hochaltar erhalten.

Wenige Schritte rechts der Kirche ließ Herzog Ernst auf dem Petersfriedhof 1436 die **Agnes-Bernauer-Kapelle** errichten. Mit ihrem Bau wollte er den von ihm betriebenen Mord an der heimlichen Gemahlin seines Sohnes Albrecht III. sühnen. Ein Netzgewölbe überspannt den Raum, an der Südwand zeigt ein rotmarmornes Epitaph eine Ganzfigur der Agnes Bernauer mit zwei Hunden.

Vor dem Verlassen des Friedhofs lohnt noch ein Blick in die 1486 erbaute **Totentanzkapelle**. Ihre kellerartig vertiefte Gruft diente einst als Beinhaus. Interessant sind insbesondere im Langhaus darüber die *Totentanzfresken* des Straubinger Malers Felix Hölzl von 1763. Darauf tanzen alle Stände der Gesellschaft mit dem Sensenmann.

Nach so viel Memento Mori kann ein Besuch im **Theresien Center** 16 (Oberer-Thor-Platz 3) jenseits des Theresienplatzes, also westlich der Innenstadt, eine willkommene Abwechslung sein. Unter seinem Dach sind mehrere Cafés, Mode- und Schmuckgeschäfte versammelt.

Noch etwas weiter außerhalb, am westlichen Stadtrand, erstreckt sich der 18 ha große **Tiergarten** 17 (Am Tiergarten 3, Tel. 09421/21277, www.tiergarten-straubing.de, März–Okt. tgl. 8.30–18, Nov.–Febr. tgl. 9–16 Uhr). Neben Pflege und Schau von rund 200 Tierarten aus heimischen und exotischen Gefilden gilt sein besonderes Interesse der Erhaltung alter Haustierrassen.

i Praktische Hinweise

Information

Amt für Tourismus, Rathaus, Theresienplatz 20, 94315 Straubing, Tel. 09421/944 ext. 0, www.straubing.de

Hotels

*****Bed&Breakfast Bredl**, Steinweg 32, Straubing, Tel. 09421/184872, www.hotel-bbb.de. Liebevoll restaurierte Villa der 1950er-Jahre mit charmantem Ambiente in großem Garten südlich des Zentrums.

*****Hotel Gäubodenhof**, Theresienplatz 32, Straubing, Tel. 09421/12275, www.hotel-gaeubodenhof.de. Solides Haus in der Fußgängerzone mit für gutbürgerliche Küche bekanntem Restaurant.

Restaurants

Gaststätte Unterm Rain, Unterm Rain 15, Straubing, Tel. 09421/22772, www.g-u-r.de. In den Sommermonaten zählt der Biergarten der Gaststätte nahe der Kirche St. Jakob zu den urigsten Aufenthaltsorten in Straubing.

SpeZerei Fröhlich, Theresienplatz 2, Straubing, Tel. 09421/989898, www.froehlich-in-straubing.de. Bio-Bistro und Mittagstisch zu moderaten Preisen im Rathaus.

Zum Geiss, Theresienplatz 49, Straubing, Tel. 09421/300937, www.zumgeiss-straubing.de. Heimische und italienische Küche in historischem Gasthaus (1462).

Da waren sie noch glücklich: Albrecht kehrt an den Straubinger Hof zu seiner Agnes zurück

Gefährliche Liebschaft – Agnes Bernauer

Lieblich soll die Augsburger **Baderstochter** Agnes Bernauer (um 1410–1435) gewesen sein und ihre Haut fein und durchscheinend. In seinem musikalischen Volksschauspiel *Die Bernauerin* (1946) verlegte Carl Orff den Beginn ihrer tragischen Geschichte in das Badhaus, das ihr Vater in Augsburg betrieben haben soll. Hier habe der Wittelsbacher Herzogssohn und Thronfolger **Albrecht III.** (1401–1460) aus dem Hause Bayern-München nach einem Turinier die junge Schöne kennengelernt.

Historisch belegt ist das nicht. Sicher ist aber, dass der adlige Albrecht die bürgerliche Agnes Bernauer Ende der 1420er-Jahre an den Münchner Hof brachte. Vermutlich heirateten die beiden sogar um 1432/33 wider alle Standesregeln. Anschließend residierte das Paar im Straubinger Herzogsschloss. Von hier aus verwaltete Albrecht das zum väterlichen Herzogtum gehörende Straubinger Land.

Bayern zerfiel zu jener Zeit in drei Teilherzogtümer, die jeweils von einem Zweig des Hauses Wittelsbach regiert wurden. Im Teilherzogtum Bayern-München herrschte Albrechts Vater **Herzog Ernst**. Mit seinen Verwandten Heinrich dem Reichen in Landshut und Ludwig dem Gebarteten in Ingolstadt rivalisierte er um Macht und Einfluss. Auch deshalb war die Hochzeit seines Sohnes mit einer Bürgerlichen für ihn untragbar. Denn ein Kind aus dieser Ehe hätte niemals den Herzogsthron erben können, Bayern-München wäre nach Albrechts Tod an eine der anderen Wittelsbacher-Linien gefallen.

Aber trotz aller Vorhaltungen wollte Albrecht nicht von Agnes lassen. Schließlich ›nutzte‹ Herzog Ernst einen Jagdausflug seines Sohnen und ließ seine unliebsame Schwiegertochter am **12. Oktober 1435** in der Donau ertränken. Wo sie ihre letzte Ruhestätte gefunden hat, ist unbekannt.

Mag Albrechts Kummer auch groß gewesen sein, so fügte er sich doch bald. Im November des folgenden Jahres heiratete er die Tochter des Herzogs Erich von Braunschweig. Das Andenken an Agnes wahrte er aber und ließ jedes Jahr an ihrem Todestag eine Messe lesen. Sein Vater Herzog Ernst errichtete zur Sühne die **Agnes-Bernauer-Kapelle** [s. S. 24] auf dem Friedhof von St. Peter in Straubing.

Seit 1935, dem 500. Todesjahr ›der Bernauerin‹, wird das ergreifende Liebesdrama alle vier Jahre (2015, 2019 …) im Hof des Straubinger Herzogsschlosses im Rahmen der **Agnes-Bernauer-Festspiele** erneut in Szene gesetzt (Agnes-Bernauer-Festspielverein e.V., Postfach 0416, 94304 Straubing, www.agnes-bernauer-festspiele.de).

2 Bogen und Kloster Oberalteich

*Von der Donauebene hinauf
auf einen heiligen Berg.*

Am linken Donauufer, rund 12 km flussabwärts von Straubing, liegt die Kleinstadt Bogen (10 000 Einw.) im Schutz des Bogenbergs, des ›heiligen Bergs Bayerns‹.

Vom Kloster Oberalteich unmittelbar vor den Toren der Stadt ging einst die Besiedelung des südlichen Bayerischen Waldes aus.

Geschichte Die ersten menschlichen Spuren der Region finden sich auf dem Bogenberg. Sie weisen zurück in die Bronzezeit, als sich hier bereits ein befestigter Ort befand. Die Stadt Bogen selbst

Durch die Toskana Niederbayerns

Wer mit dem Fahrrad vom Donautal in den Bayerischen Wald vordringen will, muss sich auf ein ständiges Auf und Ab einstellen. Eine Ausnahme bildet der **Donau-Regen-Radweg** (39 km, 340 HM) von Bogen nach Miltach, der einer ehemaligen Bahntrasse folgt.

Schon nach 6 km lohnt von Hunderdorf aus ein Abstecher 1,6 km bergauf ins schmucke **Klosterdorf Windberg** (www.windberg.de). Das um das Jahr 1140 hier gegründete Prämonstratenserkloster besteht noch heute. Mittelpunkt ist die 1230 fertiggestellte, äußerlich romanische, innen Rokoko-geschmückte Kirche Mariä Himmelfahrt. Im Tympanon ihres Nordportals ist der Kampf eines Menschen mit einem Löwen dargestellt.

Nach weiteren 11 km ist **Mitterfels** erreicht. Über dem Markt erhebt sich

Zum Klosterdorf Windberg gehört die Wallfahrtskapelle Hl. Kreuz

eine imposante, gut erhaltene Burg der Grafen von Bogen (www.burg-mitterfels.de). Im einstigen Gefängnis zeigt heute das *Heimatmuseum* (Tel. 099 61/94 00 25, Ostermontag–Okt. So 14–17 Uhr) Bauern- und Handwerkergeräte, Militaria und eine historische Dorfapotheke.

Nun beginnt einer der landschaftlich schönsten Abschnitte des Radweges. Höhepunkt ist die Überquerung der Menach auf einer hohen Holzbrücke.

Eine Burgruine wacht 6 km von Mitterfels entfernt über **Haibach**. 11 km später ist **Schloss Altrandsberg** auf einem Felssporn über dem Perlbach erreicht. Es beherbergt das kleine Weltkunstmuseum (Schlossweg 1, 93468 Miltach, Tel. 099 44/34 15 12, , www.miltach.de/773.html, Mai–Okt. So/Fei. 14–17 Uhr) mit Repliken von Kunstwerken aus aller Herren Länder. Von hier sind es noch 5 km bis zum Ziel der Tour, dem 2200-Seelen-Ort Miltach mit Barockschloss.

Gasthaus Dirscherl, Maierhofen 6, 94353 Haibach, Tel. 099 63/756; www.gasthaus-dirscherl.de . Urlaub auf dem Bio-Bauernhof. Reiten, Tennis, Golf, Wellness, Fitness und Wandern in ruhiger Lage; hauseigenes Solebad.

Freizeit- und Erlebnishof Schötz, Schuhchristleger 1, 94353 Haibach, Tel. 09965/84070. 850 m hoch gelegener, familienfreundlicher Kneipp-Bauernhof. Die Inhaberin ist zugleich Nordic-Walking-Trainerin.

Schlossgasthof Steinach, August-Schmieder-Straße 21, Steinach, Tel. 094 28/94 80 80, www.schlossgasthof-steinach.de. Herzhaft, urig und erlesen speisen in gediegenem Ambiente; feiern im herrschaftlichen Stil.

Auf dem bewaldeten Bogenberg an der Donau erhebt sich die Wallfahrtskirche Hl. Kreuz

tritt Mitte des 8. Jh. n. Chr. in einem Besitzverzeichnis des Klosters Niederaltaich [Nr. 4] als Villa Pogana ins Licht der Geschichte. 1140 verlegte das aufstrebende Adelsgeschlecht der Grafen von Windberg seinen Sitz nach Bogen. Fortan trug die Familie den Namen der Siedlung. Während des folgenden Jahrhunderts etablierten sich die Grafen von Bogen als eine der mächtigsten Familien Bayerns. Sie führten übrigens die weiß-blaue Raute im Wappen. Das Recht daran ging 1204 durch Hochzeit mittelbar an die Wittelsbacher über und ist noch heute im bayerischen Wappen präsent.

Auch nachdem das Haus Bogen 1242 erloschen war, prosperierte Bogen als Markt für die Siedlungen am linken Donauufer. 1952 wurde es zur Stadt erhoben. Von erheblicher wirtschaftlicher Bedeutung ist insbesondere der hiesige Bundeswehrstandort.

Besichtigung Bogen selbst präsentiert sich als eher unauffällige Kleinstadt mit attraktiven Freizeitmöglichkeiten in der Umgebung. Einen guten Überblick bietet die **Naturpark-Infostelle** (Bahnhofstr. 26, Tel. 09422/505109, tgl. 9.30–17 Uhr) im Obergeschoss des Bahnhofs. Hier informiert die Ausstellung *Donau und Bogenberg* über die beiden namengebenden Naturräume. Am Bahnhof beginnt auch der Donau-Regen-Radweg ins 39 km entfernte Miltach [s. S. 26].

Am westlichen Ortsrand von Bogen ragt der **Bogenberg** mit der krönenden Wallfahrtskirche *Hl. Kreuz von Mariä Heimsuchung* (www.pfarrei-bogenberg. de) jäh aus der Donauebene empor. 118 m fällt dieser ›Heilige Berg Niederbayerns‹ zum Bogener Donau-Altarm hin ab. Fußgänger führt ab der Altstadt ein Pilgerpfad hinauf. Der Legende nach entstand die hiesige Wallfahrt, weil die Donau im Jahr 1104, wohlgemerkt gegen den Strom, am Fuß des Berges eine steinerne Statue der schwangeren Maria anschwemmte. Graf Aswin von Bogen stellte sie in seiner Burgkapelle auf dem Berg auf. Die historisch verbürgten Tatsachen sind deutlich profaner, entstand das bis heute verehrte Gnadenbild doch erst Ende des 13. Jh. anlässlich einer Erweiterung der Kirche. Es steht rechts des Hochaltars.

Im Pfarrhof vor der Kirche informiert das **Kreis- und Heimatmuseum Bogenberg** (Bogenberg 12, Tel. 09422/5786, Ostern–Allerheiligen Mi/Sa 14–16, So 10–12 und 14–16 Uhr) ausführlich über die Geschichte der Wallfahrt, ebenso über den Aufstieg der weiß-blauen Raute zum bayrischen Staatswappen.

Ebenfalls westlich von Bogen, nur etwa 1 km vom Stadtrand entfernt, liegt im gleichnamigen Ortsteil (www.oberalteich.de) das einstige **Kloster Oberalteich**. Der Regensburger Domvogt Friedrich von Windberg, Graf von Bogen, gründete es um 1080 als Benediktiner-Hauskloster

Eine Sonnenuhr ziert Deggendorfs Rathausfassade zum Luitpoldplatz

für seine Familie. Besonders unter Abt Popo (reg. 1260–82) galt es als Hort der Gelehrsamkeit. Die einstige Klostermühle und der Getreidespeicher dienen inzwischen als *KulturForum* (Klosterhof 1, Tel. 09422/505700) für Ausstellungen, Konzerte und Lesungen.

Die mächtige Klosterkirche *St. Peter und Paul* zieren zwei schlanke Zwiebeltürme. Abt Vitus Höser (1577–1634) entwarf dieses 1630 vollendete Gotteshaus. Die farbenfrohen barocken Deckengemälde entstanden für die Tausendjahrfeier des Klosters 1731. Im östlichen Hauptgewölbe zeigen sie die Gründungslegende, nach der Herzog Odilo das Kloster 731 an einer heidnischen Weihestätte aus der Taufe hob. Um das 741 gegründete Kloster Niederaltaich [Nr. 4] zu übertrumpfen, ignorierten die Oberalteichacher dabei alle historischen Tatsachen. Denn Odilo wurde erst 741 Herzog und Oberalteich erst 350 Jahre später gegründet. Über der Empore hat sich antiprotestantische Demagogie erhalten: Hier sind Luther und Schwedenkönig Gustav Adolf als Hunde mit Menschenköpfen dargestellt.

Etwa 20 km nördlich von Bogen liegt das Dorf **Pilgramsberg**. Rund 20 Minuten dauert es, den hier beginnenden Kreuzweg zur Wallfahrtskirche **St. Ursula** auf dem knapp 620 m hohen Pilgramsberg emporzusteigen. Oben begeistert eher die Aussicht über die Umgebung als das Gotteshaus, das sich als schlichter Barock-

bau vom Ende des 17. Jh. präsentiert. Sein Inneres ist gänzlich mit Votivbildern behängt. Zum Verweilen lädt die Aussichtsterrasse des Gasthofs *Zur Schönen Aussicht* [s. u.] unterhalb der Kirche ein.

ℹ Praktische Hinweise

Information

Tourist-Info der Stadt Bogen, Bahnhofstr. 26, 94327 Bogen, Tel. 09422/505109, www.bogen.de

Kulturtipp

Puppentheater Karotte, Hirschberg 1c, 94350 Falkenfels, Tel: 09966/902616, www.puppentheater-karotte.de. Die Künstlerin Gabriele Weißenfels weiß mit fantasievollen Stücken Kinder wie Erwachsene glücklich zu machen.

Restaurants

Burggasthof Neurandsberg, Neurandsberg 25, Rattenberg, Tel. 09963/1027, www.burggasthof.de. Der Küchenchef bringt nicht nur zu moderaten Preisen hervorragendes Essen auf den Tisch, er veranstaltet auf seiner Bühne auch großartige Kabarett- und Musikabende mit namhaften Künstlern. Zugehörige Pension mit preiswerten Zimmern.

Zur Schönen Aussicht, Bogenberg 6, Bogen, Tel. 09422/1539, www.bogen berg.com. Berggasthof mit sprechendem Namen und gutbayerischer Küche.

3 Deggendorf

Geschäftige Kreisstadt mit Donau-hafen, Hochschule und reizvollem Erholungsgebiet vor der Haustür.

Zu Füßen des **Breitenauer Riegels**, eines 1118 m hohen Berges, der das Stadtgebiet um rund 800 m überragt, erstreckt sich Deggendorf (32 000 Einw.) am Ufer der Donau. Der breite Straßenmarkt im Herzen der betriebsamen Kreisstadt lädt zum Bummeln ein oder zum Verweilen in einem der hübschen Cafés.

Geschichte Die günstige Lage an einem natürlichen Donauübergang zog bereits in frühmittelalterlicher Zeit erste Siedler an. Sie gründeten am Transitweg zwischen Isartal, Gäuboden und Bayerischem Wald einen Handelsplatz. 1212 wird dieses ›Techindorf‹ als Stadt erwähnt, die Herzog Otto II. von Bayern noch Mitte des 13. Jh. mit einer Mauer schützte.

Mit der Errichtung der Wallfahrtskirche zum Hl. Grab im 14. Jh. entwickelte sich Deggendorf bald auch zu einem bedeutenden Pilgerziel. Rückschläge brachten im 17. Jh. der Dreißigjährige Krieg und die Pest sowie im 18. Jh. Zerstörungen während des Spanischen Erbfolgekriegs. Erst im 19. Jh. erlebte die Stadt einen erneuten Aufschwung durch den Neubau von Straßenbau und Donaubrücken.

Heute präsentiert sich Deggendorf als dynamische Kreisstadt, an deren Hochschule für angewandte Wissenschaften 3500 Menschen studieren. Das ›Jahrhunderthochwasser‹ der Donau im Juni 2013 traf Stadt und Landkreis besonders hart. Zuzeiten mussten hier mehr als 6000 Menschen evakuiert werden.

Besichtigung Deggendorfs **Altstadt** umschloss bis ins 19. Jh. ein Mauerring, der im Verlauf des Stadtgrabens bis heute erkennbar ist und ungefähr die Form eines Blattes hatte. Erhalten ist lediglich ein etwa 30 m langes Teilstück an der Westlichen Zwingergasse.

Zentrale Rippe dieses ›Blattes‹ ist der 400 m lange, zweigeteilte Straßenmarkt aus *Oberem Stadtplatz* und *Luitpoldplatz*. Seine Mitte markiert Deggendorfs Wahrzeichen, das 1535 errichtete **Alte Rathaus** ❶ mit auffälligem Treppengiebel. Die Fenster sind mit skulptierten Fabelwesen, Fratzen und Rankenwerk verziert, der stämmige Turm aus dem 14. Jh. ragt 54 m hoch auf. Im Rahmen einer Stadtführung

(Touristinformation, s. u.) ist die Türmerwohnung im obersten Stockwerk zu besichtigen und der herrliche Ausblick über Deggendorf zu genießen. An der Südfassade fallen an einer Kette hängende *Steinkugeln* auf. Eigentlich handelt es sich dabei um mittelalterliche Prangerkugeln, der Volksmund deutet sie jedoch gern als Abbilder von Knödeln. Immerhin verdankt Deggendorf der vielfältigen böhmisch-bayerischen Beilage den scherzhaften Namen ›Knödelstadt‹.

Blickfang am südlichen Ende des Luitpoldplatzes ist die **Heilig-Grab-Kirche** ❷. Ihre Gründungslegende ist eng verbunden mit einem Pogrom gegen die Deggendorfer Juden im Jahr 1338. Als Anlass diente damals der Vorwurf, Juden hätten Hostien geschändet, die dann aber wie durch ein Wunder unversehrt wieder aufgefunden worden seien. Daraufhin entwickelte sich schnell eine viel begangene Wallfahrt zur Deggendorfer Heilig-Grab-Kirche, genannt ›die Gnad'‹. Die kirchlichen Feiern, die an den vorgeblichen Hostienfrevel erinnerten, wurden erst 1968, die Wallfahrt selbst 1992 auf bischöfliche Weisung eingestellt. Äußerlich zeigt die Basilika mit eleganten Kleeblattbögen und genasten Blenden an der

Hinter dem Marienbrunnen am Luitpoldplatz ragt die Heilig-Grab-Kirche empor

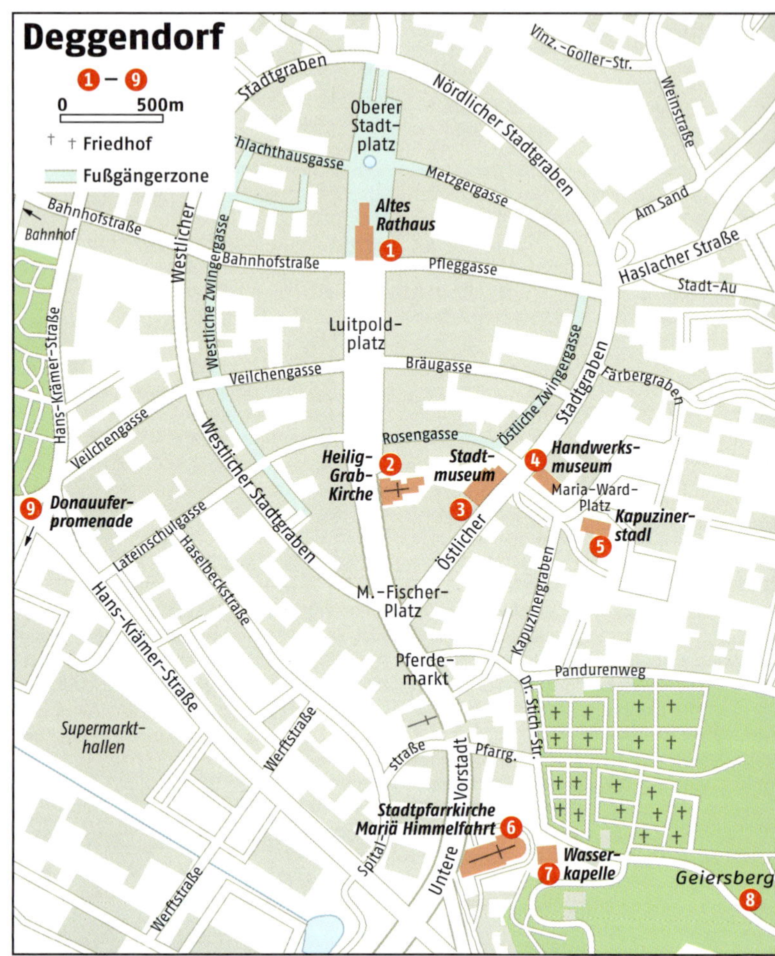

Westfassade gotische Formen, die sich im Übrigen auch innen in einem gedrungenen Kreuzgewölbe zeigen. Daneben prangt jedoch der 1722–28 nach einem Entwurf Johann Baptist Gunetzrhainers von Johann Michael Fischer errichtete *Glockenturm* in barocker Pracht.

Über die Rosengasse erreicht man das Deggendorfer **Kulturviertel** am östlichen Rand der Altstadt. Hier beherbergt ein 1901 als Knabenschule entstandener barockisierender Jugendstilbau das **Stadtmuseum** ❸ (Östlicher Stadtgraben 28, Tel. 09 91/296 05 55, www.museen-deggendorf.de, Di–Sa 10–16, So 10–17 Uhr). Seine Sammlung zur Geschichte Deggendorfs reicht von archäologischen Funden der regionalen Vor- und Frühgeschichte über sakrale Kunst des Mittelalters bis zum Wandel städtischer Infra-

struktur in der Neuzeit. Dazu gehören eine komplett eingerichtet Biedermeier-Apotheke mit Tablettenmaschine, Dampfdestillieranlage und originalen Substanzen ebenso wie eine aufschlussreiche Ausstellung zur Wallfahrt ›Deggendorfer Gnad‹ (s. o.).

Der Entwicklung von Zünften und Gewerben, dem Werdegang eines Lehrlings zum Meister und den vielfältigen Ausprägungen des Holzhandwerks im Bayerischen Wald widmet sich schräg gegenüber das **Handwerksmuseum** ❹ (Maria-Ward-Platz 1, www.museen-deggendorf.de, Di–Sa 10–16, So 10–17 Uhr).

Nur wenige Meter dahinter dient die 1629 eingeweihte und 1802 profanierte Kapuzinerkirche St. Michael heute unter dem Namen **Kapuzinerstadl** ❺ (Maria-Ward-Platz 10, Tel. 09 91/296 05 70, www.

kapuzinerstadl-deggendorf.de) als Deggendorfer Kulturzentrum. Sein Veranstaltungskalender umfasst Jazz, Kammermusik und Schlager ebenso wie Tanz, Theater und Kunstausstellungen.

Südlich der Altstadt erhebt sich mächtig die barocke **Stadtpfarrkirche Mariä Himmelfahrt** ⑥ auf romanischen Fundamenten. In ihrer heutigen Form entstand die dreischiffige Basilika 1655–58 nach Plänen des Münchener Baumeisters Constantin Bader. Das weit gewölbte Innere wirkt durch die Gelb- und Rosatöne der Fresken und Stuckaturen recht heiter. Prachtvollste Ausstattungsstücke (beide Mitte des 18. Jh.) sind von Matthias Seybold aus Salzburger Marmor geschaffene *Baldachin-Hochaltar* sowie die *Rokoko-Kanzel* des Bildhauers Christoph März mit Schnitzfiguren der Evangelisten und des hl. Johannes von Nepomuk. Den Klang der *Orgel* (1749) kann man außerhalb der Gottesdienste bei Konzerten (www.kirchenmusik-mh.de) genießen.

Hinter dem Chor der Pfarrkirche erhebt sich die spitzgiebelige spätgotische **Wasserkapelle** ⑦. Sie wurde im 15. Jh. als Beinhaus erbaut, später bewahrte man hier das Weihwasser auf – daher der Name. Nahebei beginnt ein Kreuzweg auf den gleich anschließenden, bewaldeten **Geiersberg** ⑧ zur hiesigen *Wallfahrtskirche zur Schmerzhaften Muttergottes*. Ihn begleiten lebensgroße Sandsteinfiguren, die der kaiserliche Hofkontrolleur Kaspar Amann 1697 gestiftet hatte. Auch abgesehen davon ist der Stadtwald als Naherholungsgebiet sehr beliebt.

Knapp 20 Min. flaniert man von der Innenstadt südwestwärts durch die Edlmairstraße zur **Donauuferpromenade** ⑨. Hier befindet sich auch der Schiffsanleger (Donauschiffahrt Wurm + Köck, Tel. 08 51/ 92 92 92, www.donauschiffahrt.de) für Ausflugsfahrten, etwa nach Passau, Linz, Wien (Mai–Okt.) oder zum Kloster Oberalteich (Juni–Mitte Sept.).

Donauabwärts passieren die Boote übrigens die **Isarmündung**. Diese Region ist geprägt durch eine in Deutschland selten gewordene Auenlandschaft. Detaillierte Informationen dazu gibt das *Infohaus Isarmündung* (Maxmühle 3, 94554 Moos, gut 20 km südlich von Deggendorf, www.infohaus-isarmuendung. de, April–Okt. Mi–So und Fei 10–17 Uhr). Von hier aus führen markierte Wege in das umliegende Naturschutzgebiet.

Benediktinerabtei Metten

Unbedingt lohnend ist ein Besuch der 8 km nordwestlich von Deggendorf gelegenen **Benediktinerabtei Metten** (Tel. 09 91/910 80, www.kloster-metten.de). In den hiesigen Wäldern soll sich einst Karl der Große bei der Jagd verirrt, zu seinem Glück aber einen Einsiedler getroffen haben, der ihm den Weg weisen konnte. Diesem Utto soll der Kaiser aus Dankbarkeit erlaubt haben, ein Kloster zu errichten. Tatsächlich gründete ein gewisser Gemelbert hier im Jahr 766 ein Benediktinerkloster, eines der ersten in Bayern, das Karl der Große 792 unter Schutz stellte. 1236 verwüstete ein Großbrand die Gebäude und während des Dreißigjährigen

Deggendorfs Stadtmuseum präsentiert eine vollständig eingerichtete Biedermeier-Apotheke

Krieges plünderten schwedische Soldaten die Anlage. Doch die Abtei hielt sich und wurde nach der Säkularisation 1830 als erstes Benediktinerkloster Bayerns wiederbelebt. Heute betreiben die Mönche hier mehrere Handwerksbetriebe sowie ein Gymnasium mit Internat.

Raumgreifend und machtvoll wirkt die Kloster- und Pfarrkirche *St. Michael* mit ihren beiden Zwiebeltürmen. Ihre jetzige Gestalt erhielt sie 1712–29 nach Plänen des Straubingers Jakob Ruesch. Er bezog Teile gotischer Vorgängerbauten sowie die Türme des späten 17. Jh. ein, ohne die Einheitlichkeit des spätbarocken Erscheinungsbildes zu stören. Auch der Innenraum mit Stuckaturen von Franz Josef Ignaz Holzinger schwelgt in spätbarocker Pracht. Cosmas Damian Asam schuf das Altargemälde, auf dem St. Michael die gefallenen Engel aus dem Himmel vertreibt, und darüber das Deckenfresko mit der Heiligen Dreifaltigkeit.

Prunkstück des Klosters ist die **Alte Bibliothek** (Führungen Di–So 10 und 15 Uhr, Treffpunkt Klosterpforte, Tel. 09 91/910 80), die 1624 eingerichtet wurde und 1722–26 eine fulminante spätbarocke Ausstattung erhielt. Farbgewaltige Fresken von Innozenz Waräthi bedecken die niedrigen Gewölbe, die auf Säulen in Form von kraftvoll stemmenden Atlanten und Engeln ruhen. Ein Teil der rund 35 000 Bücher der Bibliothek ist in einer marmorierten Schrankwand untergebracht, die

Jakob Schöpf reich mit Putten, Stuck und Baldachindraperien zierte. Herausragende Werke wie das *Mettener Antiphonar* von 1437 sind in Vitrinen zu bewundern.

ℹ Praktische Hinweise

Information

Touristinformation Deggendorf, Altes Rathaus, Oberer Stadtplatz 1, 94469 Deggendorf, Tel. 09 91/296 05 35, www.deggendorf.de

Hotels

***Burgwirt,** Deggendorfer Str. 7, Deggendorf, OT Natternberg (am rechten Donauufer), Tel. 09 91/300 45, www.hotel-burgwirt.de. Freundliche komfortable Hotelzimmer in ruhigem Vorort.

***Hotel Donauhof,** Hafenstr. 1, Deggendorf, Tel. 09 91/389 90, www.hotel-donauhof.de. Schickes Urlaubs- und Tagungshotel zwischen Innenstadt und Donau.

Restaurants

Gasthof Höttl, Luitpoldplatz 22, Deggendorf, Tel. 09 91/371 99 60, www.hoettl.de. In der holzgetäfelten Gaststube schmecken Schweinebraten, Hirschgulasch und Augustiner Edelstoff besonders gut.

TOP TIPP **Zur Knödelwerferin**, Schlachthausgasse 1, Deggendorf, Tel. 09 91/47 67, www.knoedelwerferin-deggendorf.de. Vorwiegend veredelte heimische Küche, neben Kartoffel-, Spinat-

Auch Engel tragen das reich verzierte Gewölbe der Klosterbibliothek von Metten

und Brezenknödeln auch allerlei internationale Gerichte. Mitunter Slow Food Events und Kochwerkstatt.

4 Kloster Niederaltaich

Die zu den bayerischen Urklöstern zählende Benediktinerabtei beeindruckt mit barocker Leichtigkeit.

Altaha – ›am Wasser gelegen‹ – nannten die zwölf Mönche der Inselabtei Reichenau im Bodensee den Ort im Mündungsgebiet der Isar, an dem sie 741 ihr Kloster gründeten. Karl der Große erhob es 788 zum fränkischen *Königskloster*. Eine Blütezeit erlebte die Abtei ab 990 unter der Führung von Godehard, besser bekannt als *Gotthard* (960–1038). Der spätere Namensgeber des Schweizer Sankt-Gotthart-Passes hatte durch seine asketische Lebensweise und als Verfechter der kluniazensischen Klosterreform eine starke geistliche Wirkung.

1152 unterstellte Friedrich I. Barbarossa das Kloster Niederaltaich dem Bischof von Bamberg. Die Klosterkirche und weitere Gebäude wurden im Dreißigjährigen Krieg verwüstet, einen Neuanfang brachte das frühe 18. Jh. mit der Wiedererrichtung der Abtei und der Barockisierung der Kirche unter Leitung von Johann Michael Fischer. 1803 wurde Niederaltaich säkularisiert, 1813 löste ein Blitzschlag einen Großbrand aus, der viel Bausubstanz zerstörte. Erst 1918 wurde das Kloster restauriert und von der Abtei Metten wieder besiedelt.

Eine Besonderheit von Niederaltaich ist, dass hier zwei kirchliche Riten zelebriert werden. Neben dem römisch-katholischen ist das der byzantinische. Dazu wurde 1986 in den barocken Gewölben der ehemaligen Klosterbrauerei die Kirche **St. Nikolaus** eingerichtet, komplett mit Ikonostase und zahlreichen Ikonen.

Weithin sichtbarer Blickfang von Niederaltaich aber ist die barocke Basilika **St. Mauritius** (Führungen Mo–Sa 14–17 Uhr, Anmeldung Tel. 09901/2080, www.abteiniederaltaich.de) mit ihren beiden mächtigen, eng beieinander stehenden und von spitzen Zeltdächern bekrönten Viereckstürmen. Während das *Nordportal* im spätromanischen Tympanon stilisierte Weinranken zeigt, schwelgt der prachtvolle Halleninnenraum in barocken Formen. Durch ein betontes Gleichmaß der neun Joche sowie die Abfolge von Stuck-

Der Findling vor der Basilika St. Mauritius weist auf den Pilgerweg Via Nova hin

elementen, profilierten Gebälkstücken und Bildfeldern erzielte der Münchener Baumeister Fischer einen Raumeindruck schwebender Leichtigkeit. Unterstützt wird die Wirkung durch die Stuckaturen, etwa an der großartigen Orgelempore, der Brüder Johann Baptist und Sebastian d'Aglio sowie die farbintensiven Fresken des Welser Meisters Andreas Heindl.

Im Rahmen einer Führung ist auch die barocke **Sakristei** zu besichtigen, die mit erlesenem, mit vergoldetem Rankenwerk verziertem Mobiliar (um 1727), Fresken von Heindl und Stuckmedaillons der d'Aglio-Brüder aufwartet.

Auf spirituellen Pfaden

Wer von Deggendorf zur Benediktinerabtei Metten (8 km) läuft, geht meist ein Stück auf dem **Europäischen Pilgerwegs Via Nova** (www.pilgerweg-vianova.eu). Sein Erkennungszeichen ist ein Kreis mit dem Schriftzug ›Via Nova‹ in blauer Farbe auf gelbem Hintergrund. Als Start bietet sich die Heilig-Grab-Kirche in Deggendorf an. Am Ziel lädt dann die gemütliche Stube der **Klosterschänke** (Neuhausener Str. 2, Tel. 0991/2962300, www.zum-kloster.de) zur Einkehr.

*Bis ins 18.Jh. reicht die Geschichte der
Pfarrkriche St. Stephanus zurück*

5   Lallinger Winkel

Idyllischer Obstgarten des Bayerischen Waldes.

Der Lallinger Winkel wird auf drei Seiten von bewaldeten Höhenzügen vor allzu rauen Winden aus dem Osten geschützt. So hat sich das Hochtal um die namengebende 1500-Seelen-Gemeinde Lalling, etwa zwischen den Dörfern Hunding, Grattersdorf und Schaufling zu einem wahren Obstgarten entwickelt. Von ihrer lieblichsten Seite zeigt sich die Gegend im Mai, wenn Apfel-, Birn-, Kirsch- und Pfirsichbäume blühen.

Darüber hinaus finden sich hier einige kulturelle Kleinode, etwa die um 1750 erbaute Pfarrkirche *St. Stephanus* der **Lalling**. Eine Säule links im Altarraum ziert hier die *Türkenmadonna*. Die Holzfigur entstand um 1400, wurde aber Ende des 18. Jh. mit barockem Szepter und Kronen ausgestattet. Sie steht auf einen quergelegten, plattgedrückten Kopf – was als Symbol für den Sieg Europas über das Osmanische Reich gedeutet wird.

Östliches und westliches Lebensgefühl verbindet der **Feng Shui Kurpark** (Führung Mitte März–Okt. Do 15 Uhr, Tel. 099 04/374, www.lalling.de) am südlichen Ortsrand. Auf dem 6 ha großen Areal mit Pavillon und naturnah gestaltetem See erklärt ein Organweg die chinesische Medizin, man kann auf einem Störzonenlehrpfad magnetischen Felder und Strahlen nachspüren, Chakraweg gehen oder in Themengärten meditieren.

Ein volkskundlicher Schatz sind 26 km nordöstlich in der kleinen Ortschaft **Datting** die gut erhaltenen und bis heute bewohnten *Waldlerhäuser* des 18. und 19. Jh. aus geschwärztem Holz.

Eine weitere ungewöhnliche Attraktion ist der *Skulpturengarten Sonnenwald* (Hatzenberg 2, Tel. 099 04/71 07, Mai–Okt Do–Sa 15–19, So 13–19 Uhr, www.skulpturengarten-sonnenwald.de) in **Grattersdorf** am südlichen Rand des Lallinger Winkels. Künstler aus ganz Europa zeigen vor der Kulisse von Donautal, Rachel und Lusen in wechselnden Ausstellungen ihre Skulpturen und Installationen, die mal als Farbtupfer mit der Landschaft kontrastieren, mal die natürliche Umgebung künstlerisch einbeziehen.

i Praktische Hinweise

Information
Tourist-Info Lallinger Winkel, Hauptstr. 17, 94541 Lalling, Tel. 099 04/374, www.lallingerwinkel.de

Hotel
****Lallinger Hof,** Hauptstr. 23, Lalling, Tel. 099 04/234, www.lallinger-hof.de. Familiengeführter Hotel-Gasthof mit komfortablen Zimmern. Im Restaurant wird vorwiegend mit Zutaten aus eigener Produktion gekocht.

6   Vilshofen

Die kleine Dreiflüssestadt, in der politisch Herzhaftes Tradition hat.

Auf einer Landzunge zwischen Donau und Vils, unweit der Mündung der Wolfach gelegen, mutet die hübsche Altstadt von Vilshofen (16 000 Einw.) mit ihren Bürgerhäusern im Inn-Salzach-Stil wie eine kleine Verwandte Passaus an.

Schon im Jahr 776 wurde hier ein Ort namens *Vilusa* erwähnt, den die Grafen von Ortenberg 1206 zur Stadt erhoben. Im späten 13. Jh. erlangte Vilshofen unter der Herrschaft der bayerischen Wittelsbacher Bedeutung als Donauübergang und Grenzposten, ab 1572 sorgten der Bau einer Donaubrücke und die Gründung einer Weißbierbrauerei an der nunmehrigen Station des Salzhandelweges *Goldene Straß'* nach Böhmen für weiterer wirtschaftlichen Aufschwung. Doch 1794 brannte Vilshofen in einem verheerenden Feuer weitgehend nieder. Der folgende Wiederaufbau prägt das Stadtzentrum baulich bis heute.

Vilshofens berühmteste Veranstaltung war lange Jahre der **Politische Aschermittwoch** der bayerischen CSU. Seit dem 16. Jh. versammelten sich die Bauern an diesem Tag hier zu einem Viehmarkt, populär machten die Veranstaltung aber erst ab 1953 die deftigen Sprüche des damaligen CSU-Vorsitzenden Franz Josef Strauß (1915–88). Seit 1975 tagt die CSU in Passau, im Wolferstetterkeller in Vilshofen trifft sich seitdem die SPD.

Einen schönen Blick auf Vilshofens historische Häuserlandschaft bietet sich vom Nordufer der Donau, das die Marienbrücke mit der Stadt verbindet. Unweit des Flusses ragt auf der Altstadtseite links der 1647 errichtete **Stadtturm** auf, heute Sitz der *Galerie im Stadtturm* (Obere Vorstadt 15, 94474 Vilshofen. Tel. 0175/79 69 328, www.kgv-vilshofen.de, Di–So 14–17 Uhr). Hier zeigt der örtliche Kunst- und Geschichtsverein regionale Kunst.

Durch das Turmtor betritt man den **Stadtplatz**, den stattliche Inn-Salzach-Häuser säumen. Sie entstanden fast durchweg nach dem großen Brand von 1794 und zeigen die für den Inn-Salzach-Stil typischen durchgehenden Scheinfassaden (Vorschussmauern) vor flach geneigten Grabendächern In ihren ebenfalls typischen Laubengängen laden Cafés zum Verweilen ein.

Die in ihren Ursprüngen gotische Stadtpfarrkirche **St. Johannes** bildet den eleganten südöstlichen Abschluss des Platzes. Den Stadtbrand 1794 überdauerten lediglich ihre Umfassungsmauern und Seitenkapellen, ihr neugotischer hoher

Häuser im Inn-Salzach-Stil säumen den Stadtplatz von Vilshofen

Turm mit oktogonalem Obergeschoss unter steilem Spitzdach sowie der frühklassizistische *Innenraum* entstanden ab 1803. Das Mobiliar stammt aus säkularisierten Kirchen, etwa der monumentale barocke *Hochaltar* (1715–19) und Seitenaltäre aus dem Augustinerchorherrenstift St. Nikola [s. S. 42] in Passau, die *Orgel* (um 1760) von Joseph Deutschmann aus dem Kloster Aldersbach. Die überlebensgroße Skulptur des *hl. Johannes Nepomuk* (1746) am Chorbogen schuf Egid Quirin Asam.

Sehenswert ist auch die von Antonio Riva 1692 erbaute **Wallfahrtskirche Maria Birnbaum** (Kapuzinerstraße) etwa 1 km donauaufwärts. Über dem Grundriss in Form eines griechischen Kreuzes ragt der helle, von einer Zentralkuppel überwölbte Innenraum auf. Italienische Künstler schufen die barocke Ausstattung, in ihren Gebeten erhörte Gläubige stifteten die zahlreichen Votivbilder.

Auf einer Anhöhe südwestlich von Vilshofen thront die erst 1904 von St. Ottilien aus gegründete **Benediktinerabtei Schweiklberg** (Tel. 085 41/20 90, www. schweiklberg.de). Die zwei markanten Zwiebeltürme der bis 1911 mit Jugendstilelementen erbauten Abteikirche *Heilige Dreifaltigkeit* weisen den Weg. Die rund

40 Patres und Klosterbrüder der Abtei unterhalten eine Realschule sowie eine missionarische Ausbildungsstätte. Dem geografischen Schwerpunkt ihrer Missionstätigkeit ist das kleine *Schwarzafrika-Museum* (außer an Ostern tgl. 13.30–17 Uhr) mit Kultobjekten, Schmuck und Waffen gewidmet. Der Zugang führt über den *Klosterladen* (tgl. 13.30–17 Uhr), in dem man auch das gehaltvolle Kräuterdestillat ›Schweiklberger Geist‹ kaufen kann.

ℹ Praktische Hinweise

Information

Touristik-Information, Stadtplatz 27, 94474 Vilshofen an der Donau, Tel. 08541/2081 12, www.vilshofen.de, www.donautal-klosterwinkel.de

Hotel

*****Wittelsbacher Zollhaus,** Donaugasse 10–12, Vilshofen, Tel. 08541/96 96 00, www.zollhaus-vilshofen.de. Elegant-rustikale Gästezimmer und nostalgisch-nobles Restaurant *Gaumenfreude* im Mauthaus von 1531 an der Donau.

Restaurant

Gasthaus Zum Bründlwirt, Alkofener Hauptstr. 96, Vilshofen, Tel. 08549/794, www.bruendlwirt.de. Traditionelles Wirtshaus mit Biergarten (Di geschl.).

Donau-Passau-Panorama mit Türmen: Heiligkreuzkirche, St. Michael, Altes Rathaus mit Campanile, Dom St. Stephan, St. Paul (v.l.n.r.)

7　Passau

 *Dreiflüssestadt, Nibelungenstadt, Venedig Bayerns – Passaus Reize tragen viele Namen.*

Es ist ein kontrastreiches Flusstrio, das sich vor der spitz zulaufenden Landzunge vereint: Hauptakteurin ist die aus Westen kommende blaue **Donau,** die hier aus dem Süden die grünlichen Gletscherwasser des **Inns** aufnimmt und von Norden die den Höhen des Bayerischen Waldes herabschäumende schwarze **Ilz.** Dazwischen breitet sich auf eben dieser Landzunge zwischen Donau und Inn die prächtige turm- und kirchenreiche Altstadt von Passau (49 000 Einw.) aus, überragt von der Veste Oberhaus am westlichen Ilzufer.

Geschichte　Das in Passau allgegenwärtige Wasser ist nicht nur schwärmerischer Anlass für den Vergleich mit Venedig, sondern auch historisch und wirtschaftlich von großer Bedeutung. Zunächst boten die Flüsse Schutz vor Angreifern. Das nutzten im 5. Jh. v. Chr. keltische Siedler, um 80 n. Chr. dann römisches Militär. Das 739 durch den Missionar *Bonifatius* gegründete **Bistum** profitierte besonders von den hiesigen Verkehrswegen. Besonders einträglich war der Handel mit Salz, das in Passau angelandet und von hier auf dem *Goldenen Steig* nach Böhmen transportiert wurde. Auf dieser Grundlage schufen die Passauer Bischöfe,

die 1217 auch die weltliche Macht in der Stadt erlangten und diese bis zur Säkularisierung 1803 behielten, hier das flächenmäßig größte Bistum des Heiligen Römischen Reiches. Auch der Autor des *Nibelungenliedes* [s. S. 43] wird im Umfeld des Passauer Bischofs vermutet.

Dem Reichtum des Bistums verdankt Passau zudem sein ansprechendes barockes Antlitz, das es beim Wiederaufbau nach dem verheerenden Stadtbrand von 1662 erhielt. Ein langsamer Niedergang begann Ende des 18. Jh. mit dem Verlust österreichischer Lehensgebiete an Kaiser Joseph II. Erst die Gründung der **Universität** 1978 ließ die konservative Provinzstadt Passau aus ihrem damaligen Dornröschenschlaf erwachen.

Wegen seiner besonderen Lage wird Passau recht häufig von **Hochwasser** heimgesucht. Im Juni 2013 kam es besonders schlimm, als die damalige ›Jahrhundertflut‹ die Pegel der Donau auf 6,9 m steigen ließ und weite Teile der Altstadt überschwemmte.

Barocke Pracht rund um den Dom

Die höchste Position der Altstadt nimmt der **Domplatz** ❶ ein. In seiner Mitte steht seit 1824 auf hohem Podest die Bronzeskulptur des Bayernkönigs *Maximilian I.* in weihevoller Pose. Sein Blick gleitet über die Fassaden der ehemaligen Domherrenhöfe, die den Platz an drei Seiten säumen. Die prachtvollste unter ihnen gehört zum 1724 barock umgestalteten **Lamberg-Palais** ❷. Hier schlossen 1552

katholischer Kaiser und protestantische Reichsfürsten den Passauer Vertrag, der den neuen Glauben erstmals anerkannte.

Die Ostseite des Platzes beherrscht die majestätische Turmfassade des Doms **St. Stephan** ❸ (Tel. 08 51/39 38 15, www.bistum-passau.de, Mai–Okt. tgl. 6.30–19, tgl. 6.30–19, Nov.–April bis 18 Uhr, außer zu Gottesdiensten, Einspielzeit des Organisten und Mittagskonzert). Die Ursprünge der mächtigen dreischiffigen Barockkirche mit zwei haubengekrönten Westtürmen und oktogonaler Vierungskuppel liegen in einer bescheidenen Bischofskirche aus dem Jahr 740. Das heutige Erscheinungsbild geht auf einen Neubau in den Jahren 1668–78 nach dem Stadtbrand von 1662 zurück. Damals schuf der italienische Baumeister Carlo Lurago unter Einbeziehung des erhalten gebliebenen gotischen Chores die bis dahin größte Basilika nördlich der Alpen.

Den 29 m hohen *Innenraum* mit einem Reigen üppig stuckierter Bögen gestaltete Giovanni Battista Carlone, Carpoforo Tencalla und Carlo Antonio Bussi freskierten die Jochdecken mit figurenreichen Szenerien. Zuweilen entwachsen ihnen plastisch ausgeformte Körperteile – etwa die Beine zweier Engel in der Vierungskuppel. Der Münchener Bildhauer Josef Henselmann schuf 1952 für den *Hochaltar* eine expressive ›Steinigung des hl. Stephanus‹ mit von Silberblech umhüllten Pappelholzfiguren. Unbestrittenes Prunkstück des Doms ist jedoch die Orgel über der Pforte mit ihrem gewal-

Im Kirchenschiff des Doms St. Stephan setzt die vergoldete Kanzel einen besonderen Akzent

Der Wittelsbacher Brunnen ziert den von prachtvollen Bürgerhäusern gesäumten Residenzplatz

tigen, 1731–33 von Matthias Götz geschnitzten Hauptprospekt. Mit 233 Registern und 17774 Pfeifen ist sie die größte Kirchenorgel der Welt. Den Klang dieses Instruments kann man bei *Orgelkonzerten* (Mai–Okt. und Weihnachtswoche Mo–Sa 12, Do 19.30 Uhr) genießen.

Vom rechten Seitenschiff des Doms führt eine von Carlone gestaltete Wendeltreppe hinauf in den anschließenden Saalbau, der zur *Neuen Fürstbischöflichen Residenz* überleitet. Domenico d'Angeli hatte sie 1713–30 im reichen Stil des Wiener Spätbarocks geschaffen. Im Großen Hofsaal zeigt das **Domschatz- und Diözesanmuseum** ❹ (Tel. 0851/3930, www.bistum-passau.de, Mai–Okt. Mo–Sa 10–16 Uhr) Messgewänder, edelsteinbesetztes Sakralgerät und gotische Tafelbilder aus der Blütezeit des Passauer Bistums. Beeindruckend ist auch die freskengeschmückte fürstbischöfliche *Bibliothek* sowie das *Rokoko-Treppenhaus* aus dem 18. Jh. von Johann Baptist Modler.

Östlich des Doms öffnet sich der **Residenzplatz** ❺. Ihn schmückt der 1903 zur 100-Jahr-Feier der Vereinigung Passaus mit Bayern errichteten *Wittelsbacher Brunnen*. Ein molliger Engel mit Ähren im Haar symbolisiert die Donau, die Putte stellt die Ilz dar und der Inn ist als pausbäckigen Jungen mit Hut dargestellt. Darü-

ber thront die Statue der Maria als Patrona Bavariae. Sie blickt auf elegante Bürgerhäuser und einladende Straßencafés. In ihrem Rücken erhebt sich die gelb leuchtende *Alte Residenz* aus dem 15. und späten 17. Jh. Mittlerweile ist sie Sitz des Landgerichts. Im Westen schließt sich das 1783 erbaute *Theater im Fürstbischöflichen Opernhaus* (Tel. 0871/922080, www.landestheater-niederbayern.de) an.

Auf der Innseite zum Dreiflüsseeck

Weiter den Altstadthügel abwärts erhebt sich unmittelbar über dem Innufer die doppeltürmige einstige Jesuitenkirche **St. Michael** ❻. Die Künstlerfamilie Carlone schuf sie nach dem Stadtbrand um 1670 als zurückhaltenden Wandpfeilerbau im italienischen Barockstil. Auch das Innere ist eigentlich recht schlicht, abgesehen vom elaborierten Stuck. Außerdem beeindrucken die Kanzel (frühes 18. Jh.), auf der ein kampfbereiter Erzengel Michael thront. Das Gemälde am Hochaltar zeigt den Engelssturz (1714).

Nun geht es zum Innkai hinab, wo der weiß leuchtende, runde **Schaiblingsturm** ❼ im 13./14. Jh. am Passauer Salzhafen den Handel mit dem ›Weißen Gold‹ schützte. Ein Abstecher flussabwärts führt in Richtung **Dreiflüsseeck** ❽, wo sich sich Donau, Inn und Ilz vereinen.

Der Schaiblingsturm an Passaus Innkai trotzt seit 1250 Angreifern und Hochwasser

Von hier ist es kaum mehr als ein Katzensprung zum **Museum Moderner Kunst** ❾ (Bräugasse 17, Tel. 08 51/383 87 90, www.mmk-passau.de, Di–So 10–18 Uhr), das in einem einfühlsam restaurierten Priesterhaus des 16. Jh. seine Heimat gefunden hat. Verantwortlich für die harmonische Einbindung moderner Architektur in die alte Bausubstanz war der Initiator des Museums, Hanns Egon Wörlen. Die expressionistischen und kubistischen Werke seines Vaters *Georg Philipp Wörlen* (1886–1954) bildeten den Grundstock der Sammlung, dazu kommen anspruchsvolle Wechselausstellungen der Klassischen Moderne und von Gegenwartskunst.

Gleich gegenüber nutzen Gisela-Gymnasium und -Realschule die Gebäude des ehemaligen *Kloster Niedernburg*, dessen Ursprünge bis ins 9. Jh. zurückreichen. Vermutlich befand sich an dieser Stelle das spätrömische *Kastell Batavis,* von dem sich der Name Passau ableitet. Eng verbunden mit der Klostergeschichte ist die Verehrung der 1975 selig gesprochenen Gisela, Schwester des deutschen Kaisers Heinrich II. und Gattin des ungarischen Königs Stephan. Nach dem Tod ihres Gemahls musste sie aus Ungarn fliehen, trat 1042 in den Passauer Benediktinerinnenkonvent ein und stand ihm bis zu ihrem Tod 1060 als Äbtissin vor. Ihr Hochgrab (um 1420) sowie ihre Reliquien ruhen in der Parz-Kapelle im südlichen Querhaus der klösterlichen **Heiligkreuz-Kirche** ❿, die zu den ältesten Gotteshäusern Passaus zählt. Im Kern romanisch (1010), zeigt sich die schlichte Pfeilerbasilika heute mit gotischen Formen im Chor (15. Jh.) und barocken Architekturelementen im Bereich des Obergadens.

Passaus Donauufer

Folgt man nun dem Donauufer Richtung Westen, gelangt man bald zum **Rathausplatz**. Er entstand erst 1819, als die Stadtmauer niedergerissen wurde und sich der frühere Fischmarkt damit zu einem freien Platz weitete. Er bietet eine formidable Bühne für den Auftritt des **Alten Rathauses** ⓫ (Tel. 085 41/39 60, März–Anf. Nov., Ende Nov.–Anf. Jan. tgl. 10–16 Uhr) mit figurenreich freskierter Fassade. Der Baukomplex entstand 1298–1408 durch Zusammenlegung und Umbau älterer Bauten. Der venezianisch anmutende, 38 m hohe Eckturm wurde 1893 angefügt. Sehenswert ist neben den *Renaissance-Innenhöfen* des 16. und 17. Jh. der barocke *Rathaussaal*, den der Historienmaler Ferdinand Wagner um 1890 mit Kolossalgemälden zum Nibelungenlied und zur Passauer Stadtgeschichte ausgestaltete.

Die weltweit größte Sammlung böhmischer Glaskunst aus der Zeit zwischen 1650 und 1950 präsentiert schräg gegenüber, Ecke Schrottgasse/Höllgasse, das **Glasmuseum Passau** 12 (Tel. 08 51/350 71, www.glasmuseum.de, tgl. Nov.–März 13 –17 Uhr, Apr.–Okt. 10–17 Uhr). Rund 13 000 erlesene Stücke sind in dem schmucken Patrizierhaus des 11. Jh. zu sehen, daneben übrigens auch die größte deutschsprachige Kochbuchsammlung. Einen kleineren Teil des historischen Baukomplexes nimmt das *Hotel Wilder Mann* ein. Hotelier Georg Höltl betreibt auch das international bekannte Busreise-Unternehmen Rotel und das günstige *Rotel Inn* (www. rotel-inn.de) an Passaus Donau-Ufer.

Durch die lauschige, eng bebaute *Höllgasse*, die mit ihren schicken Läden und netten Cafés beliebtes Ziel für einen Einkaufsbummel ist, führt der Weg nun zur Pfarrkirche **St. Paul** 13. Schmal erhebt sich ihre rosa und weiß gegliederte Barockfassade in Donaunähe auf einem Felsen am nordwestlichen Rand des Altstadthügels. Sie wurde Mitte des 11. Jh. gegründet und ist damit eine der ältesten Kirchen der Stadt, ihre heutige Gestalt schuf Carlo Antonio Carlone 1662–68 nach einem Brand. Eine Freitreppe führt zum Portal hinauf, über dem der von einem Spitzhelm gekrönte Uhrturm aufragt. Im Innenraum kontrastieren schwarz gebeizte, goldverzierte Altäre mit weißen, erst 1909 zurückhaltend stuckierten Wänden. Den Chor dominiert der mächtige Hochaltar mit der Darstellung der ›Enthauptung des Paulus‹ (um 1700) von Franz Tamm.

Kaiser Ludwig der Bayer (links) und sein Sohn Ludwig von Brandenburg am Rathaus

Von der Neuen Mitte zur Innstadt

Durch die Fußgängerzone *Ludwigstraße* flaniert man nun zur **Neuen Mitte** 14: Unter diesem Namen firmiert ein architektonisch nicht gerade innovativer Komplex aus Shoppingcenter, Parkhaus und Zentralem Omnibusbahnhof, der im Westen der Altstadt anstelle der 2004 abgerissenen Nibelungenhalle entstanden ist. Der graue Kasten passt so wenig zur barocken Schönheit der Altstadt, dass er den Passauern wohl noch für Jahrzehnte Zündstoff für Diskussionen bieten wird. Zum Ensemble gehört der wuchtige, neunstöckige **Stadt-** oder **Kapfingerturm**, der mit 36 m Höhe die Umgebung beherrscht. Vom Café Diwan im obersten Stock hat man allerdings einen privilegierten Ausblick auf die Altstadt.

Immer wieder finden hochkarätige Ausstellungen im Museum Moderner Kunst statt

*Die Luitpoldbrücke über die Ilz verbindet
Passaus Altstadt mit der Veste Oberhaus*

Den Abschluss des Altstadtrundgangs bildet der Besuch der südlich des *Klostergartens* gelegenen Kirche **St. Nikola** 15. Aus der Ursprungszeit um 1070 ist jedoch nur die romanische Krypta unter dem Chor erhalten. Ein gotischer Neubau des 14. Jh. wurde 1666 von Carlo Antonio Carlone und Johann Baptist d'Aglio barockisiert und um 1716 mit Fresken von Wolfgang Andreas Heindl ausgestattet.

Anschließend erstreckt sich entlang des Innufers die erst 1978 eröffnete **Universität Passau** 16, an deren Fakultäten für Jura, Wirtschaftswissenschaft, Informatik, Mathematik und Philosophie rund 10 000 Studierende immatrikuliert sind.

Auf dem 1916 gebauten **Fünferlsteg** 17, der seinen Namen der Brückenmaut verdankt, die einst für die Flussquerung zwischen Alt- und Innstadt zu entrichten war, gelangt man vom Universitätsviertel hinüber ans Südufer des Inn. Hier erhebt sich gleich zur Rechten die massige Kirche **St. Severin** 18 auf Fundamenten eines spätantiken Vorgängerbaus (um 450). Ihre heutige Gestalt geht zurück auf ottonische und spätromanische Erweiterungen. Chor und Turm sind spätgotische Ergänzungen von 1476. Interessant ist die Kirche auch wegen ihrer Erwähnung in der Vita des 482 gestorbenen Severin, die ihren Standort in den Ruinen des Kastells Boiotro beschreibt. Dieses Römerlager war um 280 n. Chr. entstanden und wurde rund 100 Jahre lang genutzt.

Grabungsfunde sind heute im nahen **Römermuseum Kastell Boiotro** 19 (Lederergasse 43, Tel. 08 51/347 69, www.stadt archaeologie.de, März–Nov. Di–So 10–16 Uhr) zu sehen. Das Gelände hat unter dem Hochwasser 2013 gelitten, ist aber zugänglich. Man kann auch einen virtuellen Spaziergang durch das Kastell machen sowie eine Ausstellung zum Zollwesen im Römischen Reich sehen.

Weithin sichtbar ist das hoch über der Innstadt thronende Paulinerkloster mit der 1627 errichteten **Wallfahrtskirche Mariahilf** 20 (Tel. 08 51/23 56, www.maria hilf-passau.de). Viele Gläubige wählen die über 321 Stufen auf die Bergeshöhe hinaufführende überdachte Gebetsstiege, die sog. *Himmelsleiter*, um sich dem Gnadenort besinnlich zu Fuß zu nähern. Die Wallfahrt setzte bereits in der ersten Hälfte des 17. Jh. ein und nahm nach dem Sieg über die Türken 1683 einen beträcht-

lichen Aufschwung. Ziel ist die Kopie eines *Marienbildes* (um 1537) von Lucas Cranach d. Ä. auf dem goldglänzenden barocken Hochaltar (1719). Zahlreiche Votivtafeln sowie erbeutete türkische Waffen sind im Kirchenschiff versammelt. Ein kurzer Gang aus dem Klosterareal auf die *Aussichtsterrasse* hoch über dem Inn wird mit einem herrlichen Blick über die Stadt auf der anderen Flussseite belohnt.

Veste Oberhaus

Gewissermaßen das Pendant im Norden Passaus ist über dem Zusammenfluss von Donau und Ilz auf dem St. Georgsberg die **Veste Oberhaus** 21. 1219 als Fürstbischöfliche Residenz und Trutzburg gegen die aufbegehrende Bürgerschaft errichtet, wurde sie später stetig erweitert. Den Inneren Burghof umgeben die gotisch freskierten Georgskapelle aus dem 14. Jh, der barockisierte *Fürstentrakt* aus dem 15. und der *Rittersaalbau* aus dem frühen 16. Jh. In den mächtigen Mauern der Veste zeigt das **Oberhausmuseum Passau** (Tel. 08 51/49 33 50, www. oberhausmuseum.de, Mitte März–Mitte Nov. Mo–Fr 9–17, Sa/So 10–18, 25.Dez.–6. Jan. tgl. 10–16 Uhr, Silvester geschl.) Sammlungen zur Stadtgeschichte, zum mittelalterlichen Leben in Passau, zum Passauer Porzellan sowie zu bäuerlichen Traditionen des nahen Böhmerwalds.

Herausragend ist der Ausblick von der *Batterie Linde*, einer von Wehrmauern gesäumten Terrasse, hinab auf die in Privatbesitz befindliche *Veste Niederhaus* und das *Dreiflüsseeck* [s.o.], wo Inn, Ilz und Donau aufeinandertreffen.

Ausflüge

TOP TIPP   Ums Wasser dreht sich alles im **Haus am Strom** (Am Kraftwerk 4, Untergriesbach, Tel. 085 91/91 28 90, www.hausamstrom.de, Mai–Mitte Sept

Nibelungenstadt Passau

Das Nibelungenlied, das häufig auch als Nationalepos der Deutschen gefeiert wird, wurde erstmals wohl um das Jahr 1200 in mittelhochdeutscher Sprache niedergeschrieben. In rund 2400 Strophen erzählt es eine wechselvolle Heldengeschichte von Machtspielen und Loyalität, Intrigen und Verrat. Höhepunkte sind das Mordkomplott von Königin Brunhild gegen Siegfried und die blutige Rache seiner Witwe Kriemhild. Historischer Kern der Sage ist der Untergang der ostgermanischen Burgunden. Sie ließen sich um 413 unter in Worms am Rhein nieder. Expansionsbestrebungen ihres Königs Gundaher (Gunther) zerschlug jedoch um 436 der römische Heerführer Aetius mit Hilfe hunnischer Reiterscharen.

Der Verfasser des Heldenepos' ist nicht namentlich bekannt, es dürfte sich aber um einen gebildeten Geistlichen handeln. Seine kenntnisreiche Schilderung von Schauplätzen und Orten im Umkreis von Passau sowie seine Würdigung des Passauer Bischofs Pilgrim machen die Dreiflüssestadt als literarische Wiege der Nibelungensage sehr wahrscheinlich.

Die Hundeshagensche Handschrift zeigt Kriemhilds Reise zu Hunnenkönig Etzel

tgl. 9–18 Uhr, sonst kürzer, Details siehe Homepage) am *Flusskraftwerk Jochenstein* 25 km flussabwärts von Passau. Die interaktive Ausstellung ›Leben und Wirtschaften mit Wasser‹ vermittelt auf originelle Weise Wissenswertes und Kurioses, beispielsweise mit Europas einzigem wasserbetriebenem Fahrstuhl und einer Wasserbar.

20 km östlich von Passau und von dort mit dem Schiff in etwa 1 Std. zu erreichen, liegt **Obernzell** (www.obernzell.de) malerisch am Donauufer. Barockes Schmuckstück des Ortes ist die mit zwei Zwiebeltürmen geschmückte Pfarrkirche **St. Maria Himmelfahrt** aus der Mitte des 18. Jh. Das Hochaltarbild zeigt ›Marias Aufnahme in den Himmel‹ (um 1746).

Die Passauer Bischöfe errichteten in Obernzell im 15. Jh. eine Wasserburg, die sie 1581–83 im Stil der Renaissance zum **Schloss Obernzell** (Tel. 085 91/10 66, Di–So 10–17 Uhr, 7. Jan–31. März geschl.) umgestalten ließen. Das stattliche Gebäude beherbergt unter seinem Walmdach ein *Keramikmuseum* mit Exponaten von der Jungsteinzeit bis in die Gegenwart, prunkvoll ist der Rittersaal.

ℹ️ Praktische Hinweise

Information

Tourist-Information, Bahnhofstr. 28 und Rathausplatz 3, 94032 Passau, Tel. 08 51/ 95 59 80, www.tourismus.passau.de

Hotels

Hotel Cultellus, Kleine Messergasse 12, Passau, Tel. 0851/49 09 52 04, www.hotel-cultellus.de. Moderne Gastzimmer in historischem Haus mitten in der Altstadt.

TOP TIPP **Hotel Wilder Mann**, Am Rathausplatz, Passau, Tel. 08 51/350 71, www.wilder-mann.com. Seit Mitte des 19. Jh. zählt der Wilde Mann zu den besten Berherbergungsadressen Passaus. Faires Preisniveau.

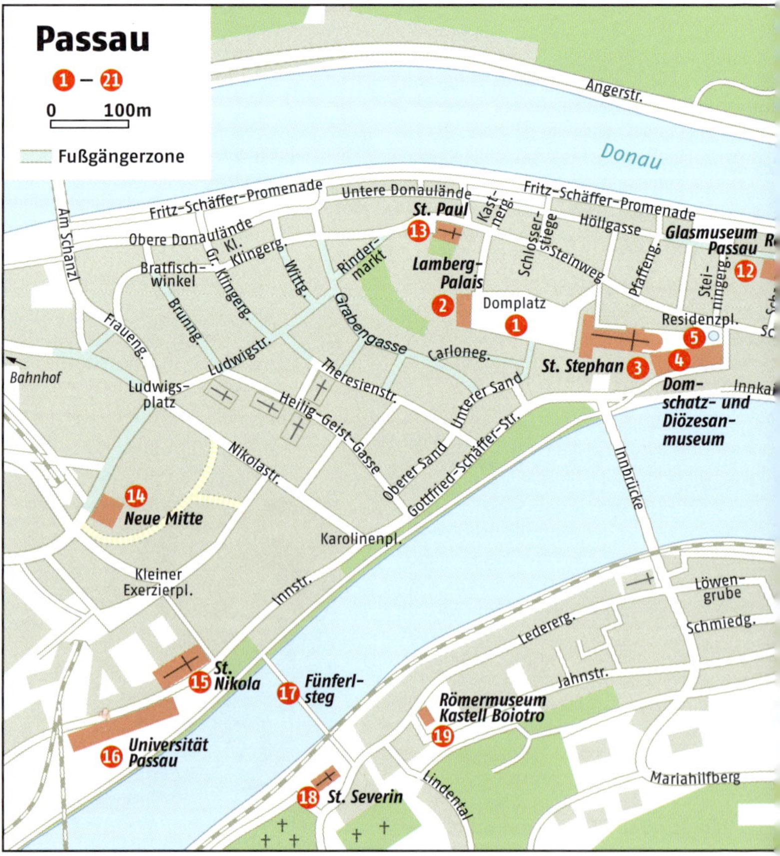

Futuristische Architektur des Hauses am Strom am Donau-Wasserkraftwerk Jochenstein

▶ Reisefilm
Passau
QR-Code scannen [s.S.5]
oder dem Link folgen:
www.adac.de/rf0113

Pension Gambrinus, Bayerisch Haibach 20 (2,5 km östlich der Altstadt), Passau, Tel. 08 51/29 05, www.pension-gambrinus.de. Jugendstilhaus mit preiswerten Komfortzimmern am Donauradweg.

Restaurants

3 Linden, Steinweg 6, Passau, Tel. 08 51/ 98 90 11 44, www.gasthof-3linden.de. Domnaher Gasthof mit zeitgemäßer Ausstattung über historisches Gewölbe, Küche und Ambiente sind modern.

Fischrestaurant Bouillabaisse, Rosengasse 1 (Fußgängerzone), Passau, Tel. 08 51/377 95. Hier kocht der Chef selbst. Kleines Lokal im 1. Stock eines Hauses aus dem 17. Jh. (So/Mo geschl.).

Scharfrichterhaus Passau, Milchgasse 2, Passau, Tel. 08 51/359 00, www.scharfrich ter-haus.de. Eine Institution als Kabarett, Jazz-Café und Restaurant. Letzteres bietet bürgerliche Küche und edle Weine.

Cafés

Café-Lounge Diwan, Nibelungenplatz 1, Passau, Tel. 08 51/490 32 80, www.greindl-passau.de. Retro-Café im Stadtturm mit Snacks und herrlichem Panorama.

Café Unterhaus, Höllgasse 12, Passau, Tel. 08 51/989 04 64, www.unterhaus.com. Potpourri von Café-Bar, Galerie, Buchhandlung, Internetstation und Nachtklub mit Live-Musik in einer der beliebtesten Einkaufsstraßen der Altstadt.

Innsteg, Innstr. 14, Passau, Tel. 08 51/512 57, www.innsteg.de. Studentenflair auf sonniger Terrasse. Ohne Hochwasser ist die Lage am Donauufer besonders idyllisch.

Der Untere Bayerische Wald – 1200 Quadratkilometer Vielfalt

Etwa 15 km breit und um die 80 km lang ist das Gebiet, das sich von der österreichischen Grenze zwischen Donau und tschechischer Grenze in nordwestlicher Richtung erstreckt. Wie ein Rückgrat zieht sich fast der ganzen Länge nach das Quarzriff des **Pfahl** mitten durch, eine Burg bei Regen trägt gar den sprechenden Namen **Weißenstein**. Dem Quarz ist es auch zu verdanken, dass im Spätmittelalter in einer ganzen Reihe hiesiger Orten wie **Zwiesel**, **Frauenau** oder **Spiegelau** Glashütten entstanden, die mit ihren Produkten den Bayerischen Wald weltweit zu einem Begriff machten.

Lange Zeit war der Untere Wald eine schwer zugängliche Region, gerade recht als Rückzugsgebiet für Einsiedler wie den hl. Hermann, dessen Klause bei **Regen** zur Wallfahrtsstätte wurde. Und gerade recht auch als Betätigungsfeld für ambitionierte Mönche wie den hl. Gunther. Sie rodeten den Wald und gründeten Klöster wie **Rinchnach**, die zu großer Blüte heranwuchsen.

Heute zieht die Besucher die Weite der Wälder und die Natur an. Magnet für Naturfreunde, Wanderer und Radfahrer ist vor allem der **Nationalpark Bayerischer Wald**. Wintersportler finden ihre Wünsche in **Sankt Englmar** und **Bodenmais**, in **Bayerisch Eisenstein** und **Bischofsmais** erfüllt.

8 Waldkirchen

Luftkurort am Goldenen Steig.

Das 10 000–Einwohner-Städtchen im tiefen Osten Bayerns verrät schon im Namen den Inhalt seiner Gründungslegende von einer ›Kirche im Wald‹, die ein Ritter nach einem Gelübde vor gut 800 Jahren gestiftet haben soll. Die günstige Lage am **Goldenen Steig**, dem Säumerpfad zwischen Passau und dem böhmischen Prachatitz, bescherte dem Ort, der rund um das Gotteshaus entstand, schnelles Wachstum. Schon 1285 erhielt Waldkirchen das Marktrecht sowie eine eigene Gerichtsbarkeit und avancierte bald zum einzigen Salz-Stapelplatz des Passauer Abteilandes. Der zu Wohlstand gelangte Ort wurde jedoch sechs Mal von verheerenden Bränden heimgesucht. Zuletzt ging er kurz vor Ende des Zweiten Weltkriegs in Flammen auf.

Einen gepflegten, aber recht nüchternen Anblick bietet daher der Ortskern

Saftige Wiesen und sanfte Hügel prägen die Landschaft um Grafenau

um den Marktplatz, der sich hügelan zur neugotischen **Pfarrkirche St. Peter und Paul** erstreckt. Die stattliche dreischiffige Pfeilerbasilika mit markantem, 67 m aufragendem Turm entstand 1857–61.

An die Zeit der Pferdefuhrwerke, die zuweilen wohl so rasant um die Kurven fegten, dass die Hausecken Schaden nahmen, erinnert der **Ewige Hochzeiter**. Diese bemalte Granitskulptur schützt seit Mitte des 19. Jh. das Gebäude an der Abzweigung Marktplatz/Jandelsbrunner Straße. Vom Marktplatz her schmachtet ihn seit 1972 die **Stoanerne Gretl** an. Kutschen passieren die beiden allerdings nur noch selten.

Südwestlich der Pfarrkirche ist als Teil der spätmittelalterlichen Ringmauer ein Wehrturm erhalten. In ihm dokumentiert heute das **Museum Goldener Steig** (Büchl 22, Tel. 08581/920551, www.wald kirchen.de, Mai–Okt. und 25. Dez.–6. Jan. Di–So 14–16 Uhr) die Geschichte des Salzhandels, die Entwicklung der Stadt und das religiöse Brauchtum in der Region.

Die Wiege der eigenwilligen Schriftstellerin Emerenz Meier (1874–1928) [s. u.] stand im Waldkirchener Ortsteil *Schiefweg*, im heute nach ihr benannten **Emerenz-Meier-Haus** (Tel. 08581/989190, www.born-in-schiefweg.de, Do und Fr

Selbst den Turm der Pfarrkirche St. Peter und Paul scheint der Maibaum auf Waldkirchens Marktplatz zu überragen

Emerenz Meier – eine bayerische Mundartdichterin

Im Elternhaus der 1874 geborenen Emerenz Meier gab es kaum Bücher. Der Vater – Bauer, Viehhändler und zeitweise Gastwirt – verbot seiner Tochter ihre ›narrische Verslmacherei‹ sogar. Aber es half nichts. Die ›Senz‹ war hoch begabt – und widerspenstig. Heimlich schickte sie ihre Erzählung ›**Der Juhschroa**‹ 1893 an die Passauer Donau-Zeitung, die sie prompt druckte. Da dieser Erfolg gar Bares einbrachte, änderte der Vater seine Einstellung.

Emerenz' literarisches Interesse galt besonders dem dörflichen Leben, das sie mit sensiblem Blick für Details und Besonderheiten charakterisierte. Ihre naturalistischen Schilderungen voller Empathie und melancholischer Sehnsucht erschienen 1896 unter dem Titel ›**Aus dem bayerischen Wald**‹ und machten sie zur lokalen Berühmtheit. Doch die Familie blieb arm und wanderte schließlich ›ins Amerika‹ aus.

Der Abschied von ihrem viel besungenen Wald fiel Emerenz schwer. In **Chicago**, wo die Meiers sich niederließen, versiegte ihre literarische Produktion fast ganz. Sie nannte Amerika »das Land, wo Grabsch und Humbug blüh'n/ Die Herzen einzig für den Dollar glüh'n ...« Ohne den Bayerischen Wald noch einmal gesehen zu haben, starb sie hier 1928 im Alter von 53 Jahren.

Erst als der Regisseur Jo Baier 1991 dem Leben der Emmerenz Meier mit **Wildfeuer** ein – wenngleich sehr frei interpretiertes – filmisches Denkmal setzte, erlebte ihr Werk ein Revival.

»Ich sah den Wald im Sturmgebraus,
Vom Winter tief umnachtet,
Die Tannen sein in wirrem Graus,
Vom Nord dahingeschlachtet;
Und lieben musst' ich ihn noch mehr,
Ihn meiden könnt' ich nimmer.
Schön ist er, düsterschön und hehr,
Und Heimat bleibt er immer.«
(aus: ›Mein Wald, mein Leben‹)

16.30–20.30, Sa 12–20.30, So 11–18 Uhr). Sowohl die Wirtsräume im Erdgeschoss als auch die Ausstellung ›Von Schiefweg nach Chicago‹ vermitteln einen guten Eindruck von den Lebensumständen der bayerischen Künstlerin.

Eine vor allem bei Kindern beliebte Attraktion Waldkirchens ist der **Kletterwald** (Jandelsbrunner Str. 36, Tel. 08581/ 989010, www.kletterwald-waldkirchen. de, zu Ferienzeiten tgl. 10–19 Uhr). Auf sechs Parcouren und einem Flying Fox kann man sich hier fühlen wie Tarzan.

Hauzenberg

Rund 12 km südlich von Waldkirchen liegt der Luftkurort **Hauzenberg** (12000 Einw.). In seiner erst 1972 gebauten Stadtpfarrkirche St. Vitus lohnt der *Freudenseer Flügelaltar* (um 1490) einen Abstecher. Er stammt aus der Werkstatt von Rueland Frühauf und ist der einzige vollständig erhaltene spätgotische Flügelaltar im Bayerischen Wald. Flankiert von der Gottesmutter, der hl. Barbara und Katharina schildern die Holzschnitzereien des Altars neutestamentliche Szenen von der Verkündigung bis zur Beweinung Christi.

Am westlichen Ortsrand von Hauzenberg zieht das auch architektonisch interessante **Granitzentrum Bayerischer Wald** (Passauer Str. 11, Tel. 08586/2266, www.stein-welten.de, Mai–Okt. tgl. 10–18, Jan.–April tgl. 10–16 Uhr) die Aufmerksamkeit auf sich. In einem aufgelassenen Steinbruch erzählt dieses Museum in seinen ›Steinwelten‹ die Geschichte der Granitindustrie im Bayerischen Wald, erklärt die Entstehung des Minerals und den mühseligen Abbau. Die Rolle von Granit im bäuerlichen Alltag veranschaulichen Krautbottiche, Futtertröge und Wasserbehälter.

Weitere 5 km südöstlich befindet sich in **Kropfmühl** das **Graphit Besucherbergwerk Kropfmühl** (Langheinrichstr. 1, Tel. 08586/6090, www.graphit-bbw.de, März u. Apr. Sa/So/Fei. u. Osterferien Di–So 13–15, Mai u. Okt. Do–So/Fei. 13–15, Juni–Sept. Di–Sa 10–15, So/Fei. 12–15; Letzte

Führung: 15 Uhr). Besucher können in die Mine einfahren, bis auf die vierte ›Sohle‹ in 45 m Tiefe. Hier, im Museum und auf dem rund 4,5 km langen Geolehrpfad erfahren sie viel über den Abbau des schwarzen Kohlenstoffs, der in Bleistiftminen, Batterien und in Brennstäben für Kernkraftwerke verarbeitet wird.

ℹ Praktische Hinweise

Information

Tourismusbüro Waldkirchen, Ringmauerstr. 14, 94065 Waldkirchen, Tel. 085 81/194 33, www.waldkirchen.de

Besucherinfo Stadt Hauzenberg, Marktplatz 10, 94051 Hauzenberg, Tel. 085 86/300, www.hauzenberg.de

Hotels

Gidibauer, Grub 7, Hauzenberg, 085 86/964 40, www.gidibauer.de. Landgasthaus und ›Naturhotel‹ in einem typischen Bayerwald-Vierseithof im Grünen.

Resort Reutmühle, Frauenwaldstr. 7, Waldkirchen, Tel. 085 81/20 30, www.reutmuehle.de. Hotel mit viel Komfort und Golfplatz in Gehweite vom Stadtzentrum. Der Hund darf mit.

Restaurant

Landgasthaus Emerenz, Dorfplatz 9, Waldkirchen, Tel. 085 81/98 91 90, www.wirtshaus-zur-emerenz.de. Regionale Feinschmecker-Küche im sensibel renovierten Geburtshaus der Heimatdichterin (Mo und Di geschl.).

Das Granitzentrum in Hauzenberg bringt auch Kindern das Wesen dieses Gesteins näher

Auf den Dreisesselberg

Eine relativ anspruchsvolle Wanderung (ab Parkplatz Lackenhäuser, 5 km ab Breitenberg auf St. 2130, Rundweg ca. 5,5 h, 700 HM, Beschilderung zunächst Dreisesselberg) führt auf dem **Witiko-Steig** hinauf zum Dreisesselberg. Wer nicht auf gleicher Strecke zurückmarschieren will, kann die Tour zu einem herrlichen Rundweg entlang des Hochkamm-Wanderweges über das Dreiländereck erweitern. Von hier ist der Rückweg zum Ausgangspunkt Lackenhäuser ausgeschildert.

Ausdauernde Wanderer können schließlich noch vom Dreiländereck über den österreichischen Plöckenstein zum **Adalbert-Stifter-Denkmal** gehen (ca. 2 km). Von ihm aus bietet sich ein famoser Blick hinab auf den **Plöckensteinersee**, den der Dichter schwärmerisch als das ›Auge im Böhmerwald‹ bezeichnete.

9 Neue Welt

Junges Siedlungsgebiet im Dreiländereck.

Ihren im bayerischen Grenzbereich zu Österreich und Tschechien überraschend anmutenden Namen verdankt der Landstrich Neue Welt seiner späten Besiedelung, die erst ab 1698 begann. Die sanfthügelige Region liegt zwischen Wegscheid, Jandelsbrunn und Dreisessel.

Hauptort der Neuen Welt und östlichste Gemeinde Bayerns ist **Breiten-**

berg (2200 Einw). Das Ortsbild prägt die barocke Pfarrkirche *St. Raymund*, die 1727 entstand und einen prachtvollen Hochaltar besitzt. Dem in dieser Gegend lange Zeit bedeutenden Flachsanbau und der Weberei ist das *Webereimuseum* (Gegenbachstr. 50, Tel. 08584/961816, Mai–Okt. Mi und So 14–16.30, Juni–Sept. Mi–So 14–16.30, Mai/Okt Di–So 14–16.30 Uhr u.n.V) gewidmet. In drei historischen Bauernhäusern wird an Webstühlen gearbeitet, draußen wird Flachs angebaut.

Die Landschaft nördlich von Breitenberg dominiert der 1333 m hohe **Dreisesselberg**. Er kann gut vom Dreisesselparkplatz (zu erreichen von Altreichenau oder Haidmühle) [s. S. 49] aus erwandert werden und belohnt den Aufstieg mit einem herrlichen Waldpanorama. Die Grenze zu Tschechien verläuft unweit seines Gipfels, nahebei lädt der bewirtschaftete *Berggasthof Dreisesselhaus* (Tel. 08556/350, www.dreisessel.com, tgl. 9–19 Uhr, Nov. bis Mitte Dez. geschl.) zu einer Rast.

ℹ Praktische Hinweise

Information

Gästeinformation Breitenberg, Rathausplatz 3, 94139 Breitenberg, Tel. 08584/961818, www.breitenberg.de

Hotels

***Gut Riedelsbach**, Riedelsbach 12, Neureichenau (8 km nördlich von Breitenberg), Tel. 08583/96040, www.gut-riedelsbach.de. Angenehme Zimmer und Wirtshaus mit eigener Brauerei.

Des Teufels Material

Wollsackverwitterung nennen Geologen eine für den Granit typische Erosionsform. Sie wird durch Wasser ausgelöst, das in Risse im Fels eindringt. Dabei löst es Minerale aus dem Gestein, bei Frost springen Ecken und Kanten ab, die Blöcke runden sich. Was stehen bleibt ähnelt schließlich übereinander gestapelten, mit Wolle gefüllten Säcken. Ein markantes Beispiel für die Wollsackverwitterung ist auf dem Gipfel des **Lusen** [Nr. 13] zu sehen.

Eine volkstümlichere Erklärung für das Entstehen solch ungewöhnlicher Gesteinsformation besagt, dass einst der Teufel den Menschen den Weg zur Hölle erleichtern und ihn deshalb pflastern wollte. Mit einem Schubkarren voll Steine macht er sich ans Werk. Doch als ihm eine Einsiedlerin mit dem Kreuz in der Hand entgegentrat, warf er alles hin und floh. Die Steine blieben so liegen, wie wir sie heute noch sehen.

Nicht besser erging es dem Teufel in der Gegend von **Bischofsmais** [Nr. 18]. Hier baute er sich kurz vor dem Mittagessen einen Tisch. Da vernahm er das Glockengeläut von *St. Hermann* und suchte abermals das Weite. Zurück blieb der **Teufelstisch**. Das darauf stehende Essen, ein Schweinsbraten mit Knödeln, blieb stehen und versteinerte. Mit viel Fantasie lässt es sich auf dem Tisch erkennen.

Dieser an drei Sessel erinnernden Gesteinsformation verdankt der Dreisessel seinen Namen

Die liebevoll restaurierte Rothaumühle beherbergt das Freilichtmuseum von Tittling

Hotel Gasthof Strohmaier, Kirchbergstr. 25, Haidmühle, Tel. 085 56/490, www. hotel-haidmuehle.de. Preisgünstiges Haus in verspieltem Landvillenstil in schöner Lage. Wanderer, Radfahrer und Reiter sind willkommen.

10 Dreiburgenland

Historische Burgen und Bauernhöfe, lebendige Cowboys und Indianer.

Nördlich von Passau erstreckt sich das Dreiburgenland. Ihren Namen verdankt die reizvolle Mittelgebirgslandschaft drei mittelalterlichen Befestigungen, die im 14. Jh. die Grafen von Hals zur Sicherung der Salzhandelsstraße nach Böhmen errichteten.

Die südlichste ist **Schloss Fürstenstein.** Schon von weither sichtbar thront die vierflügelige Anlage über dem 3500–Einwohner-Ort Fürstenstein. Ihr imposantes Erscheinungsbild geht zurück auf Ergänzungen des 15. Jh. und einen nach einem Brand nötigen Wiederaufbau ab 1860. Das Anwesen befindet sich in Privatbesitz, zu besichtigen ist nur die modern ausgestattete *Schlosskirche,* die 1629 nach dem Vorbild der Gnadenkapelle von Altötting entstand und 1956 großzügig erweitert wurde.

Ebenfalls in privater Hand und deshalb nicht zu besichtigen ist **Schloss Engl-burg** 2 km nördlich. Markant sind seine beiden Zwiebeltürme.

Die Dritte im Bunde ist rund 10 km weiter nördlich die **Saldenburg** (Jugendherberge, s. u.), ein trutziges fünfstöckiges Bollwerk über dem Ilztal und dem Ort Saldenburg. Ihr auf quadratischem Grundriss aufragender Wohnturm zeigt äußerlich noch sein mittelalterliches Gepräge, die Innenräume wurden teils zu Gästezimmern umgebaut, teils changieren sie zwischen gotischen Gewölben und italienisch barockem Schwung, den Enrico Zuccalli im Zuge einer Instandsetzung 1682 mitbrachte.

Im Zentrum des Dreiburgenlandes, beim Erholungsort **Tittling,** unterhält der Reiseunternehmer Georg Höltl [s. S. 41] das **Museumsdorf Bayerischer Wald** (Herrenstr. 11, Tel. 085 04/84 82 www.museumsdorf.com, Anf. Apr.–Okt. tgl. 9–17, Nov.–März 9–16 Uhr). Kern dieses ausgedehnten Freilichtmuseums war die über 500 Jahre alte *Rothaumühle,* die Höltl 1973 erwarb und vor dem Abriss bewahrte. Ihre Restaurierung und die Einrichtung eines Heimatmuseums gaben vielerorts den Impuls, Höltl weitere landwirtschaftliche Gerätschaften und Einrichtungsgegenstände, schließlich ganze Häuser und sogar Gehöfte anzubieten – alles Kostbarkeiten, die gerettet werden sollten.

So entstand das inzwischen auf rund 150 Gebäude angewachsene Museums-

dorf. Es bietet seinen Besuchern eine einzigartige Gelegenheit, sich in die Vergangenheit des Bayerischen Waldes zu versetzen und das Leben im bäuerlichen Alltag und in traditionellen Handwerksbetrieben anschaulich zu erleben. Kapellen und Ausstellungen zum religiösen Leben legen Zeugnis von der Frömmigkeit der Waldler ab, und die älteste Volksschule Deutschlands verrät etwas über die einstigen Bildungsbemühungen. Traditionelle Wirtshauskultur bietet am Eingang zum Museumsdorf das altbayerische *Gasthaus Mühlhiasl* (Tel. 0850 4/8482, Sa mit Musik bis 24 Uhr).

Der Wilde Westen im Osten von Bayern – das ist 12 km westlich von Tittling **Pullman City** (Ruberting 30, Eging am See, Tel. 08544/97490, www.pullmancity.de, 12. Apr.–2. Nov. Shows tgl. ab 10 Uhr, ab 17 Uhr freier Eintritt). Hier trifft sich die Cowboy- und Indianer-Gemeinde zu Countrymusik und Squaredance, zum Lassowerfen und Planwagenfahren, zum Winchesterschießen, Bogenbauen und Pfeilschnitzen. Übernachtungsmöglichkeiten stilecht im Western-Hotel, im Blockhüttencamp oder auf dem Campingplatz. Für Pferdewanderer stehen Ställe zur Verfügung.

ℹ Praktische Hinweise

Information

Tourist-Information Tittling/Witzmannsberg, Marktplatz 10 (im Grafenschlössl), 94104 Tittling, Tel. 08504/40114, www.tittling.de

Oben: *Kutschen und Cowboys bevölkern Pullman Citys Main Street während der History Shows*

Unten: *Erleuchtung im Wortsinn bietet die nächtens angestrahlte Stadtpfarrkirche Maria Himmelfahrt in Freyung*

Hotels

Hotel Dreiburgensee, Am Dreiburgensee 1, Tittling, Tel. 085 04/20 92, www.hotel-dreiburgensee.de. Familienfreundliches Ferienhotel und Restaurant am waldumstandenen Dreiburgensee, unweit des Museumsdorfes.

Saldenburg, Ritter-Tuschl-Str. 20, Saldenburg (10 km nördlich von Tittling), Tel. 085 04/16 55, www.saldenburg.jugendherberge.de. Nur Gäste der Jugendherberge haben Zutritt zu der modernisierten mittelalterlichen Festung.

11 Freyung

Städtchen, dessen Umgebung von Kelten und Hexen bevölkert war.

Eine Freiung ist Freyung (7000 Einw.) nicht mehr, nur der Name zeugt noch davon, dass es sich hier vor rund 800 Jahren um ein Gebiet handelte, in dem Siedler von der Steuer befreit waren. Mit 799 m ist es das höchstgelegene Städtchen des Bayerischen Waldes.

Ältestes Baudenkmal ist im Norden über der Altstadt eine um 1200 im Auftrag des Passauer Fürstbischofs Wolfker von Erla zur Sicherung des Goldenen Steigs erbaute Burg. Sie wurde um 1590 im Stil der Renaissance umgebaut zu **Schloss Wolfstein** (Wolfkerstr. 3, www.museumsland.de). Im Inneren nach vorheriger Terminvereinbarung zugänglich ist die *Galerie Wolfstein* (Tel. 085 51/ 571 09), die zeitgenössische Kunst aus Ostbayern, Tschechien und Österreich präsentiert. Dazu zählen Werke der international bekannten *Donau-Wald-Gruppe* (mit u. a. Erbe-Vogel, Hirtreiter, Koeppel, Mauder, Niedermayer, Nerud, Sammer, Stützer, Theuerjahr, Ulfig oder Wörlen), ebenso wie Exponate von Kubin, Deppe, Fruth, Stauber oder Riedl. Daneben zeigt das Cartoon- und Karikaturen-Kabinett Werke von Paul Flora, Tomi Ungerer oder Horst Haitzinger.

Einen Besuch wert ist auch ›unten‹ im Ortszentrum das *Schramlhaus*, ein historisches Bauern- und Handwerkeranwesen. Es ist heute stimmungsvolle Kulisse für das **Wolfsteiner Heimatmuseum** (Abteistr. 8, Tel. 085 51/588 81 50, Mitte Juni–

Mitte Sep. Di–Fr 14–17, Sa 10 – 12 Uhr, Mitte Sep.–31. Okt. Di/Do 14–17, Sa 10–12, Mitte Dez.–Mitte Juni Sa 10–12 Uhr, Nov.–15. Dez. geschl.). Der authentisch möblierte Vierseithof veranschaulicht den Alltag früherer Tage mit Exponaten zu Arbeitswelt und Brauchtum, Gerätschäften, Trachten und mehr als 100 Hinterglasbildern.

Ringelai

Die Gemeinde **Ringelai** liegt 8 km westlich von Freyung im Tal der Wolfsteiner Ohe. Schaudern lässt den Besucher hier das *Hexenmuseum* (Hotel Gross, Dorfstr. 22, Tel. 08555/258, www.hotel-gross.de tgl. 10–22 Uhr). Verhörprotokolle eines Hexentribunals und Folterinstrumente wie Wippgalgen oder Spanischer Stiefel erinnern daran, dass in Ringelai noch im Jahr 1703 ein Hexenprozess stattfand.

Auf einem Hügel etwa 3 km westlich von Ringelai befindet sich der **Archäologische Erlebnispark Keltendorf Gabreta** (Lichtenau 1 a, Tel. 08555/407310, www. gabreta.de, Jul./Aug. Di–So 10–18, sonst Do 10–18 Uhr). Die nachgebaute keltische Kleinsiedlung mit strohgedeckten Häusern und Werkstätten entstand anlässlich von Funden keltischer Keramik und anderer Relikte der La Tène-Zeit (5.–1. Jh. v. Chr.) in der Umgebung. Besucher können in Gabreta nach keltischem Vorbild weben, backen, töpfern und Waffen schmieden. Bei *Keltentagen* werden auch die drei wichtigsten keltischen Feste Beltane, Lugnasad und Samhain gefeiert.

Praktische Hinweise

Information

Tourist-Information, Kurhaus Freyung, Rathausplatz 2, 94078 Freyung, Tel. 08551/588150, www.freyung.de

Hotels

***Hotel Gross**, Dorfstr. 22, Ringelai, Tel. 08555/258, www.hotel-gross.de. Wohlfühlhotel mit Sonnenterrasse und

Schluchtenromantik an der Wolfsteiner Ohe

TOP TIPP Als schönste Wildbachklamm des Bayerischen Waldes gilt die **Buchberger Leite**. Wo die Wasser von Reschbach und Saußbach zur Wolfsteiner Ohe zusammenfließen und das Wasser im Laufe von Jahrtausenden eine tiefe Schlucht gegraben hat, in der moosbewachsene Granitblöcke den schattigen Weg säumen, entsteht eine geradezu märchenhafte Atmosphäre.

Idealer Einstieg in die Schlucht ist der Parkplatz am Südufer der Wolfsteiner Ohe am Ortsrand von Ringelai. Von hier schlängelt sich der Weg am Bach entlang, quert ihn bald auf einer schmalen Hängebrücke und nimmt – immer dicht am rechten Ufer – Kurs auf die Buchberg-Mühle. Hier kann man kehrtmachen oder die Tour zu einer insgesamt 9 km langen Rundwanderung über Buchberg mit mittelalterlicher Burgruine, Bucheck und Wolfersreut ausdehnen. Wer dem Klammverlauf weiter folgt, erreicht nach insgesamt 10 km Freyung (Rückfahrt mit Taxi, etwa Hrdlicka, Ringelai, Tel. 0170/2706459).

Der Wanderweg durch die Buchberger Leite führt auch über diese Hängebrücke

Beim Säumerfest ziehen Planwagen und Lastpferde durch Grafenaus Straßen

Kaminstüberl, Theaterstadl, Kegelbahn und Fitnessraum.

***Landhotel Koller**, Perlesreuter Str. 5, Ringelai, Tel. 085 55/970 00, www.land hotel-koller.de. Hübsche Zimmer, kinderfreundlicher Spielplatz neben dem hauseigenen Biergarten und ausgezeichnet für seine Wirtshauskultur.

Ferienhaus Lusenblick, Kreuzberg 130, Freyung, Tel. 085 51/53 53, www.ferien wohnungen-wilhelm.de. Drei Fewos im Grünen zu moderaten Preisen.

Restaurants

Gasthof Brodinger, Zuppinger Str. 3, Freyung, Tel. 085 51/43 42, www.brodin ger.de. Erlesene internationale Speisen aus regionalen Zutaten.

Landgasthaus Schuster, Ort 19, Freyung, Tel. 085 51/71 84, www.landgasthaus-schuster.de. Spitzenküche und mitunter Kochschule (So abend und Mo geschl.).

12 Grafenau

Beschaulicher Luftkurort an der Kleinen Ohe.

Eingebettet in eine hügelige Wald- und Wiesenlandschaft schmiegt sich der Ferienort Grafenau (8000 Einw.) ans Ufer der Kleinen Ohe. Dank der Verleihung der Stadtrechte im Jahr 1376 kann sich Gra-

fenau stolz als älteste Stadt des Bayerischen Waldes bezeichnen. Von seiner einstigen Bedeutung als Handelsstation an einem mit dem Goldenen Steig konkurrierenden Säumerpfad zeugt das **Säumerfest** im August mit seinem mittelalterlichen Markttreiben.

Elegante Bürgerhäuser, die großteils aus dem 18./19. Jh. stammen, umgeben den Markt. Schmucke Blickpunkte zwischen mächtigen Kastanien sind der 1988 eingeweihte Säumerbrunnen, der Leopoldsbrunnen von 1911 und die barocke Statue des hl. Nepomuk von 1741. Blickfang am höchsten Punkt des Platzes ist die **Pfarrkirche Mariä Himmelfahrt**. Das Gotteshaus stammt aus dem 15. Jh. und war ursprünglich spätgotische. Sowohl sein heutiges Äußeres mit zwiebelbekröntem Glockenturm als auch das Innere entstanden bei der spätbarocken Neugestaltung im Jahr 1734.

Talwärts beherbergt das einstige Spital aus dem 15. Jh. heute das **Stadtmuseum** (Spitalstraße, Tel. 085 52/96 23 43, Ostern– Okt. und 25. Dez.–Febr. Di–Do 10–13, Fr–So 14–17 Uhr). Es zeigt archäologische Funde aus der Region und Exponate zu Grafenaus Geschichte. Eigene Räume sind dem *Schnupftabakmuseum* gewidmet. Hier kommen *Schmai* und *Schmalzler* zu ihrem Recht, und auch Kuriosa wie das 32 kg schwere weltgrößte Schnupftabakglas sind zu sehen.

Am Westeingang des Kurparks doku-

Vom Kleinen Falkenstein aus bietet sich ein weiter Blick ins Vorland des Nationalparks

mentiert das **Bauernmöbel-Museum** (Tel. 08552/3318, Di–So 14–17 Uhr; 1. Nov.–24. Dez u. 1. März–Gründonnerstag geschl.) die Kunst der Bauernmöbelmalerei im Bayerischen Wald des 18. und 19. Jh.

Sankt Oswald

Gut 6 km nördlich von Grafenau liegt **Sankt Oswald**. 1319 soll sich hier der Graf von Hals bei einem Sturz vom Pferd verletzt haben und an einer Quelle geheilt worden sein. Zum Dank stiftete er an dieser Stelle dem hl. Oswald eine Kapelle, die Ende des 14. Jh. durch ein Benediktinerkloster (1803 säkularisiert) überbaut wurde. Viele Pilger kamen hierher, da das Wasser, das einem Felsen in der *Bründlkapelle* entspringt, heilende und schützende Wirkung haben soll.

Das **Waldgeschichtliche Museum** (Klosterallee 4, www.nationalpark-bayeri scher-wald.de, Tel. 08552/9748890, 26. Dez.–31. März tgl. 9.30–17, 1. Apr. – Anf. Nov. tgl. 9–18 Uhr, 2. Nov.woche–25. Dez. geschl.) ganz in der Nähe stellt die Naturgeschichte des Bayerwaldes vor. In einem begehbaren Baum wechselt man hier zwischen den Stockwerken, kann mit dem Moorfahrstuhl in die Vergangenheit reisen, dringt in eine Magma-Kammer ein und lauscht einer Eibe, die aus ihrem langen Leben erzählt.

Dass auch Soldaten Schnupftabak schätzten, zeigt diese Statue in Grafenaus Stadtmuseum

Information

Touristinformation, Rathausgasse 1, 94481 Grafenau, Tel. 08552/962343, www.grafenau.de

Hotels

****Pausnhof**, Goldener Steig 7, Sankt Oswald, Tel. 08552/408860, www.pausn hof.de. Vom Kopfkissen bis zum Abendessen stammt alles im Biohotel Pausnhof aus ökologisch korrekter Produktion.

***Hotel Waldblick**, Totenmann 57, Sankt Oswald, Tel. 08552/1481, www.feriengut waldblick.de. Sonnige Zimmer mit Bergblick, Tennisplatz, Hallenbad und Sauna.

Restaurants

***Säumerhof**, Steinberg 32, Grafenau, Tel. 08552/408990, www.saeumerhof.de. Das viel gelobte Hotelrestaurant bietet leichte Regionalküche, z. B. fangfrische Fische (Mo geschl.).

Zum Kellermann, Stadtplatz 8, Grafenau, Tel. 08552/96710, www.hotel-zum-keller mann.de. Raffinierte Zubereitung alter bayerischer Rezepte und asiatischer Gerichte mit regionalen Zutaten.

13 Nationalpark Bayerischer Wald

Ökosystem mit mannigfaltigen Freizeitmöglichkeiten

Steht der Wanderer auf einem der Berggipfel im Nationalpark Bayerischer Wald, breitet sich eine fast grenzenlose Waldwildnis unter ihm aus. Von Falkenstein, Rachel oder Lusen schweift der Blick über dunkle Bergfichtenhaine und grünen Laubmischwald.

Im Jahr 1970 gründete die Bayerische Staatsregierung den Nationalpark Bayerischer Wald (www.bayrischer-wald-nationalpark.de) und damit den ersten Nationalpark auf deutschem Boden. Nach Erweiterungen umfasst er mittlerweile eine Fläche von 24 250 ha. Auf der tschechischen Seite der Grenze setzt er sich im *Nationalpark Böhmerwald* bzw. *Nárdoním Parku Šumava* (tschechisch: ›die Rauschende‹, 68 000 ha, www.npsumava. cz/de) fort. Hier soll die ursprüngliche Landschaft als Naturerbe erhalten bleiben. Darum werden in den Naturzonen entwurzelte und abgestorbene Bäume nicht entfernt, sondern im Kreislauf der Natur belassen.

In den Sommermonaten ist der Kernbereich des Nationalparks tagsüber für den Autoverkehr gesperrt, dann fahren Busse [s. S. 60] durch den Park.

TOP TIPP Ganz ohne Verklärung einer ›guten alten Zeit‹ stellt das **Freilichtmuseum Finsterau** (Museumsstr. 51, Tel. 085 57/960 60, www.freilichtmuseum.de, Mai–Sept. tgl. 9–18, Okt. 9–17, 25. Dez.–April 11–16 Uhr) am Südostrand des Nationalparks das frühere Leben der Bayerwald-Bauern dar. Bescheiden ist etwa der hölzerne Kapplhof, etwas repräsentativer der große Petzihof und die Bauweise des Schanzer-Häusl weist bereits ins Böhmische. In der *Tafernwirtschaft Ehrn* (Tel. 085 57/377, 25. Dez.–Apr. Mi–So u. Fei, Mai–Okt. Di–So u. Fei. geöffn.) auf dem Gelände wird bodenständig böhmisch-bayerisch gekocht.

Sommer wie Winter sind Wanderungen oder Langlauftouren entlang des romantischen Reschbachtals (Start am Badesee Mauth) ab **Mauth** ein Erlebnis. Einst wurde auf dem Reschbach Holz zu Tal befördert. Über diese mühevolle Trift berichtet die *Informationsstelle Mauth* (Mühlweg 2, Tel. 085 57/97 38 38, Mo–Fr 9–12, 12.30–17, So 9–12 Uhr).

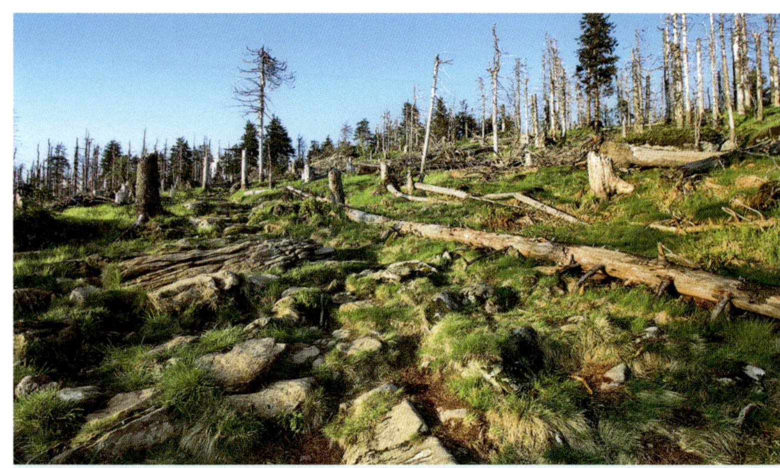

Natur Natur sein lassen?

Natur Natur sein lassen lautet das puristische Nationalparkmotto. Kein Waldbauer zieht umgestürzte Bäume aus dem Forst, kein Jäger schießt das Wild oder versorgt es in harten Wintern mit Futter. So soll nach dem Willen der bayerischen Staatsregierung ein **Urwald** entstehen, der diesen Namen auch verdient.

Was auf den ersten Blick ganz einfach erscheinen mag – nämlich einen Wald sich selbst zu überlassen – erweist sich in der Praxis als höchst kompliziert. Denn als in den 1990er-Jahren schwere **Stürme** ungezählte Bäume fällten, ließ die Nationalparkverwaltung das Totholz gemäß ihrer Statuten im Wald liegen. Erfahrenen Waldbauern war völlig klar, was nun folgen würde: Der **Borkenkäfer**, Waldschädling Nummer 1, vermehrte sich dank des überreichen Nahrungsangebots in ungekannter Geschwindigkeit, befiel auch gesunde Bäume und vernichtete gewaltige Waldflächen. Was eigentlich grüner Wald sein sollte, war plötzlich kahl und grau – der Supergau für die Akzeptanz des Nationalparks in der Bevölkerung. Umweltschützer und Nationalparkverwaltung konnten noch so eindringlich darauf hinweisen, dass über die Jahre ein gesunder Mischwald nachwachsen würde – für viele Bayerwaldler blieb der unterlassene Kampf gegen den Borkenkäfer ein unverzeihlicher Fehler.

Der Städter sollte sich jedoch hüten, besserwisserisch auf den vermeintlich verbohrten Niederbayern herabzublicken. Denn während dieser den Wald oft zu einer romantischen Traumwelt verklärt, ist er für die Menschen im Bayerischen Wald seit jeher auch Arbeitsplatz und Wirtschaftsfaktor – und der Borkenkäfer deshalb ein existenzbedrohender Feind.

Den Nationalpark als Refugium für bedrohte Arten erklärt in Neuschönau (2000 Einw.) das **Besucherinformationszentrum Hans-Eisenmann-Haus** (Böhmstr. 35, Tel. 085 58/961 50, www.nationalpark-bayerischer-wald.de, 26. Dez.–31. März tgl. 9.30 –17, 1. Apr. –1. Nov.woche tgl. 9 18 Uhr). Ein detailreiches Landschaftsrelief zeigt die Lebensräume beidseits der bayerisch-tschechischen Grenze, auch die hier lebenden Tiere. werden vorgestellt.

Vom Hans-Eisenmann-Haus aus ist der **Baumwipfelpfad** (Böhmstr. 37, Tel. 085 58/974 074, www.baumwipfelpfad.by, Jan.– März u. Nov.–Dez. tgl. 9.30–15.30, Apr./Okt. tgl. 9.30–18 Uhr, Mai–Sep. 9.30–19.30 Uhr) nicht zu übersehen. 1250 m ist er lang, und tatsächlich geht man auf ihm knapp unterhalb der Wipfel riesiger Buchen, Tannen und Fichten durch den Wald – bis hinauf zur Plattform 44 m über dem Erdboden. Von hier reicht der Blick über die Weiten des Waldes zu Rachel (1453 m) und Lusen (1375 m).

Vom Parkplatz des Baumwipfelpfades aus ist man auch bald beim **Tierfreigelände**. 7 km lang ist der Rundweg, der durch eingezäunte Reviere von Luchs und Wolf, Bär und

Wildschwein, Otter, Elch und Rothirsch führt. Eine Garantie, einen Blick auf diese Tiere zu erhaschen, besteht freilich nicht, sind die Gehege doch mehrere Hektar groß. Am ehesten stellen sich Erfolgserlebnisse in den frühen Morgen- und späten Nachmittagsstunden ein, ein Fernrohr sollte man dabeihaben.

Mitten im Nationalpark versteckt sich der Weiler **Waldhäuser** (9 km nördlich von Neuschönau) in 1000 m Höhe am Hang des Lusens. Einst rasteten hier die Salzhändler auf dem Weg von Böhmen nach Österreich, heute gefallen hier Urlaubern die Ruhe und Abgeschiedenheit. Von dieser Stille ließen sich auch Künstler inspirieren. 1906 richtete der Maler Reinhold Koeppel im alten Schulhaus sein Atelier ein und machte den Bayerischen Wald zum Motiv so vieler Gemälde, dass er bis heute *Maler des Waldes* genannt wird. 1940 folgte der Bildhauer, Maler und Grafiker Heinz Theuerjahr, der vor allem Tierskulpturen hinterließ. Einige seiner Werke sind in und vor der *Arche Heinz Theuerjahr* (Lusenstr. 41, Tel. 085 53/97 90 07, www.arche.theuerjahr. com, Mai–Okt. Do –So 14–18 Uhr, Skulpturenpark ganzjährig) am oberen Ortsende zu sehen.

Etwas weiter nördlich schmiegt sich **Spiegelau** (4000 Einw.), einst bekannt für seine Glasherstellung (2008 eingestellt), an die Flanke des Großen Rachel (1453 m). Am nordwestlichen Ortsrand erstreckt sich ein 50 ha großes *Waldspielgelände*. Auf naturnahen Spielplätzen, einem Märchenwald oder einer Waldlichtung können – nicht nur – Kinder Pflanzen ertasten und erriechen, auf Naturmaterialien musizieren oder sich durch raschelnde Laubberge wühlen.

Selbst im Tierfreigelände Neuschönau sieht man den Luchs nur mit etwas Glück

Eine Hommage an die byzantinische Kunst ist die Herz-Jesu-Kirche von Ludwigsthal

Im Norden des Nationalparks bietet sich ein Besuch des **Hauses zur Wildnis** (Ludwigsthal, Tel. 099 22/500 20, 26. Dez.–31. März tgl. 9.30–17 Uhr, 1. Apr. –1. Nov.woche tgl. 9.30–18 Uhr, 2. Nov.woche–25. Dez. geschl.) am Fuße des 1325 m hohen Falkensteins an. Unmittelbar am Haltepunkt *Ludwigsthal* der Bahnstrecke zwischen Bayerisch Eisenstein und Zwiesel beginnt ein insgesamt 2,5 km langer bequemer Weg zum Haus, in dem Schautafeln und 3D-Animationen den Wandel von Klima, Landschaft und Tierwelt seit der letzten Eiszeit zeigen. An dem Fußweg zum Haus sind auf einem künstlichen Felsen die Höhlenmalereien der Grotte von Chauvet in der Provence abgebildet, im Tier-Freigelände lassen sich Wildpferde, Urrinder, Luchse und sogar ein Wolfsrudel beobachten.

Vom Waldbahn-Haltepunkt ist auch **Ludwigsthal** selbst rasch erreicht, ein typisches Glashüttendorf des frühen 19. Jh. Der Fabrikant Christoph Abele residierte im klassizistischen Herrenhaus von 1830, das heute als *Falknerei* (Tel. 099 22/56 78 und 01 71/822 18 42, www.falknerei-lindl.de, Mai–Mitte Okt. Di–Fr und So ab 14.30 Uhr, in den Sommerferien auch So, Flugvorführungen jew. 15.30 Uhr) dient. Kinder dürfen hier sogar einen Uhu streicheln.

Einige Schritte weiter überrascht die äußerlich schlichte neoromanische *Herz-Jesu Kirche* (1893/94) des Architekten Johann Baptist Schott durch ihr vollständig mit Fresken im byzantinischen Stil ausgemaltes Inneres. Den als Reliquienschrein gestalteten Hochaltar zieren gläserne Edelstein-Imitate.

Den nördlichen Einstieg in den Nationalpark bildet **Bayerisch Eisenstein** (1000 Einw.), seit dem 16. Jh. ein einst blühender Bergwerksort. Aber als sich der Eiserne Vorhang schloss, geriet die Siedlung bald ins äußerste Abseits. Nun zeigt das *Localbahnmuseum* (Bahnhofstr. 44, Tel. 099 25/13 76, www.localbahnverein.de, tgl. 10.30–16.30, 29.5.–29.6./18.9.–2.11. Do–So 10.30–16.30 Uhr) im einstigen Lokschuppen historische Eisenbahnfahrzeuge. Größtes Plus von Bayerisch Eisenstein ist aber die Natur ringsum, auch der **Große Arber** [Nr. 16] ist von hier aus gut zu erreichen.

ℹ️ Praktische Hinweise

Tourist-Information

Tourist-Info Bayerisch Eisenstein, Schulbergstr. 1, 94252 Bayerisch Eisenstein, Tel. 099 25/94 03 16, www.bayerisch-eisen stein.de

Tourist-Information, Konrad-Wilsdorf-Str. 1, 94518 Spiegelau, Tel. 085 53/96 00 17, www.spiegelau.de

Tourismusbüro Neuschönau, Kaiserstr. 13, 94556 Neuschönau, Tel. 85 58/96 03 28, www.neuschoenau.de

Öffentlicher Nahverkehr

Igelbusse, Tel. 099 21/59 68, www.rbo.de. Die Igelbusse verbinden den Nationalparkrand mit dem Kerngebiet (Mitte Mai–Okt.). Vom Grenzübergang Finsterau aus verkehren Busse in den Šumava-Nationalpark (Tel. 004 20/339/45 02 20). Es fahren auch Radl- und Skibusse.

Hotels

****Landhaus Birkenberg**, Lerchenweg 17-19, 94556 Neuschönau, Tel. 085 52/38 85, www.landhaus-birkenberg.de. Die Ferienwohnungen am Südhang umgibt ein parkähnliches Grundstück.

Hotel Neuwaldhaus, Hauptstr. 4, Bayerisch Eisenstein, Tel. 099 25/752 90 79, www.hotel-neuwaldhaus.de. Übernachten im Grenzwald, Biker sind willkommen. Terrasse mit Großer-Arber-Blick.

Hotel Grobauer, Kreuzbergstr. 7/8, Oberkreuzberg bei Spiegelau, Tel. 0 85 53/9 11 09, www.hotel-grobauer.de. Familiär geführtes Hotel mit schönen Wandermöglichkeiten.

Auf Erkundungstour im Nationalpark

Baumriesen und fröhlich plätschernde Bache, abgeschiedene Waldeinsamkeit und belebte Berghütten: Wer den Nationalpark Bayerischer Wald in all seinen Facetten wirklich erleben will, muss die Wanderschuhe schnüren!

Am Localbahn-Museum [s. o.] in Bayerisch Eisenstein startet der **Urwaldsteig** (5,5 km, ca. 250 HM, ca. 3 h). Der Anstieg führt nach etwa 2 km in den eigentlichen Nationalpark. Hier passiert man umgestürzte Baumriesen und farnbestandene Lichtungen, urwaldartige Haine und vom Borkenkäfer zerstörte Baumruinen, die langsam vom nachwachsenden Grün überwuchert werden. Unterwegs lohnt ein Abstecher zum Hochfels, von dem sich ein schöner Blick hinüber zum Großen Arber bietet.

Eine der ursprünglichsten Regionen des Nationalparks erschließt der **Urwald-Erlebnisweg**. Vom Wanderparkplatz Brechhäuslau (P2) bei Zwieslerwaldhaus aus geht es zunächst zum reizvoll an einem kleinen See gelegenen *Gasthaus Schwellhäusl* (1 km, Tel. 099 25/460, www.schwellhaeusl.de). Von hier sind es noch etwa 1,5 km (Markierung Schwarzstorch) in den *Watzlik-Hain*, wo die Natur seit mehreren hundert Jahren sich selbst überlassen ist.

Die Möglichkeit zum Gipfelsturm bietet sich vom *Gasthof Zwieseler Waldhaus* (Zwieslerwaldhaus 28/30, 94227 Lindberg, Tel. 099 25/90 20 20, www.zwieseler waldhaus.de) aus. Hier beginnt ein anspruchsvoller Wanderweg (6 h) über den *Rukowitz-Schachten* zum **Großen Falkenstein**. Je nach Trittsicherheit kann man den Rückweg über die breite Forststraße oder das bewaldete Felsmassiv des Höllbachgspreng antreten. Über Stock und Stein geht es bergab, Lohn sind der Blick auf einen wilden Wasserfall und urwüchsige Wälder.

Waldhäuser [s. S. 59] ist Ausgangspunkt für eine Wanderung (4,2 km, ca. 500 HM, 2,5 h) auf den **Lusen** (1373 m). Der mit einem Luchs markierte Pfad beginnt am Parkplatz bei der

Am Fuß des Großen Arbers liegt das beschauliche Bayerisch Eisenstein

Moorhof, Schönauerstr. 42, Altschönau, Neuschönau, Tel. 08552/1833, www.hotelmoorhof.de. Ideal für Wanderungen auf den Lusen- und zum Rachelsee.

Sportel, Hafenbrädlallee 16, Bayerisch Eisenstein, Tel. 09925/625, www.sportel.de. Frühstückspension mit vorzüglich ausgestatteten Gästezimmern.

Restaurants

Euler Landgasthof, Kaiserstr. 10, Neuschönau, Tel. 08558/1007, www.landgasthof-euler.de. Landgasthof mit viel Tradition, mehrfach für Bayerische Küche ausgezeichnet. Neben Fisch und Fleisch stehen auch abwechslungsreiche vegetarische Gerichte auf der Speisekarte.

Kapelle. Der Anstieg über die Himmelsleiter, eine steile, in das Blockmeer unterhalb des Gipfels geschlagene Treppe, führt durch ein vom Borkenkäfer verwüstetes Gebiet. Doch allenthalben wird die Wiedergeburt des Waldes sichtbar, junge Buchen und Tannen wachsen zwischen dem Totholz. Unterhalb des Gipfels lädt das *Lusen Schutzhaus zur Rast* (Tel. 08553/1212, www.lusenschutzhaus.de, Mai–Okt. Mo–So 10–18, in den Ferien tgl. geöffnet, Nov. geschl., Dez.–April Fr, Sa/So 10–17 Uhr, Übernachtungen nur von Mai–Okt.).

Während der Sommermonate nur mit dem Igelbus ab Spiegelau zu erreichen ist der 1,3 km lange Holzsteg des **Seelensteigs** durch den Urwald am Fuße des Rachel. Gesäumt ist der Weg von Baumriesen, die in den 1980er-Jahren von Sturm und Borkenkäfer niedergestreckt wurden, aber auch von steinalten Fichten und nachwachsendem Jungwald. Hier kann man das Nebeneinander von Leben und Sterben in der Natur unmittelbar veranschaulichen.

Nächste Haltestelle der Igelbusse ist das *Gfäll*. Hier beginnt der mit einem Auerhahn markierte Wanderweg (ca. 10 km, 500 HM, 4 h) zum Gipfel des **Rachel**. Auch an seinen Flanken wütete der Borkenkäfer, und auch hier kann man die Auferstehung des Waldes erleben. Da man sich in der Kernzone des Nationalparks befindet, gilt Wegegebot. Unterwegs lohnt eine Rast am *Waldschmidthaus* (Tel. 0172/7850362, www.waldschmidthaus.eu, April–Nov), herrlich ist der Blick von der Rachelkapelle unterhalb des Gipfels auf den stillen Rachelsee.

Einen Abstecher in den **Böhmerwald** kann machen, wer in Finsterau vom Parkplatz Wistlberg aus dem Wanderweg zum *Siebensteinkopf* folgt. Von hier aus ist es nicht mehr weit zur *Moldauquelle* auf tschechischer Seite. Überhaupt sind Touren durch den Šumava-Nationalpark ein echtes Erlebnis. Busse bringen Wanderer von der Haltestelle jenseits des Grenzübergangs Buchwald mitten hinein in schier grenzenlose Waldeinsamkeit.

Berggasthof Lusen, Lusenstr. 17, Waldhäuser, Tel. 085 53/26 65, www.berggasthof-lusen.de. Böhmische Mehlspeisen und bayerische Schmankerl im Wald.

Grenzwald Fischerwirt, Hohenzollernstr. 2, Bayerisch Eisenstein, Tel. 099 25/482, www.hotel-grenzwald.de. Das Hotel am Großen Regen ist ideal für Wanderer. Im Restaurant isst man gut Wild und Fisch.

Landhotel Bärnriegel, Halbwaldstr. 32, Finsterau, Tel. 085 57/960 20, www.landhotel-baernriegel.de. Im Restaurant wird lecker heimisch und ayurvedisch gekocht, Rindfleisch und Kräuter kommen vom eigenen Hof. Die Gästezimmer teils mit schönem Blick auf den Lusen.

▶ **Reisefilm Nationalpark Bayerischer Wald**
QR-Code scannen [s. S. 5] oder dem Link folgen: www.adac.de/rf0111

14 Zwiesel

Zwiesel – das Glaszentrum des Bayerwalds.

Wo sich die Wasserläufe von Großem und Kleinem Regen zum Schwarzen Regen vereinen, liegt Zwiesel (9000 Einw.). Umkränzt wird die Stadt von den höchsten Bayerwaldbergen – dem Großen Arber, dem Großen Falkenstein, dem Großen Rachel und dem Kiesruck.

Geschichte Die ersten Menschen kamen im frühen Mittelalter nach Zwiesel, um nach Gold zu schürfen, gründeten aber keine dauerhafte Siedlung. Diese bildete sich erst um einen Rastplatz für die Säumer, die Salz und andere Waren auf Pferde- und Eselsrücken über die Höhen des Böhmischen Waldes gen Prag transportierten. Ab 1295 mussten die Händler einen Wegezoll in Zwiesel entrichten – so kam es zur ersten urkundlichen Erwähnung. Schon damals existierten auch Wanderglashütten. Belegt ist eine dieser

Waldglas – Glas mit Tradition

Seit mindestens 700 Jahren wird im Bayerischen Wald Glas hergestellt. Denn diese entlegenen Wälder lieferten jene Rohstoffe, die zur Glasherstellung unentbehrlich sind: Brennholz zum Befeuern der Schmelzöfen, Buchenholz zur Gewinnung von Pottasche und reiche Vorkommen an Quarz, das den Hauptanteil der Glasmasse ausmacht.

Die ersten Glashütten waren **Wanderglashütten**: War das Holz im Umkreis nach etwa 50 Jahren verfeuert, zogen sie weiter. Bauern rückten nach und besiedelten das gerodete Land, oft kehrte auch der Wald zurück. Gegen

Ende des 17. Jh. brach für die bayerischen und böhmischen Glashütten mit Erfindung von kristallklarem Kreideglas, dem ›Böhmischen Kristall‹, eine Blütezeit an. Regelrechte Glasmacherdynastien entwickelten sich: die von Poschinger, die Hafenbrädl, die Abele, die Gerl. Im 19. Jh. löste die Kohle das Holz als Brennstoff ab, die chemische Industrie stellte die Pottasche her, dank der Eisenbahn konnten die Rohstoffe problemlos geliefert und das fertige Glas risikolos abtransportiert werden. Seither sind die Glashütten sesshaft.

Seit den 1990er-Jahren stellt allerdings die **Globalisierung** die Glasindustrie des Bayerischen Waldes vor eine existenzielle Herausforderung: Aus Osteuropa und Fernost strömt billiges Glas auf den Markt, gleichzeitig sinkt in großen Teilen der Bevölkerung die Wertschätzung erlesener Trinkgefäße. Während manche Unternehmen auf diesen Druck mit **automatisierter Fertigung** und High-Tech-Produkten reagieren – etwa die Fa. Schott in Zwiesel – versuchen andere wie Poschinger und die Manufaktur Theresienthal, ihre anspruchsvollen Kunden mit erlesener Handwerkskunst zu überzeugen.

Vom Wohlstand Zwiesels während der Blütezeit der Glasindustrie kündet die Kirche St. Nikolaus

Glashütten allerdings erst für das Jahr 1421 im Zwieseler Vorort Rabenstein. Seit dem 19. Jh. erlebte die Glasindustrie hier einen enormen Aufschwung, die Manufaktur Theresienthal etwa exportierte ihre Gläser bis an den russischen Zarenhof. Seit dem Ende des 20. Jh. stecken allerdings viele Betriebe in der Krise, denn billigere Glasprodukte aus Osteuropa und Asien sättigen den Markt.

Besichtigung Doch noch lebt die Zwieseler Glastradition. So stellen die örtlichen Glasbetriebe in den Vitrinen entlang des lang gestreckten **Stadtplatzes** ihre Produkte aus. Etwa in der Platzmitte steht das 1838 im Stil des Klassizismus erbaute **Rathaus** mit weiß-rosa Fassade.

Abenteuerlustige unternehmen nun einen Abstecher ins **Unterirdische Zwiesel** (www.unterirdisches-zwiesel.de, Führungen nach Anmeldung bei der Tourist-Information), einem verzweigten Gangsystem unter der Altstadt. Die später als Bier- und Eiskeller genutzten Räume wurden wahrscheinlich schon im Mittelalter als Verstecke in den Fels gehauen.

Oberhalb des östlichen Endes des Stadtplatzes erhebt sich der 86 m hohe Kirchturm der Stadtpfarrkirche **St. Nikolaus**. Der Münchner Architekt Johann Baptist Schott erbaute das Gotteshaus 1892–96 für die durch die Glasindustrie wohlhabend gewordene Gemeinde im Stil einer gotischen Kathedrale.

Wiederum oberhalb der Kirche hat in der ehemaligen Mädchenschule das **Waldmuseum** (Kirchplatz 3, Tel. 09922/ 5037806, www.waldmuseum-zwiesel.de, Mai–Okt. Mi–Mo 10–17, Nov.–Apr. Mi–Mo 10–16 Uhr) ein neues Zuhause gefunden. In den modern gestalteten Räumen schildert es Natur und menschliches Leben im Bayerischen Wald. Schwerpunkte der neu konzipierten Ausstellung sind Glasherstellung und Holz-Werke, daneben werden aber auch Sagen, Mythen, Kräuterkunde und Brauchtum thematisiert.

Während der zweiten Septemberwoche ist die gut 200 m entfernte , 1682 erbaute **Bergkirche Mariä Namen** Ziel einer Wallfahrt (www.arberkultur.de), während derer der ›Bergablass‹ gewährt wird. Bei der barocken Umgestaltung im Jahr 1767 entstand ein heller, lebensbejahender Raum, das großartige Deckenfresko schuf der Asam-Schüler Franz Anton Rauscher.

Kein Besucher sollte Zwiesel verlassen, ohne nicht wenigstens einen der örtlichen Glasbetriebe besucht zu haben, deren größter die **Zwiesel Kristallglas AG** (Dr.-Schott-Str. 35, Tel. 09922/980, www.zwieselkristallglas-werksverkauf.com, Führungen Mo–Fr 11 Uhr) ist. Blickfang auf ihrem Hof ist die 8 m hohe und aus über 93 000 Weingläsern bestehende *Kristallglas-Pyramide*. Zwar bekommen Besucher bei den Führungen auch eine Mundblashütte zu sehen, doch von Glasmacherromantik und traditionellem Handwerk ist in den High-Tech-Werkshallen dieses Unternehmens kaum noch etwas zu spüren.

Während bei der Kristallglas AG modernste Maschinen arbeiten, kann man in der **Manufaktur Theresienthal** (Theresienthal 25, Glaspark Theresienthal, Tel. 099 22/50 09 30, www.theresienthal.de, Hüttenbesichtigung Mo–Do 10–14.30, Fr 10–13, Sa 10–14 Uhr) noch ursprüngliche Glasbläserkunst erleben. Einst belieferte die Manufaktur die Herrscherhäuser Europas, auf der Pariser Weltausstellung 1937 gewann sie eine Goldmedaille. Doch 2001 war der alte Ruhm verblasst, die Firma musste Insolvenz anmelden. Einige Werksangehörige jedoch kämpften für ihr Unternehmen, fanden in der *Kuenheim Stiftung* eine Unterstützerin und begannen erneut, hochwertiges Glas in Handarbeit zu produzieren.

Im einstigen, an ein veritables Schlösschen erinnernden Verwaltungsgebäude der Manufaktur zeigt das **Glasmuseum** (Theresienthal 15, Tel. 099 22/10 30, Mo–Fr 10–14 Uhr) historische Kollektionsmuster der Manufaktur. Darunter sind türkisfarbene Weinkelche für das russiche Zarenhaus und Gläser für den deutschen Kaiser Wilhelm II.

ℹ Praktische Hinweise

Information

Touristinfo, Stadtplatz 27, 94227 Zwiesel, Tel. 099 22/84 05 23, www.zwiesel.de

Blumen zieren diese anmutigen Schnupftabakdosen aus Zwieseler Produktion

Hotel

Aparthotel Zwiesel, Röckkellerstr. 27–31, Zwiesel, Tel. 099 22/970, www.aparthotel-zwiesel.de. Modern eingerichtete Appartements zu moderaten Preisen, die vor allem junge Familien anziehen.

Restaurant

Gasthof Kapfhammer, Holzweberstr. 6–10, Zwiesel, Tel: 099 22/843 10, www.hotel-kapfhammer.de. Traditionsreicher Familienbetrieb mitten in Zwiesel.

15 Frauenau

Kunst aus Glas und ein stiller See

Inmitten einer Rodungsinsel im Bayerischen Wald liegt Frauenau (2500 Einw.). Der Ort bildete sich um die Einsiedelei des seligen Hermann († 1326), aus dessen hölzerner Kapelle die Kirche **Mariä Himmelfahrt** entstand. Seit ihrem Neubau 1756–59 präsentiert sie sich als echtes Rokoko-Schmuckstück. Ihr Inneres ist von großer Ausgewogenheit und Leichtigkeit, die Fresken von Franz Anton Rauscher und die Stuckarbeiten von Melchior Modler harmonieren auf das Schönste. Schon vom 14. Jh. an pilgerten Wallfahrer zum in der Kirche verwahrten, als wundertätig geltenden Bild der schmerzhaften Muttergottes. Es trug den Namen Unsere Liebe Frau in der Aue – daher der Ortsname Frauenau.

Neben der Wallfahrt bestimmten die Glashütten das Leben in Frauenau. Über ihre Produkte berichtet das modern gestaltete **Glasmuseum Frauenau** (Am Museumspark 1, Tel. 099 26/94 10 20, www.glasmuseum-frauenau.de, Di–So 9–17 Uhr). Präsentiert werden Gläser aus aller Herren Länder und aus mehr als zwei Jahrtausenden. Das Spektrum reicht vom Glas früher Hochkulturen über gotische Kirchenfenster, bis zu Luxusgläsern des Barocks. Gläserne Schnupftabaksbüchsen der Waldler sind ebenso zu sehen wie Glaskunst der Moderne. Themen der Ausstellung sind außerdem Techniken der Glasherstellung und Glashandel.

Glasmacher in Aktion erlebt, wer die **Glashütte Eisch** (Am Steg 7, Tel. 099 26/18 90, www.eisch.de, Hüttenführungen Mo–Do 9.15–11.30 und 13–14.30 Uhr, Fr/Sa 9.15-11.30 Uhr) etwa 400 m westlich des Museums besucht.

Die Errungenschaften der Glasmacherkunst lässt das Glasmuseum Frauenau Revue passieren

Während die Familie Eisch ›erst‹ seit 1906 in Frauenau ansässig ist, kann die **Freiherr von Poschinger Glasmanufaktur** (Moosauhütte 14, Tel. 09926/94010, www.poschinger.de, Führungen 1. Mai– 10. Nov. Mo/Di/Mi/Fr stdl. 10–14; Sa stdl. 10–12; Do Blumenkugeltag 10–14 Uhr; 11. Nov.–20 Dez. geschl.; 21. Dez. –30. Apr. Mo/Di/Mi/Fr stdl. 10–14, Sa stdl. 10 –12 Uhr) auf über 400 Jahre am Standort Frauenau zurückblicken.

Das Glashüttengut der Familie befindet sich in **Oberfrauenau**). Ein hübscher, meist ebener Wanderweg führt vom Gutsgasthof zur **Trinkwassertalsperre Frauenau**, deren Staumauer mit gut 70 m die höchste ihrer Art in Deutschland ist. Den Stausee kann man auf einem 8,5 km langen Rundweg umwandern.

ℹ Praktische Hinweise

Information

Touristinformation, im Glasmuseum, Am Museumspark 1, 94258 Frauenau, Tel. 09926/94100, www.frauenau.de

Hotels

****Hotel St. Florian**, Althüttenstr. 22, Frauenau, Tel. 09926/9520, www. st-florian.de. In ruhiger, aber zentraler Lage mit Restaurant, Biergarten, Saunabereich und Hallenbad.

Pension Fohlenhof, Zwieselau 18, Frauenau, Tel. 09922/6335, www.pension-fohlenhof.de. Ordentliche Gästezimmer und Tagesrestaurant. Reitmöglichkeit.

Schachtenhütte und Tafelhütte, buchbar über Hotel St. Florian, s. o. Die Selbstversorgerhütten inmitten der Waldeinsamkeit des Bayerischen Waldes sind nicht mit dem Auto zu erreichen, dafür aber umso uriger.

Restaurant

Landgasthof Hubertus, Loderbauerweg 2, Frauenau, Tel. 09926/9500, www.landgasthof-hubertus.de. Zentral gelegenes, einladendes Hotelrestaurant. Frische Küche, die Bratenvariationen werden hoch gelobt.

16 Bodenmais und Großer Arber

Hohe Berge, hohe Besucherzahlen und hoher Freizeitwert.

Bodenmais (3200 Einw.) schmiegt sich an die Südflanke des Großen Arbers, des höchsten Bergs des Bayerischen Waldes. In allen Himmelsrichtungen umgeben Hochwälder von erhabener Schönheit den Urlaubsort.

Die Geschichte von Bodenmais ist eng mit dem Bergbau verbunden. Vom *Goldwerch ze Pabenmaiz* ist im ersten, um 1300 verfassten urkundlichen Bericht über den Ort die Rede. Um 1500 trugen die Gruben, in denen nun Silber gefördert wurde, den Namen *Des Allmächtigen Gottes Gabe*. Um dieselbe Zeit begann die Ansiedlung von Glashütten.

Die Radarstationen auf dem Großen Arber überwachen den Luftraum im Umkreis von 450 km

Doch die Gottesgabe erwies sich als endlich. 1962 wurde die Grube geschlossen und die Glasindustrie bekam viel Konkurrenz. Bodenmais erhielt 2008 bundesweit Aufmerksamkeit, als ihre Einwohner für eine politische Sensation sorgten. Der damals 23-jährige Michael Adam von der SPD, Student und bekennender Homosexueller, setzte sich in der Bürgermeisterwahl gegen den 18 Jahre amtierenden Fritz Wühr von der CSU durch. Adam wurde der jüngste Bürgermeister Deutschlands und wirkt mittlerweile als Landrat in Regen, auch hier bei Amtsantritt der jüngste seines Standes.

Welche Bedeutung dem Bergwerk noch im frühen 19. Jh. zukam, wird an der **Pfarrkirche Mariä Himmelfahrt** am Marktplatz von Bodenmais deutlich. Während katholische Kirchen normalerweise nach Osten ausgerichtet sind, blickt diese nach Westen, zum Silberberg. Die barocke Nachbildung des Gnadenbildes von Loreto auf dem Hochaltar kam am 16. Juni 1705, dem Namenstag des Münchener Schutzpatrons Benno, in einer Prozession von München nach Bodenmais. Seither findet alljährlich am Sonntag nach dem Jahrestag dieser Prozession das **Bennofest** mit einem Umzug der Bergknappen statt.

Auf den **Silberberg** (955 m) selbst gelangt man mithilfe einer Sesselbahn (Barbarastr. 1, Tel. 099 24/941 40, www.silberbergbahn.de). Das einstige *Silberbergwerk* (Tel. 099 24/304, www.silberberg-online.de, Führungen Juli/Aug. tgl. 10–

Vom Arbergipfel blickt man über den Großen Arbersee hinweg nach Bayerisch Eisenstein

16.45, Sept./Okt. tgl. 10–16 Uhr), dem die Anhöhe ihren Namen verdankt, befindet sich nahe der Mittelstation. Besucher können durch den 600 m langen Barbarastollen ins Innere des Berges vordringen. Über 60 Mineralienarten glitzern an den Stollenwänden, unterwegs stößt man auch auf einen unterirdischen See.

An der Mittelstation der Silberbergbahn nimmt eine *Sommerrodelbahn* ihren Anfang und auch eine Tubingbahn und ein Klettergarten warten auf Besucher. Im Winter sind am Silberberg einige Skipisten ausgewiesen, außerdem gibt es eine Schlittenbahn.

Fragloser Star unter den Bergen um Bodenmais ist der **Große Arber** (1456 m). Unterhalb seines Gipfels und eingebettet in einen romantischen Bergkessel träumt der **Große Arbersee** (ca. 10 km ab Bodenmais, an der St. 2139) vor sich hin, unbeeindruckt von der halben Million Menschen, die ihn jedes Jahr besuchen. Die über 300 m hoch aus dem See aufragende Felswand ist eine Naturschönheit ersten Ranges. Ein bequemer Wanderweg führt an seinem Ufer entlang, außerdem kann

Auf den König des Bayerwaldes

Vom Großen Arbersee aus führt der Europäische Fernwanderweg E 6 (Markierung grüner Pfeil, ca. 500 HM, 2 h) auf steilem Pfad hinauf zum 1456 m hohen Gipfel des **Großen Arber**, des Königs des Bayerischen Waldes. Wer den Berg mit dem Mountainbike bezwingen möchte, startet in Egg oder Arnbruck.

man den See mit dem Tretboot befahren.

Wer den Arber nicht zu Fuß (s. o.) erklimmen will, den bringt die *Gondelbahn* (14 km nördlich von Bodenmais, Talstation Großer Arber 1, Bayerisch Eisenstein, Tel. 099 25/941 40, www.arber.de, Mai–Okt. 9–16.30, Dez.–Ende Wintersaison 8.30–16 Uhr) bis knapp unter den Gipfel. Bei klarem Wetter reicht der Blick von oben bis zum Alpenhauptkamm.

Unterhalb der Bergstation lädt das *Arberschutzhaus* (Tel. 099 25/941 40, www.

Vom Bergfried der Burgruine Weißenstein reicht der Blick weit hinein in den Bayerwald

arberschutzhaus.de, Übernachtung mgl.) zur Rast. Vor der schindelgedeckten *Arberkapelle* ganz in seiner Nähe wird jeden 25. August die Arberkirchweih begangen. Im Winter schließlich verwandelt sich der Arber in ein vorzügliches Skigebiet. Mehrere präparierte Pisten führen ins Tag, eine 8 km lange hinunter nach Bodenmais.

ℹ Praktische Hinweise

Information

Bodenmais Tourismus, Bahnhofstr. 56, 94249 Bodenmais, Tel. 099 24/77 81 35, www.bodenmais.de

Hotel

Haus Sonnenfels, Klause 18, Bodenmais, Tel. 099 24/488, www.bodenmais-pension.de

Zu den Rißlochfällen

TOP TIPP Ein besonders schönes Ziel hat vor Augen, wer zu den **Rißlochfällen** (ab Hotel Waldhaus, Risslochweg 56, Bodenmais, 4 km, ca. 1,5 h) wandert, den größten Wasserfällen im Bayerischen Wald. Buchen-, Ahorn- und Fichtenwälder umgeben den Wasserfall, dessen Kaskaden 200 m tief durch eine Schlucht stürzen. Setzt man die Wanderung fort, gelangt man nach weiteren 5 km und einigermaßen beschwerlichem Anstieg zum Gipfel des Großen Arbers.

Traditionell eingerichtete Gästezimmer und großzügige Apartments, Spielplatz und Liegewiese am Haus.

Restaurant

Adam Bräu, Bahnhofstr. 51–53, Bodenmais, Tel. 099 24/940 00, www.adambraeu.de. Im Gasthof gibt es Spezialitäten aus der bayerischen Küche, dazu wird frisch gebrautes Bier gereicht.

17 Regen

Am wilden Fluss: Ritterburg und Klosterdorf.

Die malerisch ins Tal des Schwarzen Regens gebettete Kleinstadt (11 000 Einw.) verdankt ihre Entstehung Benediktinermönchen aus der Propstei Rinchnach. Sie rodeten im 11. Jh. die Wälder am Fluss und machten das Land urbar. Als Station am Säumerweg entlang des Regens nach Böhmen erwarb der Ort 1270 das Marktrecht, um 1500 war er Sitz der regionalen Gerichtsbarkeit. Bis in die 1990er-Jahre waren im Ortsteil March amerikanische Soldaten stationiert, eine Garnison der Bundeswehr gibt es bis heute.

Reizvoll ist der trapezförmige **Stadtplatz**, in dessen Mitte sich die *Mariensäu-*

le aus dem Jahr 1872 nebst dem Marienbrunnen erhebt. Die umliegenden Häuser, darunter das *Rathaus*, stammen aus dem 19. Jh. Gegenüber residiert das **Niederbayerische Landwirtschaftsmuseum** (Schulgasse 2, Tel. 099 21/604 85, www.nlm-regen.de, Mo–Fr 8–17, Sa/So/Fei 10–17 Uhr). Anschaulich stellt es dar, wie sich die Arbeits- und Lebensbedingungen von Gutsherren und Bauern, Dienstboten und Tagelöhnern im Lauf der Zeit veränderten. Landwirtschaftliche Maschinen, alte Arbeitsgeräte, dazu Modelle und Originaldokumente veranschaulichen die Entwicklung von Ackerbau und Viehzucht.

Vom Stadtplatz führt eine Gasse hinüber zum Kirchplatz. Hier erhebt sich die eine Vielzahl von Stilen von Romanik bis Moderne vereinigende Stadtpfarrkirche **St. Michael** (www.pfarrei-regen.de). Bemerkenswert ist vor allem ihr imposanter Westturm. Zur Bauzeit um 1100 diente er, damals noch freistehend, als Wehrturm.

Mittelpunkt der Regener Kunstszene ist die **Galerie Kalina** (Am Platzl 1, Tel. 099 21/90 45 80, www.galerie-kalina.de, Di–Fr 14–18, Sa 10–13 Uhr) auf halbem Weg vom Stadtplatz zur Ludwigsbrücke über den Regen. Die Künstlerin Kalina Svetlinski zeigt hier eigene und fremde zeitgenössische Kunst.

Von der Galerie führt ein Weg hinunter zum **Kurpark**, der sich über mehrere Inseln im Fluss erstreckt. Üppig bepflanzt und mit Skulpturen geschmückt lädt er zum Spaziergang.

TOP TIPP ▸ Burgruine Weißenstein

Die Ruine Weißenstein (Tel. 09921/604 49, www.burgverein-weissenstein.de, Apr.–Nov. Di–Do 10–16.30, Fr–So 10–17.30 Uhr, bei Regen geschl., Führungen Mi 13.30 Uhr nach Anm., Tel. 099 21/604 26 oder Mobil 0175/610 16 75), knapp 3 km südlich von Regen, ist eine der imposantesten Burganlagen des Bayerischen Waldes. Die Grafen von Bogen errichteten sie zum Ende des 11. Jh. auf dem mit 760 m höchsten Punkt des Pfahls. Die Burg sollte den Böhmweg, die Handelsstraße vom Donautal bei Deggendorf in Richtung Böhmen, schützen. Im Jahr 1242 ging die Burg zunächst an die bayerischen Herzöge und dann an die Herren von Degenberg, die sie zu ihrem Hauptsitz ausbauten. 1742 schließlich verwüsteten die Horden Trencks des Panduren die Festung so gründlich, dass an eine Instandsetzung nicht mehr zu denken war. Aber wer den **Bergfried** erklimmt, genießt einen der schönsten

Rundblicke, die der Bayerische Wald zu bieten hat.

Auf dem Weg hinauf zur Burgruine passiert man den kurfürstlichen Getreidekasten. Dieser massige, vierstöckige Bau erinnert als **Museum im Fressenden Haus** (Tel. 09921/5106, 11. Mai–14. Sept.tgl. 10–16.30, 20. Sept.–19. Okt. nur Sa/So 10–16.30 Uhr) an den aus Livland stammenden Dichter Siegfried von Vegesack. Von 1918 bis zu seinem Tod 1974 bewohnte er den Getreidekasten und nannte ihn sein ›fressendes Haus‹, kostete ihn dessen Unterhalt doch Unsummen. Seine Dichterstube blieb unverändert, in den übrigen Räumen sind bei Grabungen in der Burg entdeckte Fundstücke und eine Sammlung von 1200 Schnupftabakgläsern zu sehen.

Unterhalb der Burgruine Weißenstein erstreckt sich der faszinierende Gläserne Wald

Am Hang unterhalb der Burg breitet sich der **Gläserne Wald** (www.glaesernerwald.de) des Künstlers Rudolf Schmid aus. Er schuf Espen, Tannen und Kiefern, allesamt aus weißem oder farbigem Glas.

Rinchnach

Südöstlich von Regen, an der B 85, liegt Rinchnach im weiten Tal der Rinchnacher Ohe. 1011 zog sich der hl. Gunther, ein Benediktinermönch, hierher zurück. Nachdem er den ersten Winter in der Waldeinsamkeit überlebt hatte, folgten ihm Mönche aus seinem Heimatkloster Niederalteich [Nr. 4]. Gemeinsam gründeten sie das erste Rodungskloster des Mittleren Bayerischen Waldes. Kaiser Konrad II. überließ den Benediktinern Grund und Boden, und das Kloster gedieh bis zur Säkularisierung 1803.

Die Klosterkirche **St. Johannes Baptist** dient inzwischen als Pfarrkirche von Rinchnach – und ist eine der schönsten Kirchen des Bayerischen Waldes. Der Bau stammt aus dem 15. Jh., brannte aber 1693 aus. Ab 1727 gestaltete sie der Baumeister Johann Michael Fischer völlig neu. Nur den Turm ließ er unverändert. Durch Nischen gab er dem zurückhaltend stuckierten Kirchenraum eine neue, ovale Gliederung, er entfernte Pfeiler und veränderte Fensterformen. Die Fresken von

Zum Frauenbrünnl

Am Parkplatz in Zimmerau, etwa 3 km nördlich von Rinchnach, beginnt die Rundwanderung (Markierung 2,5,5 km, 100 HM, ca. 1,5 h) zur **Frauenbrünnl-Kirche** inmitten des Hochwaldes über Rinchnach. An ihrem Standort soll sich einst die Einsiedelei des Hl. Gunther befunden haben. Unmittelbar oberhalb der Wallfahrtskirche erhebt sich eine Aussichtsplattform über die Baumwipfel.

Andreas Heindl zeigen Szenen aus dem Leben Johannes des Täufers und des hl. Gunther. Der 1770 angefertigte Hochaltar passt sich genau in den Chorabschluss ein. Das Gemälde mit der Taufe Christi stammt von Franz Anton Rauscher.

i Praktische Hinweise

Information

Tourist-Info, Schulgasse 2, 94209 Regen, Tel. 099 21/604 82, www.regen.de

Hotels

****Hotel Oswald**, Am Platzl 2, Kaikenried (10 km nordwestlich von Regen), Tel. 099 23/841 00, www.hotel-oswald.de. Urlaubshotel zum Wohlfühlen.

****Hotel St. Gunther**, Käserhügel 18, Rinchnach, Tel. 099 21/80 90, www.st-gunther.de. Wellness- und Wohlfühlhotel mit Panorama-Hallenbad, Kneippbecken und Aromadampfgrotte.

Gasthof Rinchnacher Hof, Hofmark 9, Rinchnach, Tel. 099 21/78 73, www. rinchnacher-hof.de. Gästezimmer und Apartments, dazu feine Küche.

18 Bischofsmais

Dörfliche Idylle am Fuß des Geißkopfs

Maizzen sagte man im Mittelalter, wenn man vom Roden sprach. Der Ortsname kommt daher, weil in diesem Fall der Bischof von Passau die Rodung angeordnet hatte. Auf 682 m am Fuße eines um

Votivgaben, von Geheilten in der Kapelle des hl. Hermann niedergelegt

die 1000 m hohen Bergzuges gelegen, ist Bischofsmais (3000 Einw.) ein schneesicherer Wintersportort. Vor allem der 1097 m hohe **Geißkopf** (Talstation Unterbreitenau 3, 4 km nordwestl. von Bischofsmais, Tel. 099 20/90 32 47, www.geisskopf. de) lockt Wintersportler mit schönen Abfahrten sowie einer Rodelbahn. Im Sommer verwandeln sich die Pisten in einen Bikepark (Tel. 099 20/90 31 35, www.bikepark.net, Anf. Mai–Okt. Di-So 9–17 Uhr, in den Ferien tgl.) mit den unterschiedlichsten Schikanen, auch eine Sommerrodelbahn gibt es.

Rasant ist die Fahrt mit der Sommerrodelbahn am Geißkopf bei Bischofsmais

Oberhalb der Straße zur Talstation des Geißkopfs, gut 1 km westlich des Ortskerns, träumt die **Wallfahrtsstätte Sankt Hermann** (Sankt-Hermann-Weg) zwischen Wald und Wiesen vor sich hin. Einst gründete sie der Mönch Hermann als Klause, um hier allem Weltlichen zu entsagen. Er erwarb sich einen solch heiligmäßigen Ruf, dass man, als er nach Frauenau weitergezogen war, zu seiner Klause zu pilgern begann. Im frühen 17. Jh. wurde an der Stelle der Klause die Brunnen-Kapelle errichtet, wenig später die Wallfahrtskirche St. Hermann, und schließlich die Einsiedelei-Kapelle. Die drei mit Schindeln gedeckten Gebäude bilden ein pittoreskes Ensemble, das an den Namenstagen der Heiligen Laurentius und Bartholomäus (10. und 24. August) Ziel von Wallfahrten ist.

Praktische Hinweise

Information

Touristikinformation Bischofsmais, Hauptstr. 34, 94253 Bischofsmais, Tel. 099 20/94 04 44, www.bischofsmais.de

Hotel

Ferienpark Bischofsmais, Ferienpark 1–5, Bischofsmais, Tel. 099 20/18 10, www.ferienpark-bischofsmais.de. Ausgedehnte Anlage mit Apartments unterschiedlichster Größe. Reichlich Sportangebote.

19 Viechtach

Überraschende Museen am Quarzriff.

Grüne Weiden und bewaldete Anhöhen rahmen das vom Schwarzen Regen durchflossene Viechtach (8000 Einw.). Bis ins etwa 20 km entfernte Regen begleitet den Fluss eine urwüchsige Landschaft, die manchen an die Weiten Kanadas erinnert.

Die erste urkundliche Erwähnung der Kleinstadt findet sich in einer Schenkungsurkunde an das Kloster Oberalteich aus dem Jahr 1104. Da der Baierweg von Straubing nach Böhmen einen steten Strom von Handelsreisenden durch den Ort führte, erlebte er eine bescheidene wirtschaftliche Blüte und erhielt 1280 das Marktrecht. In den folgenden Jahrhunderten erging es Viechtach wie den meisten Bayerwald-Gemeinden: Auf ruhige Jahre folgten kriegerische Verheerungen, etwa durch im Dreißigjährigen Krieg. Weil die Einwohnerzahl durch die Ansiedlung von Flüchtlingen aus den deutschen Ostgebieten nach 1945 deutlich gestiegen war, wurde Viechtach 1953 zur Stadt erhoben.

Straßencafés und kleine Geschäfte säumen den **Stadtplatz** von Viechtach. Markantestes Gebäude ist die Stadtpfarrkirche **St. Augustin**. Sie ersetzte 1766 einen kleineren Vorgängerbau und zeichnet sich durch die vielfältigen Rokoko-Stuckaturen aus, die in Muschel- oder Blumenform die Wände überziehen.

Im nahen **Alten Rathaus** (Stadtplatz 1) ist neben der Tourist-Information auch die *Pfahl-Infostelle* (Mai–Okt. Mo–Fr 8–17, Sa 10–13, Nov.–April Mo–Do 8–17, Fr 8–12 Uhr) untergebracht. Sie macht mit dem Quarzriff vertraut, das etwa 1 km außerhalb von Viechtach aus dem Boden bricht. Vom Rathaus aus führt der **Pfahlsteig** (2,5 km einfach) zunächst durch den Ort und das malerische Riedbachtal zu diesem Naturdenkmal.

Internationale Kunst schaffen und zeigen Anatol Donkan und Mareile Onodera in ihrem **Atelier mit Galerie** (Spitalgasse 1, Tel. 099 42/80 96 71, www.mareile-onodera.com, www.donkan.de, Mo–Sa 9–13 Uhr) in einem Bürgerhaus am Stadtplatz. Sehr ungewöhnlich sind insbesondere die Stücke, die dem hiesigen kleinen *Fischledermuseum* den Namen gaben, darunter Kleidungsstücke, Schmuckstücke, Zelte, Taschen, und Ritualobjekte nach Art des sibirischen Nanai-Volkes.

Ganz in der Nähe zeigt Michael Irlbeck das **Nostalgie-Haus** (Bäckergasse 18, Tel. 099 42/24 31, www.nostalgie-haus.de, Jan–Mai So–Fr 10–15, Sa 10–13; Juni–Okt. So–Fr 10–16, Sa 10–13; Nov–Dez. Mo, Mi, Fr, Sa, So 11–14.30 Uhr; Gruppen auf Anmeldung auch andere Zeiten möglich) seine skurril-originelle Raritätensammlung aus Spielsachen und Porzellan, Modellautos und Werbeplakaten.

Handwerkskunst ist auch in der **Gläsernen Scheune** (3 km östlich von Viechtach, OT Rauhbühl, Tel. 099 42/81 47, www.glaeserne-scheune.de, Mai–Sept. tgl. 10–17, April/Okt tgl. 10–16 Uhr) zu bewundern. Hier verewigte wiederum Rudolf Schmid auf Glasbildern Gestalten, die auf die eine oder andere Weise mit dem Bayerischen Wald zu tun haben, etwa den Bayerwald-Propheten Mühlhiasl, den Räuber Heigl oder die Geliebte des Herzogsohns Albrecht III., Agnes Bernauer.

Gut einen Kilometer außerhalb von Viechtach an der B 85 in Richtung Cham

weist ein Schild auf den **Pfahl** hin. Am Parkplatz beginnen ein kürzerer (0,8 km) und ein längerer (2,5 km) Rundweg, in deren Verlauf man sich über Entstehung und Nutzung des einzigartigen Geotops informieren kann. Man passiert dabei auch einen ehemaligen Quarzbruch, der bis 1992 in Betrieb war, und sieht noch die original erhaltenen Abbaugeräte.

Praktische Hinweise

Information

Tourist-Information Viechtach, Stadtplatz 1, 94234 Viechtach, Tel. 099 42/16 61, www.viechtacher-land.de

Hotels

Adventure Camp Schnitzmühle, Schnitzmühle 1, 94234 Viechtach, Tel. 09942/94 81–0, www.schnitzmuehle.de, Wellness, Wildness, Business. Wandern, Reiten, Biken, Kanufahren und vieles mehr; wohnen in Hacienda, Lodge oder Zelt.

Ferienhof Waldblume, Enzleinsgrub 3, Viechtach, Tel. 099 42/80 12 80, www.waldblume.com. Einöd-Hof 5 km östlich von Viechtach mit viel Platz ringsum, besonders toll für Familien mit Kindern.

Hotel Schmaus, Stadtplatz 5, Viechtach, Tel. 099 42/941 60, www.hotel-schmaus.

Die Glasbilder in Rudolf Schmids Gläserner Scheune ziehen Betrachter in ihren Bann

de. Im Haus der ehemaligen königlich-bayerischen Posthalterei übernachtet und isst man traditionell gut.

Bei Viechtach bildet der Pfahl besonders bizarre Felsformationen aus

Restaurants

Berggasthof Zottling, Zottling 1, Paters-dorf, ca. 14 km südlich von Viechtach, Tel. 099 29/95 90 00, www.berggasthof-zottling.de. Vom Brotzeitteller bis zum feinen Menü reicht die Bandbreite. Im Sommer lockt die schöne Panorama-terrasse (Mo und Febr. geschl.).

20 Sankt Englmar

Sport und Spaß zwischen zwei Tausendern.

Eingebettet ins Tal zwischen Pröller und Predigtstuhl liegt Sankt Englmar (1600 Einw.). Der Name geht auf den Einsiedler Englmarus zurück, der hier um 1100 er-schlagen und verscharrt wurde. Nach dem Fund seiner Gebeine und ihrer Be-stattung verbreiteten sich Berichte von Wunderheilungen an Englmarus' Grab. An das legendäre Geschehen erinnert alljährlich am Pfingstmontag das Schau-spiel vom **Englmari-Suchen**. Auch die 1656 erbaute **Pfarrkirche** ist dem hl. Eng-lmar geweiht. Ein Glasschrein birgt seine Reliquien, und an den Langhauswänden berichten sechs Ölgemälde von seinem Leben.

Nach diesen dramatischen Ereignissen blieb Sankt Englmar lange Jahrhunderte ein stiller Ort inmitten dichter Wälder. Erst seit den 1970er-Jahren, mit dem Bau meh-rerer großer Hotels am oberen Ortsrand,

---

Maibäume und Totenbretter

Im Bayerischen Wald werden Bräu-che intensiv gepflegt. So sind die Feiern rund um das Aufstellen des **Maibaums** am 30. April oder 1. Mai aus keinem dörflichen Festkalender wegzudenken. Seit jeher sind grünende Bäume oder Äste Symbol für die Freude am Erwa-chen der Natur. Die ersten Maibäume auf Dorfplätzen wuden im 16. Jh. aufge-stellt. Bayernweite Verbreitung fanden sie als **Ortsmaibaum** im 18. und 19. Jh. Damals wurde den Dörfern ein größe-res Selbstbestimmungsrecht zugestan-den. Seither symbolisiert der mit den Abzeichen der örtlichen Handwerker, mit bemerkenswerten Gebäuden und dem Dorfwappen geschmückte Baum den Stolz auf die eigene Heimat.

Die **Totenbretter** erleben im Baye-rischen Wald eine Renaissance. Noch im vorigen Jahrhundert war es üblich, Tote zu Hause auf Brettern aufzubah-ren, die man später mit dem Namen des Verstorbenen versah, verzierte und an Kapellen oder zwischen zwei Bäu-men aufstellte. Weil nach dem Volks-glauben der Tote erst dann erlöst wer-den konnte, wenn das Holz verfault war, stellte man die Bretter grundsätzlich aus weichem Fichtenholz her. Restau-riert wurden sie nie – und so gingen sie rasch den Weg alles Irdischen. Mittler-weile verwendet man Eiche oder Bu-che – auf die Gefahr hin, dass die Seele ein wenig länger warten muss, bis sie in den Himmel aufsteigen darf.

Zum Gedenken mahnen die Totenbretter, die an vielen Landstraßen Niederbayerns stehen

In Sankt Englmar kann man auf dem Waldwipfelweg den Bäumen zu Kopf steigen

hielt der Tourismus Einzug. Da man sich nicht allein auf die herrliche Landschaft verlassen wollte, entstand seither ein umfassendes Freizeitangebot. Etwa rund 2,5 km westlich die rasante Sommerrodelbahn im **Rodel- und Freizeit-Paradies** (Grün 10, Tel. 099 65/12 03, www.sommer rodeln.de, Ostern–Anf. Nov. tgl. 9–18, Mitte Juli–Aug. 9–19 Uhr). Weitere Attraktionen sind hier Tubingbahn und Streichelzoo.

TOP TIPP 370 m lang ist der **WaldWipfelWeg** (4 km westlich, OT Maibrunn, Tel. 099 65/800 87, www.waldwipfel weg.de, April–Okt. 9–19, Nov.-März 10-16 Uhr, auch Adventswochenende und Wintermarkt). Aus einer Höhe von bis zu 30 m genießt man auf einem breiten Pfad aus Lärchenholz spektakuläre Ausblicke über die Höhenzüge des Bayerischen Waldes, das Donautal und die Ebenen des Gäubodens. Der Weg ist auch für Familien mit Kinderwagen und Rollstuhlfahrer bequem zu bewältigen. Ein Natur-ErlebnisPfad, ein auf dem Kopf stehendes Haus und ein Pfad der Illusionen mit vielen optischen Phänomenen komplettieren das Angebot dieses Ausflugsziels.

Wintersportlern stehen 70 km Loipen, 13 Skilifte und 12 km Abfahrten mit Flutlicht und Kunstschnee zur Verfügung.

i Praktische Hinweise

Information

Tourist-Information Sankt Englmar, Rathausstr. 6, 94379 Sankt Englmar, Tel. 099 65/84 03 20, www.sankt-englmar.de

Hotels

******Angerhof**, Am Anger 38, Sankt Englmar, Tel. 099 65/18 60, www.angerhof.de. Großes Wellnesshotel am Südhang des Erholungsortes.

******Gut Schmelmerhof**, Rettenbach 24 (5 km südöstlich von St. Englmar), Tel. 099 65/18 90, www.gut-schmelmerhof.de. Aus dem stattlichen Bayerwaldbauernhof wurde ein schmuckes Hotel.

Oberer Bayerischer Wald – Viel Brauchtum, viel Moderne

Von lebendigen Traditionen ist häufig die Rede, aber kaum irgendwo werden sie so publikumswirksam gepflegt wie in **Bad Kötzting** und **Furth im Wald**: 600 Jahre alt ist der Bad Kötztinger Pfingstritt mit rund tausend Reitern – allesamt in Trachten und mit herrlich herausgeputzten Rössern. Auch der Drache, der seit mehr als 500 Jahren in Furth im Wald sein Leben aushaucht, denkt nicht daran, aufzugeben und seine Lebensgeister endgültig fahren zu lassen, jedes Jahr erwacht er aufs Neue und ist im 21. Jahrhundert vitaler denn je. Wo Althergebrachtes so spektakulär in Szene gesetzt wird, versteht es sich von selbst, dass auch alltägliche Bräuche erhalten werden.

Dass das Bewahren des Alten dem Entstehen von Neuem nicht entgegensteht, beweist **Cham**, das mit seiner Städtischen Galerie und dem Museum S.P.U.R. gleich an zwei Stätten der modernen Kunst Raum gilt. Gleiches gilt für die Künstler im **Lamer Winkel**, die der traditionellen Glaskunst des Bayerischen Waldes neuen Schwung verleihen.

21 Cham

Zwischen Biertor und Marseillaise.

Cham (16 000 Einw.) ist die *Stadt am Regenbogen*, schließlich schmiegt sich seine Altstadt in einen Flussbogen des Regens. Bei Spaziergängen durch Chams Gassen oder entlang des Regens stößt man immer wieder auf malerische Ansichten und gemütliche Ecken.

Geschichte Für die Entwicklung von Cham war die geografische Lage von entscheidender Bedeutung. Die Stadt entstand in einem weiten, von West nach Ost verlaufenden Tal, durch das die Flüsse Chamb und Regen mäandern.

Diese Cham-Further Senke trennt die Höhenzüge des Oberpfälzer Waldes im Norden von jenen des Bayerischen Waldes im Süden. Seit dem frühen Mittelalter verlief hier die wichtigste Handelsstraße zwischen Böhmen und Bayern. Zudem bildete sie gewissermaßen das *Einfallstor* für die Missionierung der im Böhmischen siedelnden Stämme. Zu

Chams Stadtpfarrkirche St. Jakob wendet dem Marktplatz ihren Chor zu

diesem Zweck gründeten Benediktiner-mönche aus Regensburg 748 das Kloster Chammünster. 976 erwähnt eine Urkunde erstmals die Stadt Cham. Ende des 10. Jh. schützte gar eine Reichsburg den Handelsweg und die hiesige Münzstätte. Während der Hussitenkriege konnten sich die Bürger der Belagerung erwehren, mussten 1742 aber Plünderungen durch die Panduren erdulden. In der Neuzeit war lange Jahre der Holzumschlag bedeutendster Wirtschaftszweig. Mittlerweile sorgen mittelständische Industriebetriebe und zunehmend der Tourismus für Beschäftigung.

Malerisch: Chams Altstadt am Regenufer

Besichtigung Am schönsten nähert man sich Cham von Westen (über B 85, Abfahrt Michelsdorf). Vom Parkplatz am Ende des Michelsdorfer Weges führt die **Florian-Geyer-Brücke** (1991) über den Regen. Ihr Vorgänger war in Bernhard Wickis Filmepos ›Die Brücke‹ von 1959 Schauplatz des sinnlosen Abwehrkampfes von neun Jugendlichen gegen die vorrückenden Amerikaner. Auf Metallplatten am Zugang zur Brücke sind Szenen aus dem legendären Antikriegsfilm zu sehen.

Unmittelbar jenseits der Brücke residiert das **Museum S.P.U.R.** (Schützenstr. 7, Tel. 09971/407 90, Ostern–6. Jan., Mi, Sa/So 14–17 Uhr) im einstigen Armenhaus (1512). Hier sind Arbeiten der Künstlergruppe **S.P.U.R** zu sehen, die sich 1957/58 zusammenfand und bis 1965 bestand.

Eine Statue des hl. Nepomuk wacht über die Brücke zum Biertor am Eingang zu Chams Altstadt

Sodann betritt man die Stadt durch das einzig erhaltene von ehemals vier Stadttoren. Dieses rote **Biertor** mit seinen beiden runden, gedrungenen Türmen verdankt seinen Namen einer Weißbierbrauerei, die 1642 das funktionslos gewordene Stadttor bezog und bis in die erste Hälfte des 20. Jh. in Betrieb blieb.

Durch die Rosenstraße gelangt man zum **Marktplatz**, an dem an Markttagen (Sa 8–12 Uhr) reges Treiben herrscht. Sein Blickfang ist das in freundlichem Gelb gestrichene **Rathaus**. Dessen westlicher Teil mit dem Stufengiebel stammt aus dem 15. Jh., der Ostteil mit Tierkreiszeichen-Uhr aus dem 14. Jh. Den Erker zieren städtisches (links) und Oberpfälzer Wappen. Mittags, um fünf nach zwölf, hört man vom Glockenspiel am Rathausgiebel die Marseillaise.

Auf dem **Marktbrunnen** sitzt die Figur des in Cham geborene Graf Nikolaus von Luckner, dem das Marschlied ursprünglich gewidmet war, mit einem Notenblatt in der Hand. Ihm stehen zwei Sagengestalten zur Seite: die Waldhexe, mit Stöckelschuhen an den hübschen Beinen, und der Bilmesschneider, der den Bauern Missernten bescherte, hier aber wie ein Fruchtbarkeitsgott in der Lederhose daherkommt.

An das Rathaus schließt sich der Chor von **St. Jakob** (www.pfarrei-cham.de), der 1210 erstmals erwähnten Chamer Pfarrkirche, an. Während der Chor um 1400 entstand, wurde das Kirchenschiff in seiner heutigen Gestalt erst 1704 errichtet. Der Kirchenpatron, erkennbar an Pilgerhut und -muschel, steht lebensgroß an der rechten Seitenwand. Das Gewölbe ist mit reichem Rokokostuck verziert, das große Deckenfresko schufen Johann und Otto Gebhard um 1750. Es zeigt die Schlacht von Clavijo im Jahr 844. In dieser – wohl legendären – Schlacht soll König Ramiro von Asturien die vorrückenden Mauren mithilfe des hl. Jakob geschlagen haben. Auch den Schiffsbrüchigen auf dem Deckenfresko (um 1900) im Westjoch eilt der hl. Jakob zu Hilfe.

Um 1850 verkaufte der örtliche Pfarrer die barocke Innenausstattung, um die Kirche im Stil der Neoromanik umzugestalten. Nur 50 Jahre später beschloss die Gemeinde, diesen Eingriff wieder rückgängig zu machen. So sind Haupt- und Seitenaltäre neubarocke Ergänzungen aus dem frühen 20. Jh.

Geht man nun auf dem Markt in nördlicher Richtung weiter, kommt man zur **Spitalkirche** (1514) mit gotischem Südportal. Übergreifendes Thema im Chor ist das Pfingstgeschehen. So zeigt das Hochaltarbild die Ausgießung des Heiligen Geistes. Direkt an die Kirche grenzt ein Stück der äußeren **Stadtmauer**.

Über den Spitalplatz und am Regen entlang geht es zurück zum Südrand der Altstadt. Hier erhebt sich der **Straubinger Turm**, ein ehemaliger Wehrturm, auf dessen Dach zwischen März und Mai Weißstörche nisten.

Nahe der wasserumspülten Südspitze der Altstadt steht das **Cordonhaus** (Propsteistr. 46, Tel. 099 71/80 34 96, Mi–So 14–17, Do 14–19 Uhr). Der Renaissancebau um einen von Arkaden gesäumten Hof von 1512 ist Sitz sowohl der Tourist-Information als auch der *Städtischen Galerie*. Sie richtet jedes Jahr rund ein halbes Dutzend Ausstellungen mit Werken zeitgenössischer Künstler aus.

In **Chammünster**, 3 km südöstlich von Cham, ließen sich um 739 jene Regensburger Mönche nieder, denen Cham sein Entstehen und die Menschen im Umland ihre Missionierung verdankten. So gilt das hiesige *Marienmünster* (www.pfarrei-chammuenster.de) als Urkirche des Oberen Bayerischen Waldes. Der heutige Bau entstand bis 1476 im Stil der Spätgotik als dreischiffige Pseudobasilika. Älteste Ausstattungsstücke sind zwei romanischen Taufsteine aus der Zeit um 1200.

i Praktische Hinweise

Information

Tourist-Information Cham, Propsteistr. 46, 93413 Cham, Tel. 099 71/80 34 93, www.cham.de

Hotel

***Parkhotel Cham**, Prälat-Wolker-Str. 5, Cham/Altenmarkt, Tel. 099 71/39 50, www.parkhotel-cham.de. 1,5 km südwestlich des Stadtzentrums, inmitten des Naturschutzgebiets Regentalaue.

Restaurant

D' Wasser Wirtschaft, Oberer Regenanger 3, Cham, Tel. 099 71/86 24 24, www.wasserwirtschaft-cham.de. Zentrumsnahes Wirtshaus mit Biergarten am Regen und eigenem Anlegesteg.

22 Bad Kötzting

Kneippen, spielen, Pferde bewundern – alles zusammen geht in Bad Kötzting.

Das vom Weißen Regen umflossene Bad Kötzting (7000 Einw.) hat sich einen liebenswerten, etwas altertümlichen Charme bewahrt. Meist geht es hier ruhig zu, doch während der Woche um den Pfingstritt und am Roßertag Ende August herrscht dichtes Gedränge in den kopfsteingepflasterten Gassen des Kurortes.

Geschichte Die erste urkundliche Erwähnung Kötztings findet sich für das Jahr 1085. Im Schutz der Kirchenburg auf einer Anhöhe am Weißen Regen, von der aus das Kloster Rott am Inn bis 1614 seine Grundherrschaft ausübte, wuchs Kötzting allmählich zu einer Stadt heran. Hussitenkriege im 15. und Schwedeneinfälle während des Dreißigjährigen Krieges im 17. Jh. zogen eine Spur der Verwüstung durch die Stadt. Im 20. Jh. profilierte sich Kötzting als Kurort und darf seit 1986 den Zusatz ›Bad‹ tragen.

Ein Oberpfälzer im Dienste Frankreichs: Nikolaus Graf von Luckner

Nikolaus von Luckner wurde 1722 in Cham geboren. Seine Eltern waren bürgerlich, der Vater Hopfenhändler, Brauer und Wirtshausbesitzer. Nach dessen Tod lebte der Junge mit Mutter und Geschwistern in Kötzting und besuchte später die Jesuitenkollegien in Straubing und Passau.

In jungen Jahren ging er zum **Militär** und nahm an Kriegen gegen Türken, Böhmen und Franzosen teil. Bei Ausbruch des Siebenjährigen Krieges stellte er ein Freikorps aus 200 Husaren zusammen, mit dem er in Hannoverisch-Englische Dienste trat. Der englische König Georg III. erhob ihn in den Adelsstand, zahlte ihm aber nach Kriegsende nur einen geringen Sold. Als Frankreich Luckner ein Jahresgehalt von 30 000 Livres bot, griff er zu. Nach Ausbruch der Französischen Revolution befehligte er ab 1790 für die Nationalversammlung die Rheinarmee. Ein Sieg über Österreich brachte ihm so großen Ruhm ein, dass Rouget de Lisles ihm die **Marseillaise** widmete. Von Luckner wurde bei vollen Bezügen entlassen, doch verweigerte man ihm die Auszahlung seines Ruhegehaltes. Trotz der wirren Zustände, die dort herrschten, reiste er nach Paris, um sein Geld einzufordern. Auf eine Denunziation hin wurde er verhaftet und unter einer fadenscheinigen Anklage zum Tod verurteilt. Am 4. Januar 1794 starb er unter der Guillotine.

Sein Geburtshaus fiel 1873 einem Brand zum Opfer. An dem Haus in der Straubinger Str. 2, das an dessen Stelle steht, erinnert eine Gedenktafel an ihn.

Die trutzigen Mauern einer Kirchenburg umgeben die Kirche Mariä Himmelfahrt in Bad Kötzting

Besichtigung Bad Kötztings Altstadt erstreckt sich rund um den von Geschäften gesäumten Marktplatz. Ihn ziert eine vergoldete Mariensäule. Am oberen Ende des Platzes erhebt sich der Spitzturm der *Kirche St. Veit*. Sie ist Ausgangspunkt des **Pfingstritts**. Wer diese traditionsreiche, berittene Bittprozession an einem sonnigen Tag miterlebt, vergisst sie ein Leben lang nicht! Alljährlich am Pfingstmontag ziehen um die 1000 Reiter die Marktstraße hinunter, vorbei am barocken **Alten Rathaus** (heute Arbeitsamt) mit seinem überkuppelten Turm. Von ihm erklingt an jedem Tag im Jahr vormittags um 11 Uhr ein Glockenspiel. Zur Musik dreht sich unter den 20 Glocken ein Figurenspiel, u. a. mit Reitern, die den Pfingstritt darstellen sollen.

Biegt man wenig später nach links in die Herrenstraße ab, ist rasch die von einem Graben umgebene **Kirchenburg** erreicht. Die Ursprünge dieser mittelalterlichen Wehranlage am Weißen Regen gehen auf das späte 11. Jh. zurück. Man betritt sie über eine Brücke und durch ein weites Tor. Ihre Mauern umgeben die **Stadtpfarrkirche Mariä Himmelfahrt**, die um 1179 errichtet wurde. Die Barockisierung des Innenraums erfolgte im Laufe des 18. Jh. Aus den frühen Zeiten ist ein romanischer Taufstein erhalten. Die benachbarte *St. Anna-Kapelle* stammt aus dem späten 17. Jh.

Jenseits des Weißen Regens, von der Altstadt aus gut über eine hölzerne Fuß-

gängerbrücke zu erreichen, lädt die **Aqacur Badewelt Kötzting** (Bgm.-Seidl-Platz 1, Tel. 099 41/947 50, www.aqacur.de) zum Besuch. Hier kann man im Sportbecken kraulen, sich genüsslich im Warmwasserbecken aalen, im Wellenfreibad austoben oder die 100 m lange X-Tube-Reifen-Rutsche hinabsausen.

Südwestlich der Altstadt, begrenzt von Bahngleisen auf der einen und dem Weißen Regen auf der anderen Seite, breitet sich sich der **Kurpark** aus. Zwischen Teichen und duftenden Blumen lässt es sich trefflich flanieren.

An seinem westlichen Ende setzt das Halbrund der **Spielbank Bad Kötzting** (Untere Au 2, Bad Kötzting, Tel. 099 41/ 944 80, www.spielbanken-bayern.de, So–Do 15–2, Fr/Sa 15–3 Uhr) einen architektonisch etwas zweifelhaften Akzent. In dem blau gestrichenen Bau kann man bei Roulette, Black Jack oder an Spielautomaten sein Glück versuchen.

Von der Spielbank aus sieht man bereits die von einem Hügel herübergrüßende **Wallfahrtskirche Mariä Himmelfahrt** am Rand des Ortsteils Weißenregen. Bedeutendster Kunstschatz des barocken Gotteshauses ist die 1785 entstandene, originelle **Fischerkanzel** des Kötztinger Bildschnitzers Johann Paulus Hager. Er gestaltete die Kanzel als Boot, von dem aus die Apostel Petrus und Paulus ihren Fang einholen.

Zwei Talsperren stauen den Schwarzen Regen bei Bad Kötzting auf. Die so

Der Kötztinger Pfingstritt

Der Pfingstritt ist das große Ereignis in Bad Kötzting. Am Pfingstmontag läuten morgens um 8 Uhr die Glocken. Dann reiten bis zu 1000 Männer – nur Männer! – in Tracht auf festlich geschmückten Pferden aus der Stadt, hinüber zu dem 7 km entfernten Dorf Steinbühl. Voraus reitet der Kreuzträger, ihm folgen Laternenträger, Fanfarenbläser und der Pfarrer oder gar der Bischof.

Der Überlieferung zufolge geht der Ritt auf ein Gelöbnis aus dem Jahr 1412 zurück. Damals lag, wie es heißt, in Steinbühl ein Mann im Sterben. Er bat um die Sterbesakramente, doch der Ritt dorthin war gefährlich. Da begleiteten die Kötztinger Burschen ihren Pfarrer und gelobten für den Fall einer glücklichen Rückkehr die Wiederholung des Rittes Jahr für Jahr. An die 600 Mal hat er inzwischen stattgefunden.

Am Ziel wird vor der Pfingstreiter-Wallfahrtskirche St. Nikolaus wird ein Reitergottesdienst zelebriert, gegen

Mittag macht sich die Prozession auf den Rückweg. Danach feiert man vor der Kirche St. Veit die Pfingsthochzeit, bei der ein ›Tugendbräutigam‹ und eine ›Pfingstbraut‹ symbolisch miteinander vermählt werden.

entstandenen Seen sind malerisch in bis an ihre Ufer reichende Wälder gebettet. An der Staumauer des etwa 3 km langen **Blaibacher Sees** (4 km südlich Bad Kötzting an der St. 2140) lädt eine Liegewiese zum Sonnenbad.

Geradezu verwunschen wirkt der **Höllensteinsee** (8 km südlich Bad Kötzting, Höllenstein, www.hoellensteinsee.com) nahe des gleichnamigen Weilers. Er bildete sich nach dem Bau des Höllstein-Wasserkraftwerks in den 1920er-Jahren. Wer den See bei einer Bootsfahrt (Verleih bei der Staumauer, Ende April–Anf. Okt. tgl. 10–18 Uhr) erkundet, erlebt seine Schönheit besonders eindrücklich.

Das Höllentalkraftwerk staut den Regen bei Viechtach zu einem malerischen See an

ℹ Praktische Hinweise

Information

Kurverwaltung/Tourist-Information
Herrenstr. 10, 93444 Bad Kötzting, Tel.
0 99 41/60 21 50, www.bad-koetzting.de

Hotels

***Amberger Hof**, Zeltendorfer Weg 4,
Bad Kötzting, Tel. 0 99 41/95 00, www.am
berger-hof.de. Angenehme Zimmer und
gute Küche nahe beim Marktplatz.

***Zur Post**, Herrenstr. 10, Bad Kötzting,
Tel. 0 99 41/66 28, www.posthotel-bad-
koetzting.de. Traditionsreiches Haus mit
gepflegtem historischem Ambiente.

Pension Steidl, Zellertal 11, Bad Kötzting,
Tel. 0 99 41/942 50, www.pension-steidl.de.
Komfortable Doppelzimmer am Jakobs-
weg. Solarium und Sauna, Ruheraum.

Restaurants

Am Steinbachtal, Steinbach 2, Bad Kötzting, Tel. 0 99 41/16 94, www.hotel-am-
steinbachtal.de, tgl. ab 14 Uhr geöffn., So/
Fei 11–14, 18–20 Uhr. Feine regionale Küche, gluten- und laktosefrei.

TOP TIPP **Brauereigaststätte Lindner-Bräu**,
Weißenregener Str. 4, Bad Kötz-
ting, Tel. 0 99 41/14 29, www.lindner-
bier.de. Eine Kötztinger Institution mit
gemütlicher Stube und schattigem Biergarten. Wie wäre es mit Rauchfleisch-
platte zum Chostingator-Starkbier?

Old English Tea & Coffee Shop, The Vic-
torian Tea House, Marktstr. 4, Bad Kötzting, Tel. 0 99 41/49 27, www.victorian
house.de. Tee, Scones mit Erdbeer-
marmelade und Clotted Cream wie in
Queen Victorias Zeiten (Mo geschl.).

Auf Räuber Heigls Spuren: Aufstieg zur Kötztinger Hütte

Auch der Bayerische Wald hat seinen
Robin Hood: In den 1840er-Jahren be-
raubte der Ganove Michael Heigl
(1816–1857) die reichen Bauern um Kötzting und Viechtach – allerdings ohne
den Armen etwas von seiner Beute ab-
zugeben. Vor seinen Häschern soll er
sich in einer Höhle auf dem Kaitersberg,
einem lang gestreckten Bergkamm
über Bad Kötzting, versteckt haben.

Diese **Räuber Heigl-Höhle** liegt am
Rundwanderweg (ab Bahnhof Zellter-
tal/Bad Kötzting, Markierung K 3, ca.
13,5 km, 5 h, 700 Hm) über Arndorf hinauf zum Plattenstein, (788 m). Von
diesem Gipfel aus bietet sich eine schöne Rundumsicht. Nahe Höhle führt ein
Abstecher hinauf zur **Kötztinger Hütte**
(Tel. 0 99 46/290, www.koetztinger-huet
te.de), wo man auch einkehren kann.
Anschließend geht es über den Kreuz-

felsen (999 m), der erneut mit spektakulären Ausblicken aufwartet, über Reitenberg zurück zum Ausgangspunkt.

Wer mit dem Auto nach Reitenberg
(ab Wanderparkplatz Reitenberg, 8 km
ab Bad Kötzting, Markierung Goldsteig,
ca. 16 km, 6 h, 500 Hm) fährt und so den
Anstieg aus dem Regental abkürzt,
kann sogar den **Großen Riedelstein**
(1132 m), die höchste Erhebung des
Kaitersberges erreichen. Auch diesmal
passiert man Räuber-Heigl-Höhle und
Kreuzfelsen, erlebt aber auch unmittelbar die steil emporragende Felswand
des Steilbühler Gesenkes und die bi-
zarren Felsformationen der Rauchröhren. Am Großen Riedelstein erinnert ein
Denkmal an den Waldschmidt, den
wortgewaltigen Dichter des Bayerwaldes. Zurück nach Reitenberg geht
es auf gleichem Weg.

Der Große Osser ist einer der Berge, die den Talkessel von Lam umgeben

23 Lamer Winkel

Einst weit weg vom Rest der Welt – heute quirlige Urlaubsregion.

Der Lamer Winkel ist ein vom Weißen Regen durchflossener Talkessel, der seine landschaftliche Schönheit den ihn rahmenden Bergen verdankt. Im Osten begrenzen ihn die bewaldeten Höhen des Künischen Gebirges mit Großem und Kleinem Osser (1293 bzw. 1266 m), im Süden der Arber (1456 m) und der Kaitersberg, dessen höchsten Punkt der Große Riedelstein (1132 m) markiert.

Geschichte Als der Bischof von Regensburg das Tal 1279 dem Benediktinerkloster Rott am Inn schenkte, war es noch von dichtem Urwald überzogen. Mit der Urbarmachung betrauten die Mönche Siedler aus dem Tiroler Dorf St. Ulrich am Pillersee, das ebenfalls in ihrem Besitz war. So kommt es, dass der örtliche Dialekt bis in die Gegenwart einzelne österreichisch gefärbte Worte aufweist.

1463 stießen Prospektoren im Gestein am Fuße des Osser auf Silber. Erneut kamen Tiroler nach Lam, diesmal als Bergleute. Um 1800 gewann dann die Glaserzeugung an Bedeutung. Doch im 20. Jh. gingen beide Wirtschaftstraditionen zu Ende, die eine, weil das Gestein erschöpft, die andere, weil die Absatzmärkte zu weit entfernt waren. Seither leben die Menschen im Lamer Winkel vor allem vom Tourismus.

Besichtigung Tor zum Lamer Winkel ist **Arrach** (2500 Einw.) am Fuße des Großen Riedelstein. Hier befindet sich im **Drexler-Hof** (Lamer Str. 94, www.drexlers-baer wurz.de, Tel. 09943/903703) das *Mineralienmuseum* (Mo–Fr 9–18, Sa 9–16, von Mai–Okt zus. So/Fei 10–16 Uhr) mit Gestein aus dem Bayerischen Wald sowie dem Rest der Welt. Ferner zeigt hier ein *Handwerksmuseum* (Mo–Sa 9–18, So 11–18 Uhr) in originalgetreu eingerichteten Stuben Werkzeuge, wie sie von Schuster, Schreiner oder Sattler bis zum Beginn des 20. Jh. benutzt wurden. Und in der *Schnapsbrennerei* (mit Probierstube, Tel. 09943/3640, Mai–Okt. Mo–Fr 9–12, 13–18, Sa 9–16, So/Fei 10–13, Nov–Apr. Mo–Fr 9–12, 13–18, Sa 9–13 Uhr) destilliert die Familie Drexler feinen Bärwurz und viel gelobten Bayerwald Single Cask Malt Whisky No. 1.

In den Sommermonaten zieren Blumen den kleinen Marktplatz von Lam

Größter Ort des Winkels und zugleich sein Namensgeber ist das 5 km östlich von Arrach gelegene **Lam** (2500 Einw.). Weithin sichtbar markiert die katholische Pfarrkirche St. Ulrich (www.pfarrei-lam. de) am Marktplatz den Ortskern. Das einschiffige Gotteshaus mit der Zwiebelhaube zeigt im Inneren Rokokoanklänge und geht auf eine Kapelle zurück, die wohl schon die ersten Neusiedler aus St. Ulrich in Tirol errichteten. Ungewöhnlich ist der Seidenteppich aus dem iranischen Täbris an der rechten Chorwand. Auf ihm ist ein Kreuzweg abgebildet, der englischsprachige Text verläuft nach arabischer Art von rechts nach links.

Wenige hundert Meter westlich des Marktplatzes lädt das **Osserbad** (Ginglmühlerstr. 5, Tel. 099 43/28 82, www.osserbad.de) mit Frei- und Hallenbad zum Wasserspaß. Draußen verspricht eine Wasserrutsche sommerliche Badefreuden, im Winter kann man sich in einer der Saunen aufwärmen.

Mit ca. 9° C ist es im **Besucherbergwerk Fürstenzeche** (Zechenstr. 14 a, Tel. 099 43/90 35 41, www.fuerstenzeche.de, März-Mitte Nov. Führungen l, 3. –31. März tgl. std. 12–16 Uhr; 1. Apr.–7. Nov. tgl. std. 11 –16 Uhr) am Hang des Osser oberhalb des Ortskerns zu jeder Jahreszeit deutlich kühler. Schon 1463 erhielt ein gewisser Hans Swanser von den Herzögen Johann und Sigismund von Bayern die Erlaubnis, im Berg nach Gold und Silber zu suchen – mit einigem Erfolg. In der ersten Hälfte des 16. Jh. förderten die Bergleute hier bis zu 650 kg Silber im Jahr zu Tage. So reich war die Ausbeute, dass Herzog Wilhelm 1545 eine eigene Zeche in den Berg treiben ließ – und angesichts ausbleibender Gewinne schon fünf Jahre später wieder schloss. Zwar gab es in den folgenden Jahrhunderten immer neue Versuche, das Bergwerk zu reanimieren, sie blieben jedoch erfolglos. 1962 wurde auch Suche nach Uran aufgegeben.

Die Grubentour führt etwa 400 m tief in den Berg hinein. An manchen Stellen leuchten Mineralien im Fels, außerdem erfährt man viel über die Arbeit der Bergleute. In Vitrinen sind die alten Werkzeuge ausgestellt. Ein Stollen des Bergwerks ist der Therapie von Asthma oder Neurodermitis vorbehalten – schon nach 1,5 Stunden Aufenthalt sollen sich dank reiner Luft und günstiger Temperaturen Heilungserfolge einstellen.

Einen Ausläufer des Osser-Massivs muss man umrunden, um in das gut 4 km entfernte Lambach nördlich von Lam zu gelangen. Hier gründete Franz von Baader im Jahr 1806 eine Glashütte, der allerdings nie großer Geschäftserfolg beschieden war. In der einstigen Glashütten-Herrenvilla von 1905 entführt nun das **Märchen- und Gespensterschloss Lambach** (Tel. 099 43/35 41, www.maerchenschloss-lambach.de, tgl. 10–17 Uhr, Nov./ Dez. teilw. geschl.) in die Welt der Prinzessinnen, Helden, Hexen und Fabelwesen. Vom Keller bis in den zweiten Stock sind Szenen aus Märchen der Gebrüder Grimm und Hans Christian Andersens mit lebensgroßen Puppen nachgestellt.

Folgt man dem Weißen Regen von Lam 5 km weit flussaufwärts, kommt man nach Lohberghütte. Hier befindet sich unmittelbar am Ortseingang der **Bayerwald-Tierpark** (Schwarzenbacher Str. 1a, Lohberg, Tel. 099 43/81 45, www.bayerwald-tierpark.de, April–Okt. tgl. 9–17, Nov.–März 10–16 Uhr bzw. bis Dämmerung). So nah wie hier kommt man der Tierwelt des Bayerwaldes sonst kaum: Raubtiere wie Wolf und Luchs, aber auch friedliche Gesellen wie Biber, Fischotter und Waschbären bevölkern die naturnah gestalteten Gehege. Auch Elche, die seit einigen Jahren wieder im Süden Böhmens heimisch sind, gibt es zu sehen. In den Volieren leben Uhu, Schneeeule und

Gänsegeier. Und bereits am Eingang löst der Streichelzoo Begeisterungsstürme bei Kindern aus.

Am Tierpark startet auch die *Kleine Arberseebahn* (Tel. 099 43/90 5026, www.kleine-arberseebahn.de, Abfahrt ab Lohberghütte, Lamer Straße 23, Ostern–Okt. tgl. 9.30, 10.30, 11.45, 13, 14.15, 15.30 und 16.30 Uhr). Dieser zur Lokomotive umdekorierte Geländewagen tuckert mit Anhängern hinauf zum in Bergwälder gebetteten **Kleinen Arbersee**. Dessen botanische Besonderheit sind die *Schwingmoore*, schwimmende, aber am Seegrund verwurzelte Inseln. Ganz allmählich lassen sie den See verlanden. In einer etwa 45-minütigen, sehr reizvollen Wanderung kann man das Gewässer umrunden und mit etwas Glück sogar einen Biber sehen.

Unmittelbar auf Lohberghütte, bereits in Sichtweite des Großen Arbers, folgt **Lohberg**. Die Häuser des Dorfes umgeben die 1883 geweihte Kirche St. Walburga. Sie ersetzte das ältere, fortan profanierte Gotteshaus einige Meter weiter, das inzwischen dem Glasmacher Hubert Hödl als *Künstlerglashütte Alte Kirche* (Brennesstr. 1, Tel. 099 43/90 28 30, www.glashuette-alte-kirche.de, Mo–Fr 10–17, Sa 10–16 Uhr) dient. Von Besuchern lässt er sich gern über die Schulter schauen, während er farbige Becher, Vasen oder Schmuckstücke aus heißem Glas formt.

Zum Gipfel des Großen Osser

Spitz und felsig ist der Osser (1293 m) über Lam. Mit etwas Glück reicht die Aussicht von seinem Gipfel bis zum Alpenhauptkamm, auf jeden Fall aber über die Berge des Bayerischen Waldes. Eine anspruchsvolle, aber sehenswerte Route hinauf zum Gipfel ist der Künische Grenzweg (Markierung L 3, ca. 12 km, 4,5 h, 800 Hm), der an der Tourist Info von Lam beginnt. Zunächst geht es ein kleines Stück durch den Ort, anschließend durch Wald zum Bergkircherl, der Wallfahrtskirche Maria Hilf auf 815 m. Anschließend steigt der Wanderweg kontinuierlich an zum Ossersattel (dort auch Parkplatz, Aufstieg zum Gipfel nur 1 h). Auf felsigem Weg geht es sodann zur Künischen Kapelle und schließlich zur Schutzhütte unmittelbar unter dem Gipfel des Großen Osser. Für den Rückweg sollte man unbedingt die Strecke über den Kleinen Osser und die Osserwiese wählen, bietet sich von dort doch ein herrlicher Blick über den Lamer Winkel.

Auf eine lange Handwerkstradition kann auch der **Späth-Bräu** am Ortseingang von Lohberg zurückblicken. Eine Brauereibesichtigung (Pfarrweg 8, Tel.

Dicht bewaldet sind die Ufer des Kleinen Arbersees mit seinen schwimmenden Inseln

Eine Herausforderung selbst für aus-dauernde Wanderer ist die 8-Tausen-der-Tour von **Eck** (mit dem Auto: Ab Arrach 7 km über St 2326, Wanderbus ab Arrach Bahnhof, Tel. 099 71/80 13 33, www.rbo.de, Mitte Mai–Okt. Mo–Fr, Juli–Mitte Sept. auch So, jeweils bis Berggasthof Eck, Rückfahrt ebenfalls mit Wanderbus zum Bahnhof Boden-mais) zum **Brennes-Pass**. Unterwegs überschreitet der Wanderer immer-hin acht Berggipfel mit über 1000 m Höhe – und kann sein Gipfelbuch mit entsprechend vielen Stempeln füllen. Da die Tour Teil des vorzüglich aus-geschilderten *Goldsteig-Fernwander-weges* ist ist, besteht an keiner Stelle Gefahr, sich zu verlaufen. Nach der Überschreitung von **Schwarzeck** (1238 m) und **Enzian** (1285 m) bilden **Kleiner Arber** (1384 m) und **Großer Arber** (1456 m) die Höhepunkte die-ser etwa 7 Stunden dauernden Tour.

099 43/944 40, www.osser-bier.de, Anmel-dung bei der Tourist-Information Loh-berg) gewährt Einblick in die Produktion des nach dem Lohberger Hausberg Os-ser benannten Bieres.

ℹ Praktische Hinweise

Information

Tourist-Info Lam, Marktplatz 1, 93462 Lam, Tel. 099 43/777, www.lam.de

Tourist-Information Lohberg, Rathausweg 1a, 93470 Lohberg, Tel. 099 43/94 13 13, www.lohberg.de

Sport

Der Lamer Winkel ist ein ideales Gebiet zum Gleitschirmfliegen.

Erster Gleitschirmverein Bayerwald e.V., Schafberg 8, Furth im Wald, Tel. 01 70/432 51 21, www.1gvb.de

Hotels

*****Hotel zur Post**, Marktplatz 6, Lam, Tel. 099 43/941 90, www.hotel-post-lam.de. Helle Zimmer, zentral in der ehemaligen Poststation.

Feriendorf am Hohen Bogen, Kummers-dorf, Arrach, Tel. 099 46/885, www.ferien dorf-bayerwald.de. Familienfreundliche Häuser, Freizeitsee, Abenteuerspielplatz.

Hotel Sonnenhof, Himmelreich 13, Lam, Tel. 099 43/3 70, www.sonnenhof. bestwestern.de. Best-Western-Hotel; Kinderbetreuung.

Restaurant

Bayerwald Restaurant, Arberstr. 73, Lam, Tel. 099 43/95 30, www.das-bayer wald.de. Hotelrestaurant mit vielseitiger, internationaler Küche.

Einkaufen

Holzschnitzerei Meindl, Bach 3½ und 8, Arnbruck/Bayer. Wald, Tel. 099 45/21 22, www.meindl-arnbruck.de. Traditionelle Holzschnitzereien. Schnitzkurse.

24 Neukirchen beim Heiligen Blut

Wo sich selbst heidnische Reiter bekehren lassen.

Seit dem 16. Jh. zählt die Wallfahrt zur Madonna von Neukirchen beim Heiligen Blut am Fuß des Hohenbogen zu den bedeutendsten in ganz Bayern. Zwischen Ostern und Pfingsten pilgern **Fußwall-fahrer** aus vielen Orten des Bayerischen Waldes gen Neukirchen, und am 8. Mai erlebt der Ort die Choden-Wallfahrt aus dem Böhmischen, bei der viele Pilger tra-ditionelle Tracht tragen.

Der Ursprung der Wallfahrt geht auf die Zeit der Hussitenkriege im 15. Jh. zu-rück. Damals, so will es die Legende, habe ein hussitischer Reiter eine Madonnen-figur in den Brunnen neben der Kirche geworfen, die anschließend wieder an ihrem ursprünglichen Standort auf-tauchte. Als der Hussit mit seinem Säbel auf ihren Kopf hieb, floss Blut heraus –

Einen Arbeitsunfall zeigt dieses Votivbild im Wallfahrtsmuseum von Neukirchen

Neckisch spitzen die Türme der Wallfahrtskirche und einer Kapelle hinter den Hügeln hervor

daher der Beiname Neukirchens. Dass anschließend auch noch die Hufe seines Pferdes am Boden festwuchsen, nahm der Reiter als Zeichen Gottes und kehrte reumütig in den Schoß der katholischen Kirche zurück.

Die Madonna mit dem gespaltenen Haupt steht nun im Zentrum des Hochaltars der barocken **Wallfahrtskirche Mariä Geburt**. Der Brunnen, in den der Hussit einst die Marienfigur warf, steht neben der Kirche. Seinem Wasser wird Heilkraft zugesprochen.

Im einstigen Pflegschloss am Markt berichtet das **Wallfahrtsmuseum** (Marktplatz 10, Tel. 099 47/94 08 23, Di–Fr 9–12 und 13–17, Sa/So 10–12 und 13–16 Uhr) über Marienfrömmigkeit, Volksglaube und Wallfahrtstraditionen. Beeindruckend ist die Vielfalt der ausgestellten Rosenkränze. Auch Mirakelbücher sind zu sehen, in denen Pilger die ihnen widerfahrenen Wunder beschrieben.

Ganz weltliche Vergnügungen bietet das **Freizeitzentrum Hohenbogen** (Liftstr. 2, Tel. 099 47/464, www.hohenbogen. de) oberhalb von Neukirchen. Auf seiner Sommerrodelbahn kann man gut 750 m zu Tal sausen, es gibt Graskart, Skate-, Fun- und im Winter einen Snow-Park. Von der Bergstation der hiesigen Sesselbahn führt ein Wanderweg etwa 1 km zu den beiden weithin sichtbaren Abhörtürmen, mit denen einst die NATO den Funkverkehr des Warschauer Paktes belauschte.

ℹ Praktische Hinweise

Information

Tourist Information, Marktplatz 10, 93453 Neukirchen beim Heiligen Blut, Tel. 099 47/94 08 21, www.neukirchen-online.de

Über den Hohenbogen

An der Tourist Information von Neukirchen beim Hl. Blut beginnen mehrere Wanderwege. Besonders aussichtsreich ist die Tour auf den Hohenbogen (1050 m, Markierung N 3, ca. 16 km, 5 h, 450 Hm). Der Rundwanderweg führt zunächst durch die dichten Wälder an der Nordflanke des Berges hinauf zur Forstdiensthütte. Von hier lohnt ein kurzer Abstecher zum Burgstall, wo sich ein Fernsehsender erhebt. Neben einem der Gebäude sind noch Reste der Fluchtburg von Albrecht III. von Bogen aus dem Jahr 1190 zu erkennen.

Zurück auf dem N 3 geht es weiter zur Bergstation der Hohenbogen-Sesselbahn (www.hohenbogen.de), wo das Berghaus zur Rast lädt. Ins Tal geht es nun entweder mit der Sesselbahn oder zu Fuß weiter auf dem N 3 über das Gasthaus Schönblick (www. schoenblick-hohenbogen.de) zurück nach Neukirchen.

Der neogotische Stadtturm ragt hinter Furths Amtsgericht mit dem Glockenspiel empor

25 Furth im Wald

Drachen, Echsen, Fledermäuse, vieles kreucht und fleucht in Furth.

Auf einer Anhöhe über dem Chambtal thront die Altstadt von Furth im Wald (9000 Einw.). Jeden Sommer wälzt sich beim *Further Drachenspiel* ein Feuer speiender Drache durch die Stadt, um immer wieder durch einen Lanzenstich zur Strecke gebracht zu werden.

Geschichte   In einer Schenkungsurkunde Kaiser Heinrichs IV. an den Grafen von Windberg (später Bogen) aus dem Jahr 1086 findet sich die erste Erwähnung von Furth im Wald. Damals befand sich der Ortskern noch im Tal der Chamb, an einer Furt über den Fluss – daher der Name. Im 14. Jh. allerdings siedelten die Menschen auf den Burgberg um, wo sich der Stadtkern bis heute befindet.

Sowohl während der Hussitenkriege als auch im Laufe des Dreißigjährigen Krieges musste Furth Plünderungen und Zerstörungen über sich ergehen lassen. Aufwärts ging es erst wieder, als die Stadt im Jahr 1861 an die Eisenbahnlinie zwischen Nürnberg und Prag angeschlossen wurde. Zwei Jahre später, 1863, richtete ein Brand verheerende Schäden an.

Nach dem Zweiten Weltkrieg trennte der nur 4 km vom Ortskern entfernte Eiserne Vorhang Furth von seinem Hinterland im Böhmischen. Über die bereits erwähnte Eisenbahnlinie passierten 1946 –57 über 700 000 Heimatvertriebene die Stadt. Erst mit dem Beitritt Tschechiens zur EU fand die extreme Randlage Furths ein Ende.

Besichtigung   Furths Herz schlägt am **Stadtplatz** (Markttage Mi und Sa), von dem aus sich gen Süden ein herrlicher Blick zum Hohenbogen (1079 m) öffnet. In seinem oberen Bereich säumen kleine Geschäfte den Platz. Sein südliches Ende begrenzt das **Alte Rathaus** von 1924 mit einem Fries des Drachenstichs sowie das repräsentative **Amtsgericht**, das nach dem Brand von 1863 entstand. Täglich um 11 und um 18 Uhr erklingt das vielstimmige *Glockenspiel* an seiner Fassade.

Durch einen Torbogen am Amtsgericht betritt man den **Schlossplatz**. Hier markiert der 1866 erbaute *Stadtturm* den Standort der längst verschwundenen Further Burg. Im Turm und dem angrenzenden Spital zeigen die drei **Museen am Stadtturm** (Schlossplatz 4, Tel. 09973/ 50910, www.landestormuseum.byseum. de, Ostern –Okt. Di–So 10.15–16.45, Nov.– März   Di/Do/Sa/So   11–13 Uhr)   ihre Sammlungen. Zunächst erläutert das *Landestormuseum* bayerisch-böhmische Grenzlandgeschichte. Das *Kinder-Museum* stellt anschaulich dar, was es mit Licht, Glas und Spiegeln auf sich hat. Und das *Erste Deutsche Drachenmuseum* beleuchtet alle Aspekte dieser mythischen Wesen. In der **Drachenhöhle** (Tel. 099 73/509 80, www.further-drache.de, Apr.–Okt. tgl. 10.30–16 Uhr) am Further Festplatz kann man dem High-Tech-Untier, das bei den Festspielen sein Unwesen treibt, einen Besuch abstatten.

Den Hauptakzent im Stadtbild setzt die barocke, 1765 geweihte Kirche **Mariä Himmelfahrt** (www.pfarreifurth.de) unterhalb des Stadtplatzes. Bei der Verlängerung des Kirchenschiffs im Jahr 1893 mussten Substruktionen geschaffen werden, in die eine Unterkirche mit einer Lourdes-Grotte eingefügt wurde.

Vom Kirchplatz aus ist rasch der Einstieg zu den Further **Felsengängen** (Kramergasse, Tel. 09973/1229, 1.Mai–5. Nov.

Kampf dem Drachen

Der Further Drachenstich, das älteste deutsche Volksschauspiel, geht auf mittelalterliche **Fronleichnamsprozessionen** zurück. Wohl schon um 1400 belebten die Further ihre Prozession mit *lebenden Bildern*. Dabei stellten Schauspieler Szenen aus biblischen Geschichten oder Heiligenlegenden nach. Besonders eindrucksvoll muss ihnen der Drachentöter St. Georg gelungen sein, denn er wurde zum Markenzeichen der Further Fronleichnamsfeierlichkeiten.

Mittlerweile hat sich das **Schauspiel** von seinen religiösen Wurzeln gelöst. Vor den Augen der Zuschauer entfalten sich nun dramatische Ereignisse: Im Jahr 1431 versammelt sich ein kaiserliches Heer bei Furth im Wald, um die heranrückenden Hussiten aufzuhalten. Zunächst deutet alles auf einen Sieg der Kaiserlichen hin, doch dann tritt ein schrecklicher Drache auf den Plan. Nur Ritter Udo und die Schlossherrin von Furth können das Unheil aufhalten …

Soweit zur Handlung des von Alexander Etzel-Ragusa verfassten Stückes. Der Autor greift darin die **Hussitenkriege** auf. Der böhmische Kirchenreformator Jan Hus wurde auf dem Reichstag von Konstanz 1415 der Ketzerei angeklagt und verbrannt – obwohl Kaiser Sigismund ihm freies Geleit versprochen hatte. Auch in Böhmen selbst begann König Wenzel, der Bruder Sigismunds, gegen die Anhänger des Reformators vorzugehen. 1419 kam es zum ersten **Prager Fenstersturz**: Mehrere Hussiten drangen in das Prager Rathaus ein und warfen Parteigänger des Königs aus dem Fenster. Wenig später brach ein allgemeiner Aufstand aus. Daraufhin rief Papst Martin V. zum Kreuzzug gegen die Hussiten auf. Doch mehrere Feldzüge scheiterten kläglich. Ab 1425 begannen die Hussiten dann, in die Nachbarländer vorzudringen. Hier verbreiteten sie Angst und Schrecken, bis es 1435 dem Kaiser gelang, die Hussiten endgültig niederzuringen.

Drachenstich-Festspiele, Stadtplatz 4, Furth im Wald, Tel. 09973/50970, www.drachenstich.de. Anfang–Mitte Aug.

Und wieder hat Ritter Udo den Sieg über den bösartigen Drachen davongetragen

Die aufgehende Sonne setzt die Kapelle in Stachesried bei Eschlkam in ein besonderes Licht

tgl. 13–16 Uhr; Pfingstferien u. Weihnachten geänderte Öffnungszeiten; Führungen ganzj. Mo 14, Mi/Fr 11, So 11/14 Uhr) erreicht. Seit dem späten Mittelalter schlugen die Further labyrinthische Gänge in den Gneis und nutzten sie vornehmlich als Bierkeller, während des Zweiten Weltkrieges aber auch als Luftschutzbunker.

Östlich der Altstadt, im Tal der Chamb, erstreckt sich der **Wildgarten** (Parkplatz Daberger Str. 33, dann ca. 200 m zu Fuß, Tel. 09973/2933, www.wildgarten-furth. de, tgl. von Sonnenauf- bis -untergang, Führungen Mai–Okt. Di/Do/Sa 14 Uhr). Ihn bevölkern Eidechsen und Spinnen, ein Sumpfweg führt durch ein Feuchtgebiet und ein Irrgarten sorgt für Verwirrung. Sogar auf den Grund eines Weihers kann man hinabsteigen und durch Glasscheiben heimische Fische beobachten.

Furths **Drachensee-Freibad** (Daberger Str. 31, Tel. 09973/801007, www.stadt werke-furth.de, Mitte Mai–Mitte Sept.) befindet sich nebenan. In den Sommermonaten ziehen Schwimmer im 50-m-Becken ihre Bahnen, und Kinder sausen die 44 m lange Wasserrutsche hinunter.

Eschlkam

Auf einer Anhöhe oberhalb der Chamb befindet sich der Markt Eschlkam (über St. 2154, 6 km ab Furth im Wald). Dicht drängen sich im Ortskern seine Häuser um die alte **Kirchenburg St. Jakobus** und erinnern so an die Zeit um 1230, als die Grafen von Cham den Ort als Grenzbefestigung gründeten. Zwischenzeitlich hat man sich vom Kriegerischen aufs Kulturelle verlegt und beruft sich dabei auch auf den in Eschlkam geborenen Heimatdichter Maximilian Schmidt (1832–1919), genannt **Waldschmidt**. Die Ausstellung

des Waldschmidt-Vereins im *Gasthof Zur Post* (Waldschmidtstr. 14, Tel. 09948/751, So 14–16 Uhr) zeigt Manuskripte, Bücher und persönliche Habseligkeiten des Autors und Gründers des Bayerischen Fremdenverkehrsverbandes.

Gut 1 km südlich von Eschlkam in Richtung Leming beginnt der **Kunstwanderweg auf der Leminger Höhe** (www. eschlkam.de/kunstprojekte.html). Auf einer Länge von etwa 1,5 km verbindet er kulturellen Genuss mit weiten Ausblicken. Sechs Künstler aus Deutschland und Tschechien schufen die Installationen am Wegesrand, darunter gleich am Anfang die auf dem Kopf stehende, aus Stahlrohren konstruierte Pyramide *Haus Europa* von Vaclav Blaha und die Wetterfahnen gleichende Arbeit Ivan Kafkas mit dem Namen *Raum der Schlaffheit und der Freiheit*. Am Ortseingang von Stachesried bildet dann der *Kunstpavillon*, eine durchfensterte Pyramide aus Holz, den Abschluss des Kunstwanderwegs. Diese ›Neue Pinakothek des Bayerischen Waldes‹ birgt großformatige Gemälde.

▶ **Reisefilm**
Further Drachenstich
QR-Code scannen [s. S. 5]
oder dem Link folgen:
www.adac.de/rf0109

ℹ Praktische Hinweise

Information

Tourist-Info Furth i. W., Schlossplatz 1, 93437 Furth im Wald, Tel. 09973/50980, www.furth.de

Hotels

*****Hotel Hohenbogen**, Bahnhofstr. 25, Furth im Wald, Tel. 09973/1509, www.

hotel-hohenbogen.de. Gehobener Stil. Im Ritterkeller Mittelalter-Diners.

Hotel Gasthof Fellner, Glaserstr. 8, Furth im Wald, Tel. 09973/802825, www.hotel-gasthof-fellner.de. Küche und Gästezimmer bestens. Golf- und Biker-Arrangements.

Gasthof Postgarten, Postgartenweg 4, Furth im Wald, Tel. 09973/1350, www.gasthof-postgarten.de. Der Gasthof-Chef kocht gut und bürgerlich, einladend auch der Biergarten im Herzen der Stadt.

Durch Bauernland ins Tschechische: der Schwarzachtal-Radweg

Die Schwarzach windet sich von ihren Quellen auf den Höhen des Böhmerwaldes aus durch ein meist weites Tal gen Westen, 75 km lang ihrer Mündung in die Naab bei Schwarzenfeld entgegen. Ihrem Lauf folgt ein Fahrradweg von insgesamt 125 km Länge.

Nach dem Start in **Schwarzenfeld** am Bahnhof erreicht man nach etwa 26 km **Neunburg vorm Wald**, dessen Häuser sich auf einem Granitsporn über der Schwarzach drängen. Den höchsten Punkt der Altstadt nehmen die Pfarrkirche St. Joseph und das Schloss ein, das im 14. Jh. Residenz des Kurfürsten Ruprecht I. von der Pfalz war. Heute beherbergt es das *Schwarzachtaler Heimatmuseum*. Nur 2 km weiter kann man in der *Schlossbrauerei Kröblitz* (Tel. 096072/859) an einem malerischen Weiher einkehren.

Anschließend rücken die Hügel so eng zusammen, dass nur noch Platz für Schwarzach und Landstraße bleibt – die erste Staustufe des **Eixendorfer Stausees** ist erreicht. Nach einigen Kilometern weitet sich das Tal wieder. Hier wurde die Schwarzach hinter der zweiten Staustufe zu einem großen See aufgestaut, an dessen Ufer einige Liegewiesen zum Verweilen einladen. Am Ende des Sees, nach etwa 4 km, kommt man an einer Dampflok vorbei. Sie ist Teil des **Oberpfälzer Handwerksmuseums** (Hillstett 52, 92444 Rötz, Tel. 09976/941160, www.roetz.de, April–Sept. Di–So 14–17 Uhr). Die Schänke des Museums lädt im Salzfriedlhof, einem Waldlerhaus aus dem 18. Jh., zur Einkehr. Nun sind es noch etwa 16 km bis Kritzenast, wo Bayerische und Böhmische Schwarzach sich vereinen. Wir fahren zunächst entlang der Böhmischen Schwarzach ins 4 km entfernte Waldmünchen.

Es folgt die landschaftlich ansprechendste Etappe des Radwegs, die Fahrt nach Tschechien. Allerdings sind auf den folgenden 60 km einige Höhenmeter zu bewältigen, gilt es doch, über Anhöhen von der Quelle der Böhmischen Schwarzach zu jener der Bayerischen Schwarzach zu radeln. Doch entschädigen fast unberührte Natur und herrliche Ruhe für alle Mühen. Vorbei am **Silbersee**, einem Stausee an der Bayerischen Schwarzach, kommt man schließlich nach Waldmünchen zurück.

An- und Abreise: Bahnhöfe gibt es in Schwarzenfeld und Waldmünchen

Hotels

****S **Wutzschleife**, Hillstett 40, Rötz, Tel. 09976/180, www.wutzschleife.com. Das ansprechende Wellnesshotel am Radweg garantiert erholsame Tage.

***Panorama Hotel**, Gütenland 22, Neunburg vorm Wald, Tel. 09672/92190, www.panorama-hotel-am-see.de. Das Urlaubshotel ist nur wenige Meter vom Eixendorfer Stausee entfernt.

Landhotel Gruber, Von-Voithenberg-Str. 7, Herzogau (5 km südlich von Waldmünchen), Tel. 09972/1439, www.landhotel-gruber.de. Schönes Hotel in ruhiger Lage. Hier können Radler und Wanderer perfekt entspannen.

Alles friedlich – am Eixendorfer Stausee dümpeln Segelboote im Wasser

Regensburg und Umgebung – Geschichte und Kunst auf Schritt und Tritt

Es gibt wenige Städte, in denen die Hinterlassenschaften der Vergangenheit so deutlich sichtbar und gleichzeitig so sehr ins moderne Leben integriert sind wie in Regensburg: Man flaniert über eine **mittelalterliche Brücke** und hört Jazz in einem **Getreidespeicher** aus dem 17. Jh, lauscht im 1260 begonnenen **Dom** einer 2009 installierten Orgel und trinkt seinen Kaffee in einem **Patrizierhaus** aus dem 13. Jh. Regensburg, die Bischofsstadt, ist überwältigend, und es nimmt viel Zeit in Anspruch, auch nur einen Teil ihrer Kunstschätze kennen zu lernen. Zudem führen herrliche Ausflüge von der alten Reichsstadt zur **Walhalla** über Donaustauf, zur **Befreiungshalle** über Kelheim oder zu **Kloster Weltenburg** am Donaudurchbruch.

26 Regensburg

Nördlichste Stadt Italiens oder New York des Mittelalters – auf jeden Fall ein Juwel unter den Städten.

Wer in das Gewirr der Regensburger (156 500 Einw.) Gassen eintaucht, kann rasch die Orientierung verlieren – räumlich wie auch zeitlich. So perfekt hat sich die Stadt ihr mittelalterliches Erscheinungsbild bewahrt, dass man manchmal glaubt, ins 13. Jh. zurückgereist zu sein.

Geschichte Schon früh siedelten Kelten im Regensburger Stadtgebiet. Doch die eigentlichen Ursprünge der Stadt gehen auf das Jahr 179 n. Chr. zurück. Damals errichteten die Römer auf Befehl Kaiser Mark Aurels die ummauerte Legionsstadt **Castra Regina** gegenüber der Mündung von Naab und Regen in die Donau. Das Militärlager am nördlichsten Donaubogen war mit einer Besatzung von 6000 Mann der wichtigste römische Stützpunkt in der Provinz Raetia.

Mit dem Untergang des Imperium Romanum in den Wirren der Völkerwanderungszeit um 400 ging die Entvölkerung der vormals blühenden Siedlung einher. Erst als die bayerischen Stammesherzöge aus der Familie der Agilolfinger Regensburg im 6. Jh. zu ihrer Residenz machten, begann sich die Stadt wieder mit Leben zu füllen. Auch weil die bayerischen Herzöge sich früh zum Christentum bekannt hatten, erhob der Missionar Bonifatius Regensburg im Jahr 739 zum Bistum. Selbst nachdem Karl der Große das Herzogtum Bayern 788 unterworfen hatte, blieb die Stadt ein bedeutendes Verwal-

Fußgänger und Radfahrer haben die Steinerne Brücke ganz für sich allein

tungszentrum, erlebte bald sogar einen enormen wirtschaftlichen Aufschwung. Um das Jahr 1000 zählte die Donau zu den wichtigsten Verkehrswegen Europas und die Patrizier Regensburgs handelten mit Luxusgütern aus Byzanz, Tuch aus Flandern und Wein aus Tirol. Bis nach Venedig, Paris, Prag und Kiew reichten ihre Beziehungen. Die Geschlechtertürme, die sich wohlhabende Patrizier seit dem 13. Jh. errichten ließen, erinnern bis heute an den Reichtum Regensburgs im Mittelalter. Dem Wohlstand der Stadt trug auch ihre Ernennung zur **Freien Reichsstadt** im Jahr 1245 durch Kaiser Friedrich II. Rechnung.

Der Niedergang Regensburgs begann schleichend. Allmählich verlagerten sich die europäischen Handelsrouten nach Westen an den Rhein, die Hussitenkriege Mitte des 15. Jh. unterbrachen die Verbindung nach Prag. Schließlich wurde die Not so existenziell, dass sich der Stadtrat 1486 der Herrschaft des bayerischen Herzogs Albrecht IV. unterwarf. Doch schon 1492 entzog der Kaiser dem Herzog seine Befugnisse und stellte Regensburgs Status als Freie Reichsstadt wieder her. Da der Kaiser sich aber ansonsten nicht um die wirtschaftliche Gesundung bemühte, ging der Absturz ungebremst weiter.

1542 beschloss Regensburgs Stadtrat den Übertritt der Bürgerschaft zur Reformation. Von dieser Entscheidung blieben allerdings all jene Einwohner unberührt, die auf dem Grund eines der vielen Regensburger Klöster oder des Bistums lebten. So entwickelte sich hier eine einigermaßen friedliche Koexistenz der Religionen. Neben der verkehrsgünstigen Lage der Stadt war auch dies ein Grund dafür, den **Immerwährenden Reichstag** ab 1663 in Regensburg abzuhalten. Dieses ›Parlament‹ des Heiligen Römischen Reichs Deutscher Nation entstand unter dem Eindruck des Dreißigjährigen Krieges (1618–48), der sich am Konfessionsgegensatz entzündet und das Reich in die größte Katastrophe seiner Geschichte gestürzt hatte.

1748 ernannte Kaiser Franz I. den Fürsten Alexander Ferdinand von Thurn und Taxis zum kaiserlichen Repräsentanten am Immerwährenden Reichstag. Während Regensburg in seinen mittelalterlichen Mauern erstarrte, etablierte sich rund um den Hof der Thurn und Taxis eine Parallelwelt aus festlichen Bällen und extravagantem Lebensstil.

1806 ging auch der Immerwährende Reichstag den Weg alles Irdischen: Franz II. legte seine Kaiserkrone nieder, und mit der Auflösung des Heiligen Römischen Reiches Deutscher Nation verlor der Reichstag seine Daseinsberechtigung.

Ab 1810 gehörte Regensburg zum Königreich Bayern und war **Regierungssitz der Oberpfalz**. Allerdings verharrte die Stadt in wirtschaftlicher Rückständigkeit. Daran konnten auch der Anschluss ans

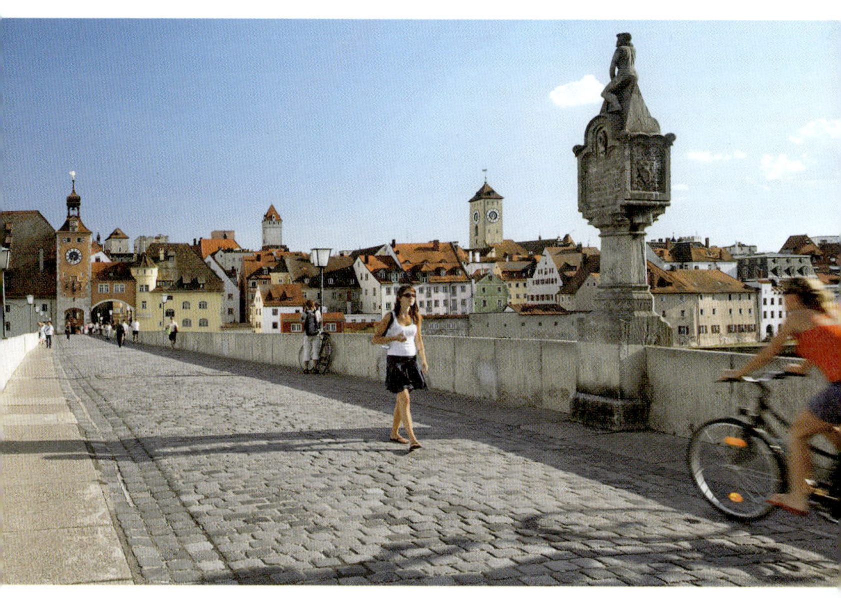

Das Bruckmandl

Am Scheitel der Steinernen Brücke sitzt auf spitzem Stein das Bruckmandl und schaut angestrengt in Richtung Dom. Der Sage nach handelt es sich bei der Figur um den Brückenbaumeister, der mit dem Dombaumeister eine Wette darüber abgeschlossen hatte, wessen Bauwerk eher vollendet sei. Als der Brückenbauer sah, wie schnell der Dombau voranschritt, holte er den Teufel zu Hilfe. Der verlangte als Gegenleistung die Seelen der ersten drei Brückenbenutzer.

Der Teufel erfüllte seinen Teil des Pakts, doch als er seinen Lohn forderte, jagte der Baumeister einen Hahn, eine Henne und einen Hund voran. Der solchermaßen geprellte Teufel wollte die Brücke zerstören, doch es gelang ihm nur, sie in der Mitte etwas anzuheben und ein wenig zu verbiegen.

Mit den historischen Fakten ist die Sage kaum in Einklang zu bringen. Das Bruckmandl war einmal Symbol für die städtischen Freiheitsrechte und die Unabhängigkeit von der Kirche. Vor allem aber war die Brücke, als der Dombau begann, bereits 127 Jahre alt.

Länge ist auf 309 m geschrumpft. Doch ihrer Schönheit tut das keinen Abbruch.

Von den einst drei Brückentoren blieb nur der heute als Museum zugängliche **Brückturm** ➋ (Weiße-Lamm-Gasse 2, Tel. 09 41/50 75 8 89, April–Okt. tgl. 10–19 Uhr) von 1300 auf der Stadtseite erhalten. Seit 1652 zeigt seine Turmuhr, was die Stunde geschlagen hat. Von der Türmerwohnung im obersten Stock bietet sich ein privilegierter Blick auf Steinerne Brücke und Altstadt. Der Zugang zum Turm erfolgt über den sich östlich anschließenden, siebenstöckigen *Salzstadel* von 1620. Hier ist stimmungsvoll das interessante **Besucherzentrum Welterbe Regensburg** (tgl. 10–19 Uhr) untergebracht. Es gibt einen knappen, aber sehr informativen und unterhaltsam dargebotenen Überblick über die Geschichte der Stadt. Unmittelbar nebenan kann man sich am Donauufer im *Wurstkuchl* (Thundorfer Str. 3, Tel. 09 41/46 62 10, www.wurstkuchl.de, tgl. 8–19 Uhr), der wahrscheinlich ältesten Wurstbraterei der Welt stärken.

Eisenbahnnetz 1856 und nach dem Zweiten Weltkrieg der starke Bevölkerungszuwachs durch Flüchtlinge aus den vormals deutschen Ostgebieten nichts ändern. Erst mit der Gründung einer Universität im Jahr 1962 – deren prominentester Professor 1969–77 Josef Ratzinger, der spätere Papst Benedikt XVI., war – und der Ansiedelung von Hochtechnologie-Unternehmen seit den 1990er-Jahren erlebt Regensburg einen fulminanten Wiederaufstieg. Ihn krönte 2006 die Ernennung zum **Weltkulturerbe** der UNESCO.

Rund um die Steinerne Brücke

Der schönste Blick auf die Altstadtsilhouette bietet sich von der **Steinernen Brücke** ➊ aus. Gebaut wurde sie 1135–46, also innerhalb von nur elf Jahren. Zu jener Zeit war sie die einzige befestigte Donauübergang zwischen der Quelle und Wien. 336 m maß sie ursprünglich, 16 Bögen überspannten den Fluss. Sie wachsen aus in die Donau gesetzten keilförmigen Podesten empor, die die Brückenfundamente vor Unterspülung schützen sollen. Inzwischen hat die Brücke nur noch 14 Bögen, und ihre

Ebenfalls am Donaukai, nur einige Meter flussabwärts, ankern der Radzugdampfer *Ruthof* von 1922 und der Motorzugschlepper *Freudenau* von 1942. Gemeinsam bilden sie das **Donau-Schiffahrtsmuseum** ❸ (Marc-Aurel-Ufer, Tel. 09 41/ 50 75 88, www.schiffahrtsmuseum-re gensburg.de, April–Okt. Di–So 10–17 Uhr) und lassen die Geschichte der Donau als Verkehrsweg Revue passieren.

Geht man von der Steinernen Brücke über die Brückstraße in die Altstadt, kommt man direkt zum **Goliathhaus** ❹. Dieses Patrizierhaus aus dem 13. Jh. ist typisch für die Geschlechtertürme, die Regensburg seit dem Mittelalter prägen. Seinen Namen verdankt es Melchior Bocksbergers Monumentalfresko (ca. 1570) an der Nordfassade, das den Kampf zwischen David und Goliath zeigt.

Folgt man nun der Goliathstraße nach Osten, gelangt man zur aus mächtigen Kalksteinquadern erbauten **Porta Praetoria** ❺ aus dem Jahr 179 n. Chr. Mit Flankenturm und Steinbogen bewachte und

Lässig den Arm auf ein Fenster gestützt, erwartet Goliath den Angriff Davids

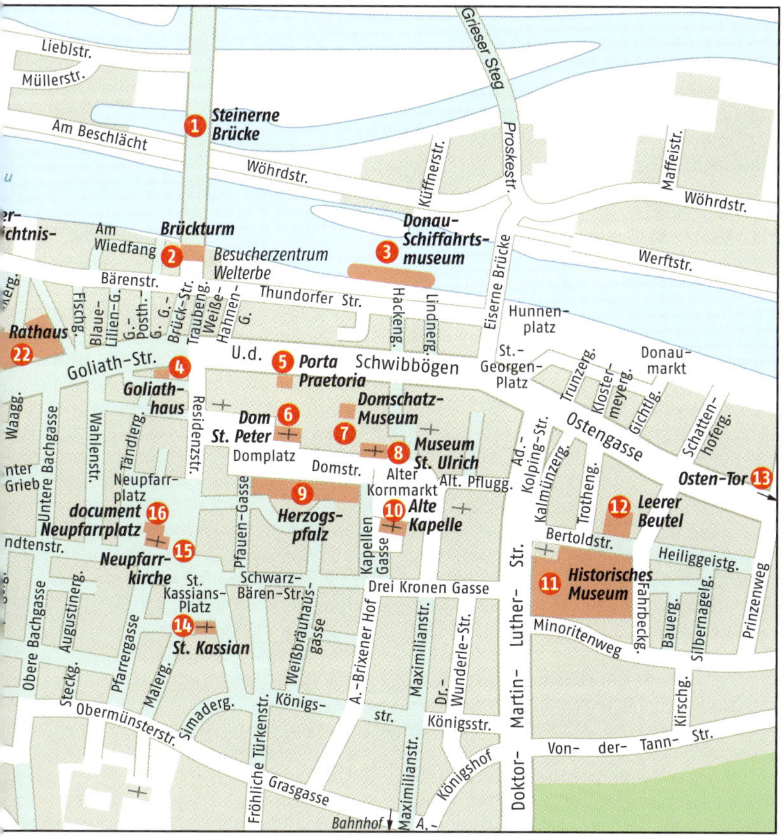

In der Mitte des Schiffs des Regensburger Doms steht das Grabmal Kardinal Philipp Wilhelms

erlaubte sie einst den Zugang zum Römerkastell *Castra Regina*. Heute führt das Tor in den Innenhof des *Hotels Bischofshof* (s. u.). Im 9. Jh. diente dieser Bau als bischöfliche Residenz und blieb es bis bis zum Jahr 1810.

Regensburgs Dombezirk

Der Bischofshof grenzt unmittelbar an den **Dom St. Peter** ❻ (Tel. 09 41/597 16 60, www.domplatz-5.de, April–Okt. tgl. 6.30– 18, Nov.–März tgl. 6.30–17 Uhr, Führungen tgl. 14, Mai–Okt. zusätzl. Mo–Sa 10.30 Uhr), das bedeutendste gotische Bauwerk Bayerns. Ein erster Dom stand hier schon zu Zeiten des hl. Bonifatius um 750. Ihn ersetzte ein romanischer Neubau während der Karolingerzeit. Als diesen um 1273 ein Feuer schwer beschädigte, ergriffen die Regensburger Patrizier die Gelegenheit und beschlossen den Bau eines neuen, Reichtum und Macht der Händlerkaste angemessenen Doms. Die Fertigstellung der dreischiffigen Basilika sollte freilich rund 600 Jahre dauern. Denn als man die Bauarbeiten wegen der Reformation in der Reichsstadt um 1520 einstellte, waren die beiden Türme noch niedrige Stümpfe. Erst König Ludwig I. ließ sie ab 1859 vollenden.

Seither erheben sich die jeweils 105 m hohen Türme über der mit Friesen und Maßwerkbrüstungen reich verzierten Westfassade. In ihrer Mitte ist der hl. Petrus – Patron der Kirche sowie der Stadt – zu sehen. Seitenfassaden und Chor sind von markanten Strebepfeilern gegliedert. Entlang der Südfassade tragen sie interessante Reliefs, etwa Samsons Kampf mit dem Löwen oder die Jungfrau mit dem Einhorn, andererseits mit der ›Judensau‹ auch ein in Stein gemeißeltes Sinnbild mittelalterlicher Judenfeindlichkeit.

Das von einem Kreuzrippengewölbe überfangene Dominnere wirkt vor allem dank der farbigen *Glasfenster* überaus stimmungsvoll. Die meisten entstanden im 13. und 14. Jh. Einige, besonders an der Westwand und im Mittelschiff, stiftete allerdings erst König Ludwig I. im 19. Jh. Weil der Monarch den gotischen Stil liebte, ließ er barocke Elemente aus dem 18. Jh. entfernen. Bleiben durfte der silberne *Hochaltar*, den Augsburger Künstler 1695–1785 schufen. Um ihn zu vollenden, ließ Bischof Anton von Fugger einen Teil des Domschatzes einschmelzen. Ein nicht minder herausragendes Kunstwerk ist die bemalte steinerne *Verkündigungsgruppe* des Erminoldmeisters von 1280 an den westlichen Vierungspfeilern. Maria blickt hier scheu zum lächelnden Engel Gabriel hinüber.

Stufen führen hinab in die Bischofsgrablege unter dem Dom. Der Architekt

Hans Habermann baute sie 1987 und integrierte dabei einige Säulen und Wandpfeiler des karolingischen Vorgängerdoms.

Einige seiner Fundamente reichen bis unter den **Domgarten** östlich von St. Peter. Von hier aus geht es in den **Kreuzgang**, dessen Ursprünge ebenfalls auf den karolingischen Dom zurückgehen. Zwischen den beiden Kreuzganghöfen befindet sich das romanische Mortuarium, die Grablege für Geistliche. Dessen Gewölbe wurde im 15. Jh. eingezogen. Allenthalben sind hier Grabplatten aus dem späten Mittelalter zu sehen. Von hier aus erreicht man zwei Kapellen. Die **Allerheiligenkapelle**, die 1164 als Grabbau für einen Bischof errichtet wurde, überstand die Zeitläufte fast unverändert; sogar die alten Fresken sind noch zu erkennen. Ein Jahrhundert älter ist die **Stephanskapelle**, die einst den Bischöfen als Hauskapelle diente.

An den Domgarten grenzt die **Niedermünsterkirche** an. Mitte des 12. Jh. auf Resten römischer Bauten errichtet, war sie bis 1803 die Kirche eines adeligen Damenstifts. Um 1625 ließ die Äbtissin Maria von Salis das Gotteshaus barock ausstaffieren. Sie gab auch die großartige Bronzegruppe mit Maria Magdalena und Christus am Kreuz an der Chorwand bei Georg Petel in Auftrag. Im angrenzenden, ehemaligen Damenstift residiert inzwischen der Regensburger Bischof.

Vorbei am *Eselsturm* aus dem 11. Jh. an der Nordostseite des Doms gelangt zur früheren Bischofsresidenz im heutigen Bischofshof. In seinem Südflügel zeigt das

Domschatzmuseum **7** (Krautermarkt 3, Tel. 09 41/576 45, www.bistumsmuseen-regensburg.de, April–Okt. Di–Sa 10–17, So 12–17, Dez.–6. Jan. Di–Sa 10–16, So 12–16, 7. Jan.–März Fr/Sa 10–16, So 12–16 Uhr) in sechs historischen Räumen seine Kostbarkeiten. Dazu gehören ein Messgewand aus dem 11. Jh., der Wolfgangskelch (ca. 1260) mit seinem durch Apostel- und Prophetenreliefs verzierten Fuß und das mit Edelsteinen besetzte Ottokarkreuz (ca. 1261) aus Prag.

Die frühgotische Kirche *St. Ulrich*, die den Domplatz nach Osten hin abschließt, beherbergt das **Museum St. Ulrich 8** (Domplatz 2, Tel. 09 41/516 88, www.bistumsmuseen-regensburg.de, zzt. wg. Umbaus geschlossen, ab 2016 werden hier wieder die Kunstsammlungen des Bistums zu sehen sein). In der Kirche haben sich Fresken des 13.–16. Jh. erhalten, die Museumssammlung umfasst Gemälde, Goldschmiedekunst und Skulpturen vom 11. Jh. bis zur Gegenwart.

Nun geht es zum Alten Kornmarkt. Seit dem 10. Jh. herrschten die bayerischen Herzöge von der hiesigen **Herzogspfalz 9** aus über ihr Reich. Heute können hier Touristen übernachten (www.achat-hotels.com). Durch einen Schwibbogen ist die Pfalz mit dem 30 m hohen *Römerturm* verbunden, der auf den Mauern eines antiken Wehrturms steht.

Gen Süden begrenzt die **Alte Kapelle 10** den Alten Kornmarkt. Der Legende nach soll hier schon im 6. Jh. die Pfalzkapelle der Agilolfinger gestanden haben. Die erste urkundliche Erwähnung der

Einen schöneren Rahmen als St. Ulrich kann man sich für das Diözesanmuseum nicht wünschen

Himmlische Gestalten zuhauf bevölkern die im Rokoko schwelgende Alte Kapelle

Antiqua Capella findet sich 875. Kurz nach dem Jahr 1000 riss man das Gotteshaus ab und begann mit dem Bau der neuen Kirche. Von außen weist nichts auf das überwältigende Raumerlebnis hin, das den Besucher im Inneren erwartet. Denn während das Äußere fast unverändert blieb, ließ Dekan Johann Michael Franz von Velhorn den Kirchenraum aus Anlass des 750. Stiftsjubiläums anno 1754 mit überbordendem Rokoko-Dekor schmücken. Putten blicken von den Wänden herab, reiche Stuckaturen überziehen den Saal. Die Kapelle ist Ziel einer Wallfahrt und das byzantinisierende Gnadenbild der Muttergottes mit dem Jesuskind gehört zu den ältesten deutschen Tafelbildern. Die Legende behauptet gar, der Evangelist Lukas habe es gemalt.

Blick in Regensburgs Geschichte

Jenseits des Alten Kornmarkts, auf der östlichen Seite der Martin-Luther-Straße, nutzt das **Historische Museum** 11 (Dachauplatz 2–4, Tel. 09 41/507 24 48, www.regensburg.de/museumsportal, Di–So 10–16 Uhr) das einstige *Minoritenkloster*. Schwerpunkte der Ausstellung sind Vorgeschichte, Römerzeit und Mittelalter in Ostbayern sowie dessen Kunst- und Kulturgeschichte allgemein. Eine Pause im Museumscafé ist ein Erlebnis – zumal für jemanden, der die Atmosphäre mittelalterlicher Klöster liebt.

Um 1600 ließ der Rat der Stadt Regensburg nördlich der Minoritenkirche einen mächtigen Getreidespeicher bauen. Dass er den Namen **Leerer Beutel** 12 (Bertoldstr. 9, Tel. 09 41/507 24 40, www.regensburg.de/museumsportal, Di–So 10–16 Uhr) erhielt, rührt angeblich von der Aufforderung ›Leere den Beutel!‹ her, die den Bauern entgegenschallte, wenn sie ihr Getreide anlieferten. Mittlerweile zeigt hier Regensburgs *Städtische Galerie* ihre Sammlung von Gemälden und Grafiken ostbayerischer Künstler. Auch ein Jazzclub (www.jazzclub-regensburg.de), ein Programmkino (www.filmgalerie.de) und ein Café-Restaurant (www.leerer-beutel.de) fanden Platz.

Die Ausmaße des mittelalterlichen Regensburgs wurden mit der Stadterweiterung um 1300 abgesteckt. Zu der damals gezogenen Mauer gehörte das **Osten-Tor** 13. Mit seinen beiden Begleittürmen, den Schießscharten und Pechnasen, ist es eines der besterhaltenen Stadttore Deutschlands.

Am Neupfarrplatz

Vom Dachauplatz, an dem sich das Historische Museum befindet, führen die Drei-Kronen-Gasse und deren Verlängerung, die Schwarze-Bären-Straße, zurück in die Fußgängerzone. Sie folgen der *Via Principalis* des Legionslagers Castra Regina. Folgt man ihr, kommt man zum St.-Kassians-Platz mit der 885 erstmals erwähnten Kirche **St. Kassian** 14. Ihr gotisches Langhaus entstand durch einen Neubau bis 1477. Um es zu betreten, muss man mehrere Stufen hinabsteigen, befindet sich der Innenraum doch ein gutes Stück unterhalb des Straßenniveaus. Hier wird deutlich, wie Regensburgs Bebauung immer wieder ältere Siedlungsschichten überdeckte, während die alte Kirche auf ihrem angestammten Niveau verblieb.

Der angrenzende **Neupfarrplatz** verdankt sein Aussehen einer umstrittenen Modernisierung Mitte der 1960er-Jahre. Seither stehen an seinem oberen Ende kantige Kaufhaus- und Sparkassenneubauten aus Beton.

Bis 1519 erstreckte sich hier das Regensburger Getto. Hinter seinen hohen Mauern hatten die Juden der Stadt 500 Jahre lang und relativ unbehelligt gelebt, bis – frei erfundene – Berichte über Ritualmorde an christlichen Kindern Regensburgs Bürger zum Pogrom aufstachelten. Sie töteten viele Juden, vertrieben die verbliebenen aus der Stadt und machten Getto und Synagoge dem Erdboden gleich. Noch im selben Jahr soll am einstigen Standort der Synagoge die Muttergottes erschienen sein – in den Augen der Zeitgenossen nachträgliche Rechtfertigung des geschehenen Unrechts und Auslöser einer der größten Wallfahrten des späten Mittelalters. Für die Pilger begann umgehend der Bau der **Neupfarrkirche** 15 in der Mitte des Platzes. Doch schon 1542 setzte die Reformation in Regensburg der Wallfahrt ein Ende. Anschließend wurde die Kirche zur ersten evangelischen Pfarrei Regensburgs umgewidmet und Mitte des 19. Jh. zur heutigen Größe erweitert.

Neben der Kirche befindet sich der Einstieg zum **document Neupfarrplatz** 16 (Tel. 09 41/507 14 42, www.regensburg.de/museumsportal, Tickets bei Tabak Götz, Neupfarrplatz 3, Zugang nur mit Führung Sept.–Juni Do–Sa 14.30, Juli/Aug. auch So und Mo) unter dem Platz. Zwischen den Grundmauern des jüdischen Gettos erinnert es an das Judenpogrom von 1519. Überdies stößt man auf Spuren des römischen Lagers und eines Luftschutzkellers aus dem Zweiten Weltkrieg.

Am Übergang des Neupfarrplatzes in die Gesandtenstraße gibt ein begehbares Bodenrelief aus Beton, geschaffen vom israelischen Künstler Dani Karavan, den Grundriss der Synagoge wieder.

Das Schloss der Thurn und Taxis

Am Südrand der Altstadt erstreckt sich **St. Emmeram** 17, einer der größten Baukomplexe des mittelalterlichen Regensburg. Das vormalige Kloster und heutige Schloss der Fürstenfamilie Thurn und Taxis blickt auf eine lange Geschichte zurück. Der hl. Emmeram hatte vom Hof des bayerischen Herzogs in Regensburg aus das Christentum verbreitet und war um 685 bei München den Märtyrertod gestorben. Der Herzog ließ seinen Leichnam daraufhin nach Regensburg zurückbringen. Um 700 gründeten Benediktiner dann an Emmerams Grab ein Kloster. In den folgenden Jahrhunderten avancierte es zu einem der mächtigsten in ganz Süddeutschland.

Seit 1663 wohnten die Repräsentanten des Kaisers am Immerwährenden Reichstag in einem der Klosterflügel. So kam es, dass das Fürstenhaus Thurn und Taxis, das diesen Posten seit 1748 innehatte, das mittlerweile säkularisierte Kloster 1812 zum Ausgleich für die verstaatlichten Postrechte der Familie erhielt. Anschließend ließen die Thurn und Taxis es zum repräsentativen Schloss umbauen, in dem sie bis heute residieren. Familienoberhaupt ist Albert II., Fürst von Thurn und Taxis (*1983).

Den Auftakt des Gebäudeensembles bildet die **Klosterkirche St. Emmeram**. Man betritt sie von Norden her durch eine Vorhalle aus dem 12. Jh. Die Steinfiguren des thronenden Christus in der Mitte und der hl. Emmeram und Dionysius an den Seitenpfeilern gehören zu den ältesten Großplastiken in Deutschland.

Ein begehbares Kunstwerk ist der aus Beton gestaltete Grundriss der Synagoge am Neupfarrplatz

Fein gearbeitete Tapisserien zieren den Gobelin-Saal im Schloss Thurn und Taxis

Durch den linken Eingang kommt man ins Langhaus, dessen Proportionen an den karolingischen Ursprungsbau erinnern. Viel stärker wird der Raumeindruck aber von den Veränderungen bestimmt, welche die Brüder Asam in den 1730er-Jahren vornahmen und die den Raum licht und festlich wirken lassen. Thema des Freskenzyklus ist die Vita des hl. Emmeram. Die Grabplatte mit dem Relief einer jungen, mit kaiserlichen Attributen versehenen Frau an der Nordwand des linken Seitenschiffs gilt als eines der Hauptwerke deutscher Plastik des 13. Jh.

Ein schmiedeeisernes Gitter trennt den *Westteil* der Kirche vom Langhaus ab. Er wurde um 1050 angebaut, um Raum für die Grabstätten der Heiligen Dionysius und Wolfgang zu schaffen. Er blieb von der Barockisierung durch die Asams ausgenommen und hat so seinen strengen, mittelalterlichen Charakter bewahrt.

Zum Grab des hl. Emmeram in der *Ringkrypta* gelangt man über die Stufen von den Seitenschiffen aus. Sie blieb seit 790 unverändert, an den Wänden sind bis heute vorkarolingische Fresken zu sehen. Ein Gang führt weiter zur 980 geweihten und 1775 klassizistisch umgestalteten *Ramwoldkrypta*. Hier ist der 1001 gestorbene Abt Ramwold bestattet.

Im Süden schließt sich das **Fürstliche Schloss** (Tel. 09 41/504 82 42, www.thurn undtaxis.de, Schloss und Kreuzgang St. Emmeran, Führungstermine: Jan.–31.3. u. 27.11. –31.12: Sa/So Premiumführung 10.30, 13.30, 15.30, Kompaktführung 11.30, 14.30 Uhr 1.Apr.–2.Nov., tgl. Premiumführung 10.30, 12.30, 14.30, 16.30 u. Kompaktführung 11.30, 13.30, 15.30, 3.–26.Nov. zusätzlich:

Mo.–Fr. Premiumführung 14 Uhr, Kompaktführung 15.30 Uhr, sonst eingeschränkt, Sonderöffnung zur Weihnachtszeit, Einschränkungen während der Schlossfestspiele und privater Nutzung) an die Kirche an. Vom Emmeramsplatz aus erreicht man zunächst einen ersten Innenhof, den rechter Hand der einstige Marstall begrenzt. Hier präsentiert das **Marstallmuseum** (1.Jan. –31. März Sa/So/Fei 10–17;1. Apr.–2. Nov. Mo– Fr 11–17, Sa/So/Fei 10–17; 3. Nov. –31. Dez. Sa/So/Fei 10–17 Uhr, 24./25./26.12. geschl.)) Kutschen, Schlitten und Sänften des 18. und 19. Jh. Auch die **Fürstliche Schatzkammer** befindet sich in diesem Flügel.

Der den Hof im Süden begrenzende Baukörper entstand bis 1889 im Stil der Neorenaissance. Neben der fürstlichen Verwaltung – das Haus Thurn und Taxis ist einer der größten privaten Waldbesitzer Europas – befinden sich hier die Wohnräume der fürstlichen Familie. Daher sehen Besucher bei Führungen durch die historischen **Wohn- und Prunkräume** des Schlosses von diesem Flügel nur das Große Esszimmer sowie das mit seinen Säulen und Statuen an die römische Antike gemahnende Marmortreppenhaus. Von ihm geht es durch den Wintergarten hinüber in den Ostflügel. Einen ersten Höhepunkt bildet der Ballsaal, dessen fulminante Rokokoausstattung 1890 aus der Frankfurter Residenz der Thurn und Taxis nach Regensburg kam. Ganz klassizistisch präsentiert sich dagegen das 1812 gestaltete Schlafgemach der Fürstin Therese. Zwischen zwei rotmarmornen Säulen steht ihr von Schwänen getragenes Prunkbett.

Zum Gebet versammelte sich die fürstliche Familie seit 1892 in der Hauskapelle im Eckturm des Ostflügels. Die Wände des im Stil der venezianischen Renaissance gestalteten Raumes zieren Wappentapisserien von 1740. Eine Perle barocker Innenarchitektur ist der von Cosmas Damian Asam gestaltete Bibliothekssaal. Krönender Abschluss der Schlossbesichtigung ist der gotische **Kreuzgang des Klosters St. Emmeram**. Er umfasst den Kreuzgarten, wo das Fürstenhaus in den 1830er-Jahren die Familiengrablege bauen ließ.

Die westliche Altstadt

Deutlich bürgerlicher präsentiert sich die nächste Station des Regensburg-Rundgangs, das **Kunstforum Ostdeutsche Galerie** ⑱ (Dr.-Johann-Maier-Str. 5, Tel. 09 41/29 71 40, www.kunstforum.net, Di–So 10–17, Do 10–20 Uhr). Es befindet sich unmittelbar außerhalb der Altstadt, von ihr nur durch einen Grünstreifen getrennt, der den Verlauf der einstigen Stadtmauer markiert. Die Sammlung will das künstlerische Erbe deutsch geprägter Kulturräume wie Ostpreußen und Schlesien bewahren und zeigt Werke von Lovis Corinth, Käthe Kollwitz, Oskar Kokoschka, Lionel Feininger, Otto Dix, Markus Lüpertz und Sigmar Polke. Überdies bietet sie Künstlern aus dem ost- und südosteuropäischen Raum ein Forum.

Zurück ins Mittelalter: Eine besondere Kostbarkeit ist die **Schottenkirche St. Jakob** ⑲. Um 1100 gründeten irische Benediktinermönche – damals nannte man auch Iren *Scoti*, Schotten, daher der Name – vor den Toren Regensburgs ein Kloster, 1180 war seine Kirche vollendet. Vor allem das rundbogige Stufenportal zur Jakobs-

straße ist ein Höhepunkt romanischer Kunst. Schlangengleiche Muster ranken sich an den Säulen empor, löwenähnliche Fabelwesen blicken von den Kapitellen herab. Im Tympanon ist Jesus Christus als Weltenrichter zu erkennen. So wertvoll ist das Portal, dass es seit 1999 von einer gläsernen Vorhalle geschützt wird. Obwohl das Innere in Teilen barockisiert wurde, blieben die typisch irischen Tier- und Fabelwesen an Kapitellen und Wänden über die Jahrhunderte erhalten.

Nun bietet sich der nahe **Bismarckplatz** ⑳ zum Innehalten an. An lauen Sommerabenden wird Regensburg hier seinem Ruf als nördlichste Stadt Italiens in besonderer Weise gerecht, versammeln sich doch dann zahlreiche, meist junge Menschen um den Brunnen inmitten des Platzes. Die klassizistischen Repräsentationsbauten von *Stadttheater* (Tel. 09 41/50 72 42 4, www.theater-regensburg.de) im Norden und *Polizeipräsidium* im Süden verleihen ihm ein vornehmes Gepräge.

Ähnlich belebt ist der **Haidplatz** ㉑, den man auf dem Rückweg zur Steinernen Brücke passiert. In den Häusern um den Platz laden Pizzerien und Cafés unter gotischen Kreuzrippengewölben zum Verweilen. Seit dem Mittelalter galt der Haidplatz als Regensburgs Renommieradresse, er war Schauplatz von Turnieren und Märkten. Das *Goldene Kreuz* zählt zu den mächtigsten mittelalterlichen Geschlechtertürmen Regensburgs, dient aber schon seit Jahrhunderten auch als Herberge (Haidplatz 7, www.hotel-goldeneskreuz.de). Hier stiegen die Großen ihrer Zeit ab, unter ihnen die österreichische Kaiserin Elisabeth und Napoleon III. Eine Inschrift an der Hausfassade erin-

Arbeiten des in Ostpreußen geborenen Lovis Corinth zeigt die Ostdeutsche Galerie

Die Neue Waag beherrscht die Ostseite des Haidplatzes, dahinter ragt der Dom empor

nert an den folgenreichen Aufenthalt Kaiser Karls V. während des Reichstags von 1546. Er bandelte damals mit der Gürtlerstochter Barbara Blomberg an, Spross der Liaison war Juan d'Austria, dessen Nachruhm sein Sieg in der Seeschlacht von Lepanto über die Flotte der Osmanen begründete.

Jenseits der Weingasse nutzt die Volkshochschule Regensburg das stattliche *Thon-Dittmer-Palais* (Haidplatz 8). Vor das mittelalterliche Gebäude setzte Anfang des 19. Jh. der Architekt Emanuel d'Herigoyen eine klassizistische Fassade mit ausladendem Balkon. Im Sommer ist der Arkadenhof des Palais' Schauplatz stimmungsvoller Events. Nach Osten hin begrenzt die leuchtend rote *Neue Waag* (Haidplatz 1) den Haidplatz. 1541 disputierte hier der Reformator und Luther-Vertraute Philipp Melanchthon mit seinem katholischen Widersacher Johannes Eck.

Am gotischen Turm der Neuen Waag vorbei erreicht man nach wenigen Schritten das **Alte Rathaus** 22 (Führungen April–Okt tgl. jede halbe Std. 9.30–12 und 13.30–16 Uhr, Nov.–März tgl. 10, 11.30, 13.30, 15 Uhr). Es entstand 1245 durch den Ausbau eines um gut Hundert Jahre älteren Anwesens. Über dem Portal symbolisieren zwei in Stein gemeißelte Wächterfiguren namens *Schutz* und *Trutz* die Wehrhaftigkeit der Stadt. Nicht nur die Stadt wurde über Jahrhunderte von hier aus regiert, auch der Immerwährende Reichstag tagte 1663–1806 in seinen Räumen. Der Reichssaal ist ebenso erhalten wie die Folterkammer.

Ein paar Ecken weiter steht das *Keplerhaus*, ein Holzhaus aus dem 13. Jh. Der berühmte Astronom Johannes Kepler (1571–1630) bewohnte es 1626–28. Er starb 1630 während eines Besuchs im Haus gegenüber, dem heutigen **Kepler-Gedächtnishaus** 23 (Keplerstr. 5, Tel. 09 41/

Im Reichssaal des Regensburger Rathauses tagte der Immerwährende Reichstag

507 34 42, Sa/So 10.30–16 Uhr) – völlig verarmt, weil ihm der Reichstag den Lohn für seine Arbeit vorenthielt. Die Räume sind im Stil des 17. Jh. eingerichtet. Astronomische Instrumente und erläuternde Schautafeln machen mit den Keplerschen Gesetzen zum Lauf der Gestirne vertraut.

Ausflüge

An der Steinernen Brücke legen im Sommer Ausflugsschiffe (Tel. 09 41/521 04, www.schifffahrtklinger.de) zu Fahrten auf der Donau ab. Ein Klassiker ist die **Strudelrundfahrt** (April/Okt. tgl. 11–15, Mai–Sept. tgl. 10–16 Uhr jede volle Stunde) zu und über die berühmten Donaustrudel.

Nicht minder beliebt ist die **Walhalla-Schifffahrt** (April Sa/So, Mai–Ende Okt. tgl. 10.30 und 14 Uhr), die rund 10 km donauabwärts nach Donaustauf führt. Hier bekrönt den waldgrünen Breuberg das Abbild eines griechischen Tempels mit Säulenportal und Giebelfeld. Das ist die Walhalla (www.walhalla-regensburg.de, April–Sept. tgl. 9–17.45, Okt. tgl. 9–16.45, Nov.–März tgl. 10–11.45 und 13–15.45 Uhr), der Ruhmestempel für ›ausgezeichnete Teutsche‹, den König Ludwig I. von Bayern 1830–42 errichten ließ. Baumeister Leo von Klenze hielt sich strikt an die königlichen Vorgaben, nach denen der Bau dem Athener Parthenon gleichen sollte. Den Namen des Bauwerks entlehnte Ludwig der germanischen Mythologie, wo das Walhall die Wohnstatt toter Krieger ist. Mittlerweile stehen im Innenraum 129 weiße Marmorbüsten sowie 65 Gedenktafeln und eine Großplastik. Die Auswahl reicht von König Heinrich I. (876–936) bis zur Ordensfrau Edith Stein (1891–1942). Das Bayerische Staatsministerium für Wissenschaft, Forschung und Kunst ergänzt kontinuierlich deutschsprachige, seit mindestens 20 Jahren tote Persönlichkeiten. Von der Terrasse vor der Walhalla bietet sich eine fantastische Aussicht auf das Donautal.

ℹ Praktische Hinweise

Information

Tourist-Information Regensburg, Altes Rathaus, Rathausplatz 4, 93047 Regensburg, Tel. 09 41/507 44 10, www.regensburg.de/tourismus

Hotels

******Bischofshof am Dom,** Krauterermarkt 3, Regensburg, Tel. 09 41/584 60, www.hotel-bischofshof.de. Ruhige Zimmer zum historischen Innenhof oder der Seitengasse. Das Restaurant bietet bayerische Küche auf hohem Niveau.

******Goliath**, Goliathstr. 10, Regensburg, Tel. 09 41/200 09 00, www.hotel-goliath. de. Schickes Hotel in bester Stadtlage zwischen Donau und Dom.

TOP TIPP ******Orphée**, Untere Bachgasse 8, Regensburg, Tel. 09 41/59 60 20, www.hotel-orphee.de. Beeindruckendes und bezauberndes Barockhaus. Die Räume des Restaurants im Großen Haus sind seit 1896 fast unverändert, die Gästezimmer individuell eingerichtet.

An griechische Vorbilder angelehnt ist die Ruhmeshalle Walhalla bei Donaustauf

Restaurants

Beim Dampfnudel Uli, Am Watmarkt 4, Regensburg, Tel. 09 41/532 97, www.dampfnudel-uli.de. Originelle Küche in historischem Haus (So–Di geschl.).

Fürstliches Brauhaus Thurn und Taxis, Waffnergasse 6–8, Regensburg, Tel. 09 41/280 43 30, www.fuerstliches brauhaus.de. Zwischen Braukesseln speist man gut bayerisch, im Sommer lockt draußen der Biergarten.

Goldene Ente, Badstr. 32 (am Eisernen Steg), Regensburg, Tel. 09 41/854 55, www.goldene-ente-regensburg.de. In der ältesten Studentenkneipe der Stadt gibt es Kultur, Currywurst und Pommes.

Haus Heuport, Domplatz 7, Regensburg, Tel. 09 41/599 92 97, www.heuport.de. Im Obergeschoss des Patrizierhauses speist man unter mittelalterlichen Gewölbedecken mit Blick auf den Dom.

Neue Filmbühne, Bismarckplatz 9, Regensburg, Tel. 09 41/570 37. An lauen Sommerabenden gibt es keinen schöneren Platz in Regensburg. Und leckere Kleinigkeiten zu essen gibt es auch.

Pam Pam, Haidplatz 5, Regensburg, Tel. 09 41/56 13 71, www.pampam-online.de. Die wahrscheinlich größten Pizzas Regensburgs, direkt aus dem Holzofen.

Spaghetteria Aquino, Am Römling 12, Regensburg, Tel. 09 41/56 36 95, www.

Von Regensburg in den Bayerwald: Mit dem Rad am Regen

Es gibt wohl kaum eine bessere Möglichkeit, landschaftliche Schönheit und stillen Zauber des Bayerischen Waldes zu erleben, als auf einer Radtour durch das Regental. Drei bis vier Tage sollte man für die gut 160 km von Regensburg nach Bayerisch Eisenstein einplanen.

Unterwegs laden zudem einige kulturelle Highlights zu Zwischenstopps. So hat sich im **Kloster Reichenbach** (km 42) die äußerlich ganz der Romanik verpflichtete Kirche Mariä Himmelfahrt aus dem 12. Jh. erhalten. Im Inneren verblüfft sie dann durch schwelgende Barockausstattung.

Unbedingt einen Ausflug wert ist auch **Walderbach** nur 2 km weiter. Die Kirche des dortigen Zisterzienserklosters ist einer der wenigen romanischen Bauten, die in Bayern die Jahrhunderte überdauerten. Die Ornamentfresken auf den Stützbögen der Decken und die Malerei-Reste an den Seitenwänden des Westportals blieben seit dem 12. Jh. unverändert.

Ein erster, durchaus anstrengender Anstieg erwartet den Radler gut 14 km später, kurz vor Roding (östlich von Roding wird die Route nach Laichstätt bis Ende 2015 wegen Bauarbeiten umgeleitet). Anschließend geht es eben weiter nach Cham (km 71). Erst ab Blaibach (km 92) steigt der Regental-Radweg wieder gemächlich bis Viechtach (km 107) an. Die folgenden, gut 65 km sind dann eher etwas für ausdauernde Radler, verlässt der Radweg doch die Ufer des Regen und verläuft stattdessen vorbei am Ort Regen (km 135) und an Zwiesel (km 146) über mehrere Anhöhen des Bayerwaldes, bis schließlich das Ziel Bayerisch Eisenstein (km 163) erreicht ist.

Dem Regen wendet das Kloster Walderbach seine barocke Schauseite zu

Als imposantes Monument thront die Befreiungshalle über dem Kelheimer Ludwigsplatz

spaghetteria-regensburg.de. Italienische Köstlichkeiten – ›Nudelabenteuer‹, Pizze, Dolci – in einer einstigen Kapelle.

Spitalgarten, St. Katharinenplatz 1, Regensburg, Tel. 09 41/84 7 74, www.spital garten.de. Beim Blick vom schönen Biergarten auf Regensburgs Altstadt am gegenüberliegenden Donauufer schmecken Helles und Sulz gleich noch besser.

▶ **Reisefilm Regensburg**
QR–Code scannen [s. S. 5] oder dem Link folgen: www.adac.de/rf0114

27　Kelheim

Klein-Griechenland am Zusammenfluss von Altmühl und Donau.

Von den Anhöhen des Donautals umgeben, erstreckt sich Kelheim (15 000 Einw.) auf einer von Donau und Altmühl umflossenen Landzunge. Über der Stadt erhebt sich auf dem Michelsberg die Befreiungshalle.

Geschichte　Im 11. und 12. Jh. war Kelheim von einiger strategischer Bedeutung, querten hier doch zwei Brücken Altmühl und Donau in Richtung Regensburg. 1181 verlieh Herzog Otto I. der hiesigen Siedlung das Stadtrecht. Doch obwohl die Wittelsbacher sie nach Kräften förderten, gegen die nicht einmal 30 km entfernte und ungleich erfolgreichere

Freie Reichsstadt Regensburg kam die Stadt nicht an. So blieb Kelheim ein relativ bescheidener Handelsort. Ein Übriges tat die Verlagerung der europäischen Fernhandelswege, die auch Regensburg seit dem 15. Jh. sehr belastete.

Als König Ludwig I. 1825 den Bau einer Wasserstraße von Bamberg am Main nach Kelheim an der Donau befahl, schien die wirtschaftliche Gesundung nah. Allerdings zog der 1846 eröffnete Ludwigskanal bis zu seiner Schließung 1950 nie den erhofften Schiffsverkehr an. Seit 1992 ersetzt ihn der weitaus leistungsfähigere Main-Donau-Kanal, die viel befahrene Bundeswasserstraße zwischen Kelheim und Bamberg.

Besichtigung　Kelheims Altstadt ist noch von Teilen der Stadtbefestigung aus dem 13. und 14. Jh., vor allem aber von Wasser umgeben, nämlich von der Donau, von der zum Kanal ausgebauten Altmühl und vom Kanalhafen. Als Hauptachse durchzieht die platzartige **Ludwigstraße** die Altstadt. Flankiert von stilvollen Häusern des 17.–19. Jh. ist sie Treffpunkt für Jung und Alt. An ihrem östlichen Ende steht seit 1863 ein marmorner **König Ludwig I.** im Krönungsornat auf einem Sockel, in der Hand den Plan für die Befreiungshalle. Es scheint fast, als wolle er sich so von dem kubischen Warenhaus rechts vor ihm ablenken.

Die nahe **Stadtpfarrkirche Mariä Himmelfahrt** stammt, von einigen älteren gotischen Elementen am Chor abgesehen, aus dem 19. Jh. Unter den Kunstwerken im Inneren ragen eine Figurengruppe mit der Marienkrönung und die spät-

An eine Felswand am Donauufer drängen sich die Gebäude von Kloster Weltenburg

gotischen, farbig gefassten Reliefs von Christi Geburt und dem Marientod hervor. Beide befinden sich am aus Kelheimer Marmor gearbeiteten Hochaltar.

Südlich der Ludwigstraße betreibt die Familie Schneider die älteste Weißbierbrauerei Bayerns, das **Weiße Bräuhaus** (Emil-Ott-Str. 1–5, Tel. 094 41/70 50, www.schneider-weisse.de, Brauereiführungen mit Anmeldung Di, Mai–Okt. auch Do 14 Uhr). Die Schneider-Weiße sowie der kräftige Aventinus sind Bier-Klassiker, die man sich am Ende des Stadtrundgangs ruhig gönnen sollte.

Wo einst eine Brücke die Donau überquerte, steht seit Mitte des 13. Jh. die **Spitalkirche St. Johannes** (Alter Markt). Herzog Otto II. ließ sie zum Andenken an seinen Vater Ludwig errichten, der 1231 in Kelheim ermordet worden war. Da die Donau ihren Lauf seit dem Mittelalter um etwa 200 m nach Süden verschob, steht die Kirche mittlerweile nicht mehr am Wasser. Aus der Ursprungszeit stammt lediglich das romanische Portal an der Nordseite. Wunderbar sind die Stuckaturen aus der Zeit um 1600 im Chor. Dieser bildet den angemessenen Rahmen für den spätbarocken Hochaltar, den Andreas Dorn 1713 schuf. Die Holzdecke der Kirche zieren Engelsköpfe und Blüten.

Im Herzogskasten, einem Speicherbau aus dem späten 15. Jh. am westlichen Rand der Altstadt, ist das **Archäologische Museum** (Lederergasse 11, Tel. 094 41/104 09, www.archaeologisches-museum-kelheim.de, Ende März–Anf. Nov. Di–So

10–17 Uhr) untergebracht. Es dokumentiert die Besiedlung des Altmühltals seit der Altsteinzeit. Unter dem Titel ›Kelheim – Stadt am Fluss‹ illustriert es zudem, wie die Lage zwischen Donau und Altmühl das Leben der Kelheimer prägte.

Wer Musikliebhaber ist – oder auf dem Fußweg zur Befreiungshalle kurz verschnaufen möchte – sollte das **Orgelmuseum** (Am Kirchensteig 4, Tel. 094 41/55 08, www.orgelmuseum-kelheim.de, April–Okt. Di–So 14–17 Uhr, Orgelkonzertino mit Führung Do 20 Uhr) in der ehemaligen Franziskaner-Klosterkirche besuchen. Hier sind mehrere historische Orgeln spielbar und aufeinander abgestimmt aufgestellt.

Vom Kloster aus führt ein steiler Steig den Michelsberg hinauf zur **Befreiungshalle** (Befreiungshallestr. 3, Tel. 099 41/682 07 10, www.schloesser.bayern.de, Mitte März–Okt. tgl. 9–18, Nov.–Mitte März tgl. 9–16 Uhr). Der monumentale Rundbau erinnert an die siegreichen Schlachten gegen Napoleon und will zugleich Mahnmal für die Einheit Deutschlands sein. Für Auftraggeber König Ludwig I. mischte Baumeister Leo von Klenze den klassizistischen Stil mit den Attributen einer mittelalterlichen Trutzburg. Die 18 Strebepfeiler an der Außenwand verweisen auf die Daten der Siege über Napoleon in der Völkerschlacht von Leipzig (18.10.1813) und bei Waterloo (18.6.1815), die Kolossalstatuen auf den Pfeilern symbolisieren die deutschen Volksstämme. Im Innenraum reichen sich 34 von Ludwig Schwanthaler geschaffene Siegesgöttinnen aus weißem Marmor die Hände. Sie stehen für die 34 Staaten des 1815 gegründeten Deutschen Bundes.

Unterhalb der Befreiungshalle legen Ausflugsschiffe (Tel. 09441/5858, www. schiffahrt-kelheim.de, April–Okt., Fahrtzeit ca. 40 Min) zum Kloster Weltenburg ab. Unterwegs passieren sie den spektakulären **Donaudurchbruch**. Nur 70 m ist die Donau hier breit, teils 100 m ragen die weißen Jurakalkfelsen beiderseits des Wassers empor, effektvoll akzentuiert von dichtem Mischwald.

Wenn das Schiff schließlich in **Kloster Weltenburg** (Asamstr. 32, Führungen über das Gästehaus St. Georg, Tel. 09441/6757536, www.kloster-weltenburg.de) anlegt, kann man sich tatsächlich der Vorstellung hingeben, die Landschaft habe sich seit Jahrtausenden nicht verändert. Keine Straße, kein Haus, kein Stromkabel stört den Ausblick, wenn man vom Kiesstrand die träge dahinfließende Donau hinunterblickt. Ohne die Erhabenheit der Szenerie ließe sich aber auch kaum erklären, warum an diesem stets vom Hochwasser bedrohten Ort zwei iroschottische Mönche um das Jahr 620 ein Kloster, das älteste Bayerns, gründeten.

Eine der größten Blütezeiten des Klosters begann in der ersten Hälfte des 18. Jh. Damals erhielten die Brüder Egid Quirin und Cosmas Damian Asam den Auftrag zum Neubau der Kirche **St. Georg** (tgl. 9 Uhr – Einbruch der Dunkelheit). Sie schufen ein barockes Juwel, das seinesgleichen sucht. Unbestrittener Blickfang im Hauptraum ist die Reiterfigur des hl. Georgs auf dem Hochaltar. Der Drachentöter reitet in triumphierender Haltung aus dem hellen, flutenden Licht des Chors auf den Betrachter zu, dem Drachen gebietet er allein mit der Spitze seines Flammenschwertes Einhalt. Auf dem *Deckenfresko* sind die Krönung Mariens sowie die Aufnahme des hl. Georgs in den Himmel wiedergegeben.

Wer tiefer einsteigen möchte in die Geschichte des Klosters und die Kunst des Bierbrauens, besucht das **Informations- und Besucherzentrum im historischen Felsenkeller** (März–Okt. tgl. 10–18 Uhr, Nov.–Feb. auf Anfrage). Erholung nach all dem Kulturgenuss bietet die **Klosterschenke** (Tel. 09441/67570, www. klosterschenke-weltenburg.de).

ℹ Praktische Hinweise

Information

Tourist-Information der Stadt Kelheim, Ludwigsplatz 1, 93309 Kelheim, Tel. 09441/701234, www.kelheim.de

Hotels

Altstadtpension Dietz , Ludwigsplatz 11, Kelheim, Tel. 09441/2444, www.altstadtpension-dietz.de. Romantisch, preiswert und zentral gelegen.

Gästehaus St. Georg, Benediktinerabtei Weltenburg, Tel. 09441/6757536, www.kloster-weltenburg.de. Einfache Zimmer inmitten grandioser Natur.

Restaurant

Weißes Brauhaus zu Kelheim, Emil-Ott-Str. 3, Kelheim, Tel. 09441/3480, www. weisses-brauhaus-kelheim.de. Weißbier-Institution (Jan.–März Mo/Di geschl.).

Cosmas Damian Asam verewigte sich im Gewölbe der Weltenburger Klosterkirche St. Georg

Oberpfälzer Wald – ostbayerisches Idyll

Wer Stille sucht und Abgeschiedenheit, ist im Oberpfälzer Wald richtig. Das **Waldnaabtal** steht für Naturschönheit zwischen mittelalterlichen Burgen. Im **Steinwald** haben Wasser und Wind natürliche Kunstwerke aus dem Gestein geschnitten. Rund um **Tirschenreuth** prägen Tausende von Fischteichen das Landschaftsbild. Badefreuden warten im **Oberpfälzer Seenland** um Wackersdorf, und wer gemütlich Shoppen will, ist in **Weiden** richtig. Eines der Hauptwerke des bayerischen Barocks schließlich erwartet Besucher mit dem ebenso feinsinnigen wie prächtigen Bibliothekssaal des **Klosters Waldsassen**.

28 Oberviechtach

Landstädtchen und weite Bergfried-Sicht.

Oberviechtach (5000 Einw.) liegt eingebettet in die sanfte Hügellandschaft des Oberpfälzer Waldes. Malerische Bachläufe durchziehen die Gegend, fließen durch dichte Kiefernwälder und vorbei an trutzigen Burgen.

Die um 1130 erstmals erwähnte Siedlung hatte wie die anderen Marktflecken zwischen Naab und tschechischer Grenze schwer unter den Verheerungen der Hussitenkriege und des Dreißigjährigen Krieges zu leiden. Einen gewissen Aufschwung erlebte der Ort ab 1904, als die Bahnstrecke nach Nabburg öffnete. Wegen der Nähe zum Eisernen Vorhang avancierte Oberviechtach 1961 zur Garnisonsstadt der Bundeswehr. Auch nach dem Ende des Kalten Krieges blieb die Kaserne, bis heute mit Standortverwaltung, mit etwa 1000 Soldaten bestehen.

Den schmucken Marktplatz überragt die katholische Pfarrkirche **St. Johannes der Täufer**. Ihre Rokoko-Ausstattung von 1776 zeichnet sich durch besondere Qualität aus. Sowohl das von vergoldetem Stuckwerk gerahmte Deckenfresko im Langhaus als auch das Hauptaltarblatt des Altars haben die Taufe Christi zum Thema.

Die Burgruine Haus Murach bei Oberviechtach wacht seit dem 12. Jh. über das Tal der Murach

Wo einst die Bürger Schönsees ihr Bier brauten, residiert heute das Centrum Bavaria Bohemia

Jenseits der Kirche erinnert in der ehemaligen Marktmühle das **Dr. Eisenbarth- und Stadtmuseum** (Mühlweg 7, Tel. 09671/646611, Mai-Okt. Di/Do 10–12 und 14–16, So 14–17 Uhr) an den Wanderarzt Johann Andreas Eisenbarth (1663–1727), den prominentesten Sohn der Stadt. Mit seinem Gefolge aus Musikern und Gauklern zog er von Stadt zu Stadt, um auf den Marktplätzen öffentlich Kranke zu behandeln. Überdies sind Werkzeuge der Goldwäscher zu sehen, die seit dem 14. Jh. in den Bächen der Umgebung nach dem Edelmetall suchten.

Auch ein Burgmodell wird im Museum gezeigt, dessen Original man ganz in der Nähe besuchen kann: Weithin sichtbar krönt der 20 m hohe Bergfried von **Haus Murach** (Obermurach, 3 km südwestlich von Oberviechtach, Schlüssel beim Burgwart in Obermurach 58, Tel. 09671/2284) eine Anhöhe über dem Tal der Murach. Seit dem 12. Jh. diente die Burg dem Schutz der Handelsrouten und war regionales Zentrum für Verwaltung, Militär und Gerichtsbarkeit, sie.

ℹ Praktische Hinweise

Tourist-Information Oberviechtach,
Nabburger Str. 2 , 92526 Oberviechtach,
Tel. 09671/30716, www.oberviechtach.de

Hotel

Gasthof Pension Hammerschänke,
Lukahammer 9, Oberviechtach,
Tel. 09677/330, www.pension-hammer schaenke.de. Pensionszimmer und Ferienwohnungen, rustikal und modern.

29 Schönsee

Stille Wälder und romantische Burgen.

Dicht bewaldete Höhenzüge rahmen die 2600-Einwohner-Gemeinde Schönsee nahe der Grenze zu Tschechien. Eine besonders verdienstvolle Einrichtung ist hier das **Centrum Bavaria Bohemia** (Freyung 1, Tel. 09674/924877, www.bbkult.net, Mo–Fr 9–16, Sa 10–11.30, Do 14–17 Uhr) im ehemaligen Kommunbräuhaus. Als ›Kulturdrehscheibe‹ informiert es über Veranstaltungen und Ausstellungen auf der deutschen und auf der tschechischen Seite der Grenze. So sollen die Beziehungen zwischen den Nachbarregionen vertieft werden. Symbol des Kultur-

Die Dr. Eisenbarth-Festspiele erinnern an das Leben des berühmtesten Oberviechtachers

Aus einem einzigen Granitblock wurde der Doppelte Nepomuk bei Schönsee geschlagen

zentrums ist der ›Doppelte Nepomuk‹. Diese außergewöhnliche Skulptur am Ortsausgang von Schönsee in Richtung Gaisthal zeigt den böhmischen Nationalheiligen zweimal – so sieht er sowohl gen Osten, nach Böhmen, als auch gen Westen, ins Bayerische.

i Praktische Hinweise

Hotel

Landhotel Zum Holzschnitzer, Frauensteinstr. 4, Gaisthal-Schönsee, Tel. 09674/ 268, www.landhotel-zum-holzschnitzer. de. Familiäres Hotel, dessen Besitzerin bayrisch-böhmisch-österreichisch kocht.

Über die Ruine Reichenstein zum Böhmerwaldturm

Von der Kirche in Stadlern (7 km ab Schönsee) führt ein Wanderweg (Teilstück des **Nurtschwegs**, Markierung gelb-rot-gelb, einfach 3,2 km) zur tief im Wald verborgenen, bis auf den Stumpf ihres Bergfrieds verfallenen Burgruine Reichenstein aus dem 11. Jh. Anschließend geht es hinauf zum **Weingartnerfels** (896 m), auf dessen bewaldetem Gipfel sich der Böhmerwaldturm erhebt. Von seiner Aussichtsplattform aus bietet sich eine weite Rundumsicht.

30 Oberpfälzer Seenland

Badespaß inmitten weiter Wälder

Relativ flach und von ausgedehnten Kiefernwäldern überzogen präsentiert sich das Oberpfälzer Seenland rund um Wackersdorf. Dieser Ort machte in den 1980er-Jahren bundesweit Schlagzeilen durch die hier geplante Wiederaufbereitungsanlage (WAA) für Kernbrennstäbe und die massiven Proteste gegen dieses Projekt. Seit die bayerische Staatsregierung das Vorhaben 1989 stoppte, ist wieder Ruhe eingekehrt in der Region.

Die vielen Seen, die Wackersdorf und Schwandorf in einem weiten Halbkreis gen Osten umgeben, entstanden als Tagebaugruben, aus denen bis in die 1980er-Jahre Braunkohle und Kies gefördert wurden. Nach ihrer Stilllegung erschloss man sie für die Allgemeinheit.

Nördlich von Wackersdorf eröffnet der **Murner See** den Reigen. Hier gibt es am *Theatron* (Sonnenriederstr. 1, Wackersdorf, www.theatron-kult.de), einer kleinen Naturbühne am See, einen weißsandigen Badestrand und Beachvolleyballfelder. Wer vor oder nach dem Bad Lust auf eine motorisierte Wettfahrt hat, kommt auf der **Kartbahn** (Industriestr. 8, Wackersdorf, Tel. 09431/75520, www.prokart-race land.com, sommers tgl. ab 9, sonst Mo–Fr ab 11, Sa/So ab 9 Uhr) an der Anfahrtsstraße zum See auf seine Kosten.

Unmittelbar im Süden, nur durch eine schmale Landbrücke vom Murner See getrennt, erstreckt sich der bis zu 60 m tiefe **Brückelsee**. Auf ihm ziehen Surfer und Segler ihre Kreise.

Auch der **Steinberger See** (ca. 2 km ab A 93, Ausfahrt Schwandorf Süd), mit knapp 2 km² der größte See der Oberpfalz, ist bei Surfern beliebt. Bei *Wild Wake & Ski* (Steinberg am See, In der Oder 1, Tel. 09431/790380, www.wild wakeski.de, geöffnet im April und Sept– Mitte Okt. am Wochenende, im Sommer auch an Wochentagen, genaue Öffnungszeiten siehe Homepage) kann man sich auf Wasserskiern an einer Seilbahn über den See ziehen lassen. Weiter in Richtung Steinberg liegen eine schöne *Badestelle* und ein *Bootsverleih* (Seetreff Müller, Pfreimd, Tel. 09431/742299, www.bootsverleih-steinberg.de, Mai– Sept. Mo–Fr 13–20, Sa/So 10–20, April/Okt. Fr–So 13–20 Uhr) am See.

Ausnehmend idyllisch ist schließlich der 8 km lange **Hammersee** bei Bodenwöhr (15 km östlich von Wackersdorf, B 85). Gegenüber des Ortes reicht der Wald unmittelbar ans Ufer. Der Badeplatz (Ludwigsheide/Am Seewinkl) bietet besonders Familien unbeschwertes Badevergnügen. Gleiches gilt für den **Klausensee** (Klause 1, 2 km südlich von Schwandorf an der B 15). Hier lädt ein Freibad mit schönem Sandstrand zum Verweilen.

Auch ein Abstecher nach **Schwandorf** lohnt, etwa um die *Felsenkeller* (www.felsenkeller-labyrinth.de) zu besichtigen. Mehr als 130 Kammern schlugen die Menschen seit dem frühen 16. Jh. hier in den Schwandorfer Berg hinein, um Bier während des Gärungsprozesses zu lagern. Noch im 19. Jh. wurden die Keller erweitert.

Unter Schwandorf erstreckt sich ein Gängesystem, in dem einst Bier gelagert wurde

 Praktische Hinweise

Information

Tourismusbüro Schwandorf, Pfleghof, Kirchengasse 1, 92421 Schwandorf, Tel. 094 31/455 50, www.schwandorf.de/tourismus

Zweckverband Oberpfälzer Seenland, Fronberger Str. 33, 92421 Schwandorf, Tel. 094 31/75 93 40, www.oberpfaelzer-seenland.de

Sport

Segel- und Bootsfahrschule Steinberg, Oder 2, Steinberg am See, Tel. 094 31/562 95, www.segelschule-steinberg.de.

Führer- und Funkscheine. Landratten bleiben meist im Restaurant Seeblick.

Hotels

****Landhotel Birkenhof**, Hofenstetten 55, Neunburg vorm Wald, Tel. 094 39/95 00, www.landhotel-birkenhof.de. Eines der besten Hotels der Region, der Küchenchef des Restaurants Eisvogel erkochte sich einen Michelin-Stern.

***Hotel Fenzl**, Nittenauer Str. 7, Steinberg am See, Tel. 094 31/503 26, www.hotelgasthof-fenzl.de. Sowohl die tradi-

Nur wenige Meter festen Landes trennen den Murner See (links) vom Brückelsee

tionelle bayerische Küche als auch die soliden Gästezimmer überzeugen.

*****Hotel Grabinger**, Büchelkühner Str. 11, Büchelkühn (5 km südlich von Schwandorf), Tel. 09431/7330, www.hotel-grabinger.de. Ruhiges Urlaubshotel mit freundlichem Wellness-Bereich.

Restaurant

Hufschmiede, Breitestr. 25, Schwandorf, Tel. 09431/996166, www.hufschmiede-sad.de. Atmosphäre, Wein und italienisch inspirierte Gerichte (ab 18 Uhr).

▶ **Reisefilm Schwandorf**
QR-Code scannen [s. S. 5] oder dem Link folgen: www.adac.de/rf0115

Auf einstigen Bahntrassen nach Böhmen

In Nabburg beginnt der **Bayerisch-Böhmische Freundschafts-Radweg** (97 km). Auf den ersten 50 km bleiben dem Radler allzu anstrengende Anstiege erspart, verläuft die Strecke doch auf einer stillgelegten Bahnstrecke. Unterwegs passiert man die malerische Burg Haus Murach [s. S. 109] und das beschauliche Oberviechtach. Ab Schönsee wird es bis zum Grenzübergang in Schwarzach/Rybnik anstrengender.

Auch auf tschechischer Seite bleibt der als Nr. 2141 gekennzeichnete Fahrradweg anspruchsvoll, bis er über Vlkanov in **Horšovský Týn** sein Ziel erreicht. Hier lohnt das imposante Renaissance-Schloss (www.horsovsky-tyn.cz, Juni–Aug. Di–So 9–17, Mai/Sept. Di–So 9–16, April/Okt. Sa/So 9–16 Uhr) der Grafen von Lobkowitz einen Besuch. Zurück kommt man bequem mit der Bahn (ab Horšovsky Týn über Stankov und Domažlice nach Furth im Wald, Radmitnahme in Regionalzügen möglich, halbe Stunde vor Abfahrt am Bahnhof sein, da Fahrräder im Gepäckwagen transportiert werden).

Wer den Abstecher nach Böhmen nicht machen will, kann ab Schönsee auch in einem 70 km langen Südbogen über Waldmünchen und Neunburg vorm Wald auf dem Schwarzachtal-Radweg [s. S. 91] ins Naabtal zurückkehren.

Mittelalterliche Gassen über der Naab.

Gut 45 m über der Naab thront das fast 1100 Jahre alte **Nabburg** (6000 Einw.) mit seinen mittelalterlichen Gassen und weitgehend intakten Wehrmauern.

Aus Südwesten kommend, betritt man die Altstadt auf steil ansteigender Straße durch das Mähntor, einen viergeschossigen Sattelturm. Anschließend passiert man das **Schmidt-Haus** (Oberer Markt 4, Tel. 09433/202966, www.schmidt-haus.com). Der Maler Karl Schmidt (1891–1971) verzierte es 1930 mit originellem Sgraffito und der Aufforderung *Carpe Diem*, Nutze den Tag. Regelmäßig finden hier Ausstellungen und Konzerte statt, etwa die Schmidtsommernächte im August.

Vorbei an den für Nabburg typischen, dem Markt ihre Giebelseite zuwendenden Bürgerhäusern geht es hinauf zum **Oberen Markt**. Hier grüßt keck der Uhrturm des Rathauses, der wie die Renaissanceloggia im 16. Jh. an den Ursprungsbau von 1417 angefügt wurde.

Aus dem Ensemble alter Häuser ragt am höchsten Punkt Nabburgs die gotische Pfarrkirche **St. Johann Baptist** hervor. Die dreischiffige Basilika stammt aus der ersten Hälfte des 14. Jh. Dass sie zwei Chöre besitzt, rührt möglicherweise vom Vorbild St. Emmeram in Regensburg. Im 19. Jh. wurde ein Großteil des zwischenzeitlich eingefügten barocken Zierrats durch neogotische Ausstattung ersetzt. Älteren Datums ist die Kanzel von 1526, auch die barocke Figurengruppe um den hl. Florian über dem Südaltar überstand die Baumaßnahmen jener Zeit.

Der Zehentstadel von 1546 diente als Lager für die Abgaben, die die Bauern zu entrichten hatten. Inzwischen ist er Heimat des **Stadtmuseums** (Obertor 3a, Tel. 09433/204639, www.vg-nabburg.de, April–Okt. Di–So 14–17, Nov.–März Fr–So 14–17 Uhr). Von der Steinzeit, als die ersten Menschen das Naabtal durchstreiften, bis in die Gegenwart reicht das Spektrum der Ausstellung.

Links vom Obertor beginnt das Areal des **Pflegschlosses** (Obertor 12, heute Vermessungsamt), dessen Zugang das Kirchlein *St. Laurentius* bewacht. In der einstigen Burgkapelle versammelt sich Nabburgs evangelische Gemeinde. Der trutzige, gar nicht schlossartige Bau des Pflegschlosses selbst ersetzte im 16. Jh. die

Die Altstadt von Nabburg hat ihren mittelalterlichen Charme bis heute erhalten

Naab-Burg an gleicher Stelle, der das Städtchen seinen Namen verdankt.

Etwa 3 km naabaufwärts erreicht man den ersten von zwei Standorten des **Oberpfälzer Freilandmuseum Neusath-Perschen** (Tel. 09433/244 20, www.freilandmuseum.org).

Unmittelbar an der Naab befindet sich das **Bauernmuseum Perschen** (Perschen 13, Mitte März–Anf. Nov. Di–So 13–18 Uhr) im Edelmannshof, einer dreiseitigen Pfarrhofanlage aus dem frühen 17. Jh. Zu sehen gibt es historische Landmaschinen, die Innenräume sind mit alten Bauernmöbeln eingerichtet. Neben dem Edelmannshof erhebt sich die Kirche *St. Peter und Paul*. Um die Wende zum 9. Jh. gründete sie der hl. Emmeram von Regensburg aus. Der heutige Bau im Stil der späten Romanik entstand um 1220, Wandmalereien aus jener Zeit haben sich im Südchor erhalten.

3 km entfernt, in den Hügeln östlich der Naab, liegt das **Oberpfälzer Freilandmuseum Neusath** (Neusath 200, 22. März–2. Nov. Di–So 10–18 Uhr). In parkähnlicher Landschaft sind hier die traditionellen Hausformen der Oberpfalz versammelt, vom Fachwerkhaus aus dem Stiftland über die hölzernen Blockhäuser aus dem Oberen Bayerischen Wald bis zu den schmucklos-wuchtigen Höfen, wie sie für die Dörfer entlang der Naab typisch sind. Überdies leben hier alte Haustierrassen, dazu gibt es ein uriges Wirtshaus an einem malerischen Bachlauf.

Die Fahrt von Perschen nach Neusath führt vorbei am **Freibad Perschen** (Neusather Str. 20, Tel. 09433/63 86, Mai–Sept. tgl. 9–20 Uhr). Mit seinen Sprungtürmen, 50-m-Wasserrutsche, Schwimmer- und Kinderplanschbecken ist es an warmen Sommertage ideal für eine erfrischende Abkühlung.

Gut 25 km westlich von Nabburg erhebt sich bei Hirschau der strahlend weiße **Monte Kaolino** (Wolfgang-Droßbach-Str. 114, Tel. 096 22/815 02, www.montekaolino.eu). Der 120 m hohe Berg besteht aus gut 35 Mio. Tonnen Quarzsand, einem Abfallprodukt der Kaolinerzeugung. Seine feinkörnige Konsistenz ähnelt der von Schnee, so lockt er im Sommer Snowboarder zu schwungvollen Abfahrten. Ähnlich rasant ist auch die Fahrt mit dem *Monte Coaster*, der Sommerrodelbahn am Berg. An seinem Fuß erstreckt sich das *Dünenfreibad* mit Riesenrutsche, außerdem sorgt ein *Waldhochseilgarten* für Adrenalinschübe.

Praktische Hinweise

Information

Tourismuszentrum Oberpfälzer Wald/ Landkreis Schwandorf, Obertor 14, 92507 Nabburg, Tel. 094 33/20 38 10, www.oberpfaelzerwald.de

Hotel

TOP TIPP ******Burg Wernberg**, Schlossberg 10, Wernberg-Köblitz (14 km nördlich von Nabburg), Tel. 096 04/ 93 90, www.burg-wernberg.de. In einer vorbildlich sanierten Burg laden traumhafte Suiten zum stilvollen Übernachten. Auch die Restaurants sind ausgezeichnet.

Restaurants

Alter Pfarrhof, Schlossbergweg 3, Wernberg-Köblitz, Tel. 096 04/93 27 14 0, www.alterpfarrhof.de. Köstliche Salate und feine Nudelgerichte, am Sonntag gibt's Schweinebraten. Mit Weinkeller. Gästezimmer im Haus (Mo geschl.).

Gasthof zum Stern, Oberer Markt 6, Nabburg, Tel. 09433/9628, www.gasthof-zum-stern-nab.de. Regionale Küche. Im Sommer lockt der Biergarten mit seiner schönen Aussicht über das Naabtal.

32 Weiden in der Oberpfalz

Regerstadt, Porzellanstadt und Stadt mit Flair.

Schon von Ferne weisen die Kirchtürme von St. Michael und St. Josef den Weg nach Weiden (42000 Einw.). Die Stadt im weiten Tal der Waldnaab ist das Einkaufszentrum der nördlichen Oberpfalz und verfügt über eine anziehende Altstadt. Zudem ist Weiden ein guter Ausgangspunkt für Ausflüge in die Umgebung.

Geschichte Das im Jahr 1241 erstmals urkundlich erwähnte Weiden erlebte seine Blütezeit im 15. und 16. Jh., als die *Goldene Straße* von Nürnberg nach Prag einen steten Strom an Handlungsreisenden durch die Stadt führte. Zu jener Zeit sorgte auch der Eisenhandel für Wohlstand. Doch als während des Dreißigjährigen Krieges Schweden Weiden brandschatzten und anschließend die Pest die Stadt heimsuchte, begann ein Jahrhunderte langer Niedergang.

Erst der Anschluss an das Eisenbahnnetz im Jahr 1863 sorgte für neuen Wirtschaftsaufschwung. Seither exportieren die hier ansässigen Porzellanfabriken Seltmann und Bauscher ihre Produkte in alle Welt. Mit Ende des Zweiten Weltkriegs strömten etwa 12000 Flüchtlinge und Vertriebene in die Stadt, was ihre Einwohnerzahl um gut ein Drittel steigen ließ. Als ähnlich bedeutend erwies sich die Öffnung des Eisernen Vorhangs im Jahr 1989, die Weiden aus seiner Randlage befreite. Deshalb hört man heute in den Straßen der Stadt auch immer öfter Gespräche in tschechischer Sprache.

Besichtigung Zentrum der Altstadt ist der lang gestreckte Marktplatz. Ihn teilt das Alte Rathaus in den westlichen **Oberen Markt ❶** und den östlichen **Unteren Markt ❷**. Jeden Mittwoch und Samstag bieten hier auf dem *Wochenmarkt* (7–12.30 Uhr) die Bauern der Umgebung ihre Erzeugnisse feil. Auch sonst herrscht reges Treiben, bezogen doch Cafés und Restaurants viele der mit Renaissance- und Barockelementen verzierten Häuser rund um den Markt. Teils stammen die Gebäude aus der Zeit nach dem großen Brand von 1536, teils aus dem 17. Jh. Hinter ihren Durchfahrten verbergen sich oft Innenhöfe oder ehemalige Stallungen. Gut nachvollziehen lässt sich diese Baustruktur beim Durchqueren des *Bräuwirts* (Unterer Markt 9), eines Gasthauses am Unteren Markt.

Das **Alte Rathaus ❸** entstand bis 1545 auf den Ruinen des abgebrannten Vorgängerbaus. Zum Oberen Markt hin ziert den Giebel über dem Haupteingang ein Mosaik von 1937. Es zeigt König Konrad IV. bei der Unterzeichnung jener Urkunde, in der Weiden erstmals erwähnt wurde. Dem Unteren Markt ist der Pranger mit dem in die Rathausmauer eingelassenen Halseisen zugewandt – der letzte Übeltäter wurde hier im Jahr 1805 zur Schau gestellt. Darüber erhebt sich ein Glockenturm. In den beiden sich kreuzenden Passagen im Erdgeschoss des Rathauses bieten Geschäfte ihre Waren feil, ganz wie im 16. Jh.

Von Burg zu Burg durch den Oberpfälzer Wald

Zwei der schönsten Burgen des Oberpfälzer Waldes – die eine zur imposanten Ruine verfallen, die andere prachtvoll restauriert – verbindet der **Leuchtenbergweg** (Zielweg, 12 km, ca. 3 h). An der *Wernberger Kirche* unterhalb der Burg Wernberg [s. S. 113] beginnt die Wanderung. Bevor man sie antritt, lohnt ein Abstecher hinauf zur zum Luxushotel mit Michelinstern-dekoriertem Restaurant ausgebauten Festung. Anschließend geht es durch Fichtenwald und vorbei an einer kleinen Kapelle über den Höhenzug östlich des Naabtales. Wo der Wanderweg den Wald wieder verlässt, bietet sich ein herrlicher Blick auf die Burgruine Leuchtenberg. Über Glaubendorf geht es nun hinunter ins malerische Luhetal, und nach einem kurzen, aber knackigen Anstieg ist schließlich *Leuchtenberg* erreicht (Rückfahrt mit Taxi oder Bus über Weiden, dort Bahnanschluss).

Gäste des Café Brunner blicken über Weidens Oberen Murkt zum Alten Rathaus

Am Nordostende beschließt das **Untere Tor**, das seine heutige Form gegen Ende des Dreißigjährigen Krieges erhielt, den Marktplatz. Auf dem **Schlörplatz** ④ ›draußen‹ vor dem Tor erinnert eine Büste an Gustav von Schlör (1820–1883). Als Landtagsabgeordneter und Direktor der Ostbahngesellschaft hatte er den Anschluss Weidens ans bayerische Eisenbahnnetz ermöglicht.

Hält man sich links, ist rasch der *Waldsassener Kasten* erreicht. Der prächtigste Barockbau der Stadt diente seit 1742 als Getreidespeicher des Klosters Waldsassen [Nr. 35] und kam nach der Säkularisation 1803 in den Besitz des Bayerischen Staates. Neben der Regionalbibliothek ist hier seit 1991 das **Internationale Keramikmuseum** ⑤ (Luitpoldstr. 25, Tel. 09 61/320 30, www.die-neue-sammlung.de, Di–So 10–12.30 und 14–16.30 Uhr) zu Hause. Von sumerischen Schrifttafeln über chinesisches Porzellan bis zu Erzeugnissen der traditionsreichen Weidener Unternehmen Bauscher und Seltmann reicht seine Ausstellung. Der benachbarte **Flurerturm** gehörte einst zur äußeren Vorstadtmauer.

Folgt man nun der Luitpoldstraße etwa 200 m in südwestlicher Richtung, kommt man zur katholischen Stadtpfarrkirche **St. Josef** ⑥ (www.weiden-st-josef.de, tgl. 8–18 Uhr). Ihr Bau wurde notwendig, als 1900 das Simultaneum, die gemeinsame Nutzung der Michaelskirche (s. u.) durch Protes-

tanten und Katholiken, nach 240 Jahren endete. Äußerlich ist die Kirche der Romanik verpflichtet, im Inneren überrascht sie jedoch mit einer formvollendeten Gestaltung im Jugendstil durch Franz Hofstötter (1871–1958). Eine wahre Augenweide ist der *Hochaltar*, dessen vergoldeter Retabelaufsatz einem mittelalterlichen Reliquienschrein gleicht. Von der Chorwand darüber blickt eine von Säulen flankierte Stuckfigur des Kirchenpa-

Einem Sternenhimmel gleicht das Deckengewölbe der Kirche St. Josef in Weiden

trons St. Josef herab. Über ihm ziert eine Darstellung der Heiligen Dreifaltigkeit die Apsiskalotte: Christus vor einem flammenden Kreuz, darüber Gottvater und die Taube als Symbol des Heiligen Geistes. Das Kirchenrund birgt noch viele weitere faszinierende Details, etwa die Stuckfiguren von David und Goliath, die Opferung Isaaks an der westlichen Langhauswand oder die mit blau-goldenem Mosaik verkleidete Taufkapelle unmittelbar links vom Hauptportal.

Kehrt man nun über die Schulgasse in die Altstadt zurück, steht man bald vor einem hoch aufragenden Renaissancebau aus dem Jahr 1566. In ihm sammelte die Almosenstiftung der Weidener Tuchmachergilde die Beiträge ihrer Mitglieder, später wurde hier Weidens Jugend unterrichtet. Seit 1979 dient dieses *Alte Schulhaus* der Stadt als *Kulturzentrum Hans Bauer*. Es beherbergt das **Stadtmuseum** ❼ (Schulgasse 3 a, Tel. 09 61/81 41 01, Mo–Fr 9–12 und 14–16.30 Uhr), das Einblick gibt in die Lebenswelten von Weidener Bürgern des 18. und 19. Jh. Breiten Raum nimmt auch die Volksfrömmigkeit ein. Besonderes stolz ist man auf die *Max-Reger-Sammlung*. Der berühmte Komponist (1873–1916) verbrachte seine Kindheit in Weiden und kehrte während einer Schaffenskrise 1898 in seine Heimatstadt zurück. Rasch fing er sich hier wieder und es entstanden einige seiner besten Stü-

cke. Nebenan zeigt die **Galerie im Alten Schulhaus** in Wechselausstellungen Werke einheimischer Künstler. Ebenfalls unter dem Dach des Weidener Kulturzentrums zeigt das **Tachauer Heimatmuseum** (Tel. 09 61/47 03 900, www.tachau.de, Mo–Fr 9–12 und 14–16 Uhr) seine Ausstellung über das Leben der Heimatvertriebenen aus dem vormaligen Kreis Tachau im südlichen Egerland vor ihrer Flucht.

Unmittelbar neben dem Kulturzentrum ragt der reich gegliederte Kirchturm mit Zwiebelhaube von **St. Michael** ❽ (www.weiden-stmichael.de, Mo–Fr 9–16 Uhr) empor. Er bildet mit den Türmen von St. Josef die Dominante in Weidens Stadtbild. Die heute barock geprägte Kirche aus dem 14. Jh. war 1653–1900 sowohl von Katholiken als auch von Protestanten genutzt worden. Unter dem Kreuzgratgewölbe des Kirchenschiffs sind einige besonders schöne Ausstattungsstücke zu bewundern. So erhebt auf dem Schalldeckel der Kanzel von 1787 der Erzengel Michael sein Schwert, auf seinem Schild liest man die Frage *Qui ut deus*, Wer ist wie Gott? Imposant ist auch der Hochaltar, den der Amberger Bildhauer Friedrich Wagner 1791 schuf. Ihn flankieren Petrus, dargestellt mit Lampe und Schlüssel, sowie der predigende Paulus. Das Altarbild zeigt die Geburt Christi.

Der Weg zurück zum Oberen Markt führt vorbei am ältesten Haus Weidens,

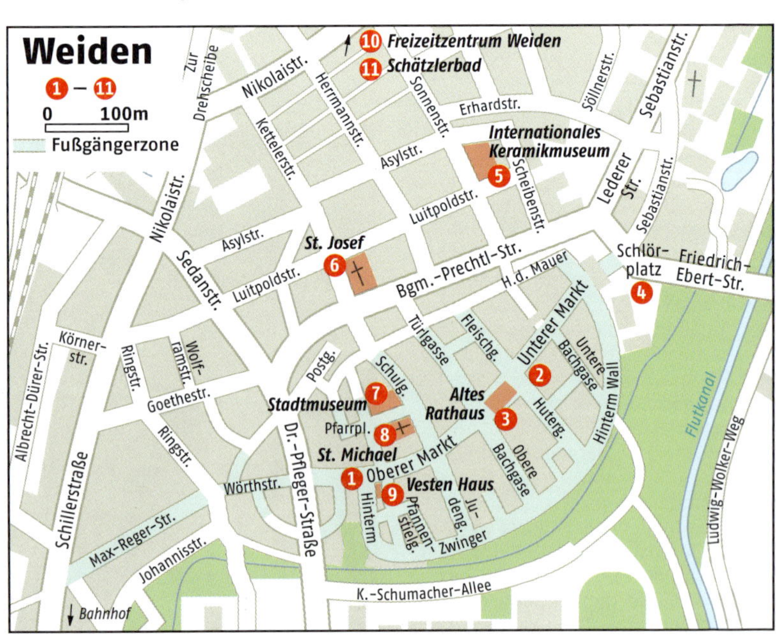

dem **Vesten Haus** 9, heute Sitz einer Apotheke. Es entstand 1406 als Sitz des Pflegers, der die Herzöge von Hohenstaufen in Weiden vertrat, und ist baulich mit dem **Oberen Tor** daneben verbunden. Dessen Vorgänger wurde 1911 abgerissen, weil es den Verkehr behinderte, und anschließend mit einer breiteren Durchfahrt wieder aufgebaut. Westlich des Tores kann man den Rundgang durch Weiden mit einem Bummel durch die *Max-Reger-Straße*, die Einkaufsmeile der Stadt, ausklingen lassen.

Vom Kopfsteinpflaster der Altstadt aufs Glatteis kann wechseln, wer das *Eisstadion Hans-Schröpf-Arena* (Mitte Sept.–Anf. April) im **Freizeitzentrum Weiden** 10 (Raiffeisenstr. 5–7, Tel. 09 61/67 13 22 25, www.freizeitzentrum-weiden.de) besucht. Nebenan befindet sich die *Weidener Thermenwelt* (Mo–Mi 9–21, Do–Sa 9–22, So 9–20 Uhr) mit Saunen und Riesenrutsche.

Im Sommer ist das **Schätzlerbad** 11 (Merklmooslohe 30, Tel. 09 61/333 04, www.svweiden21.de/schaetzlerbad, Mai–Mitte Sept. tgl. 8–19.30/20.30 Uhr) am Nordrand Weidens mit Schwimmbecken, Wellenbad und Badeweiher Ziel aller großen und kleinen Wasserratten.

TOP TIPP Burg Leuchtenberg

Südöstlich von Weiden thront über dem gleichnamigen Markt die Burgruine Leuchtenberg (Tel. 096 59/785, www.burgruine-leuchtenberg.de, April–Okt. Di–So 9.30–12 und 14–17 Uhr) auf einer Granitkuppe über dem Lerautal. Ihre ältesten Teile dürften auf das 12. Jh. zurückgehen. Ein ausgedehnter äußerer Hof umgibt die eigentliche Burg, gleich neben dem Tor erhebt sich die Burgkapelle. Ihre frühgotischen Lanzettfenster stammen wie der 24 m hohe Bergfried aus der zweiten Bauphase nach 1268.

Großer Andrang herrscht Mai–Aug., wenn im Burghof die **Leuchtenberger Burgfestspiele** (Landestheater Oberpfalz, Brauhausstr. 1, Leuchtenberg, Tel. 096 59/931 00, www.landestheater-oberpfalz.de) stattfinden. Zum Repertoire gehören Volksstücke, Klassiker, Komödien, Dramen, Musicals und Kinderstücke.

ℹ Praktische Hinweise

Information

Tourist-Information Weiden, Altes Rathaus, Oberer Markt 1, 92637 Weiden, Tel. 09 61/81 41 31, www.weiden-tourismus.info

Noch im Mittelalter überragte der Bergfried von Burg Leuchtenberg die Kapelle

Hotels

TOP TIPP *****Klassik Hotel am Tor**, Schlörplatz 1a, Weiden, Tel. 09 61/474 70, www.klassikhotel.de. Unmittelbar neben dem Unteren Tor wurde ein mittelalterliches Haus zum schmucken Hotel umfunktioniert.

Altstadt Hotel Bräuwirt, Türlstr. 10–14, Weiden, Tel. 09 61/388 18 00, www.altstadthotel-braeuwirt.de. Ansprechende Stilzimmer in einem modernen Hotel.

Restaurants

Altes Eichamt, Unterer Markt 23, Weiden, Tel. 09 61/442 42, www.alteseichamt.com. Gutbürgerliches in einem der schönsten Bürgerhäuser am Marktplatz.

Café Le Père, Unterer Markt 29, Weiden, Tel. 09 61/401 78 22. Unter Kristallleuchtern und in weichen Sesseln schmecken Kaffee und Kuchen noch einmal so gut.

Villa, Hinterm Zwinger 14, Weiden, Tel. 09 61/38 81 81 73, www.villa-weiden.de. Feine italienische Küche und gute Weine am Stadtpark.

TOP TIPP **Zoe**, Unterer Markt 35, Weiden, Tel. 09 61/41 97 11, www.zoe-restaurant.de. Einfallsreiche Küche von thailändisch inspirierter Steinofenpizza bis hin zu Spaghetti mit Saiblingsfilet.

▶ **Reisefilm Weiden**
QR-Code scannen [s. S. 5] oder dem Link folgen: www.adac.de/rf0116

Von Weiden zur Silberhütte

Die waldreiche Hügellandschaft im Osten Weidens erschließt der **Keplerpfad** (Markierung roter Pfeil auf weißem Grund, ab Wandertafel Ecke Weigel-/Dr. Pfleger-Straße, Zielweg, 23 km von Weiden hinauf zur Silberhütte. Der Wanderweg führt zunächst durch die Waldnaabaue, um anschließend die Osthänge des Waldnaabtals emporzusteigen. Ein kurzer Abstecher leitet zum **Doost** (mit dem Auto: kurzer Spaziergang ab Ritzlersreuth, ca. 10 km östlich von Weiden), einem von Findlingen und Granitfelsen übersäten Bachtal.

Über Floß geht es ins Tal des Gaisbaches unterhalb der Burgruine Flossenbürg. Hier ist der Bach zum Gaisweiher, einem idyllischen Badesee aufgestaut, an dem sich ein *Campingplatz* (www.gaisweiher-camping.de) befindet. Nun folgt der letzte, vergleichsweise steile Anstieg, an dessen Ende man mit dem **Schutzhaus Silberhütte** (Silberhütte 3, Bärnau, Tel. 09635/924782, www.silberhuette-baernau.de, Dez.–Okt. Di–So ab 11 Uhr) das Ziel dieser Tagestour erreicht. Zurück nach Weiden kann man auch mit dem RBO-Bus (Tel. 0961/4816825, Mo–Fr ca. 17, Sa/So ca. 16 Uhr) fahren.

33   Waldnaabtal

Natur, Burgen und ein zauberhaftes Flusstal.

Über die Jahrtausende grub die Waldnaab zwischen Windischeschenbach und Falkenberg einen romantischen Canyon in den Oberpfälzer Granit. Alte Laubwälder reichen hier bis an den Fluss, den oft nur ein schmaler Rad- oder Wanderweg begleitet. Und auch die Orte im Waldnaabtal lohnen einen Besuch.

Von Weiden aus ist **Neustadt an der Waldnaab** erste Station auf dem Weg nach Norden. Die Kreisstadt ist bekannt für das hier produzierte Bleikristall. Man kann es im Werksverkauf der *Fa. Nachtmann* (Zacharias-Frank-Str. 7, Tel. 09602/301176, www.nachtmann.com) erwerben.

Von 1562 bis zum frühen 19. Jh. war Neustadt im Besitz des Adelsgeschlechts von Lobkowitz. Dessen zwei Neustädter Residenzen dominieren den *Stadtplatz* auf einer Anhöhe zwischen den Tälern von Waldnaab und Floß.

An seinem oberen Ende erhebt sich das *Neue Schloss* (Stadtplatz 38, geöffnet wie Landratsamt Mo–Fr 8–12 Uhr; Di/Do 14–16 Uhr). Der Neustädter Baumeister Johann Leonhard Mayer orientierte sich am italienischen Barock, als er die Residenz ab 1684 für Fürst Ferdinand August von Lobkowitz erbaute. Das spitzgiebelige *Alte Schloss* (Stadtplatz 36, geöffnet wie Landratsamt, Mo–Fr 8–12 Uhr; Di/Do 14–16 Uhr) von 1543 vis-à-vis hat sich seit seiner Bauzeit kaum verändert und kann so als eines der besterhaltenen Gebäude der Spätgotik in Bayern gelten. Beachtung verdient insbesondere der protestantische Betsaal der Fürstin Augusta Sophie von Lobkowitz (1624–1682). Obwohl mit einem katholischen Lobkowitz verheiratet, blieb sie ihrem Glauben treu – eine für das 17. Jh. ungewöhnliche Entscheidung. Hinter dem Schloss steht die barocke, 1737 vollendete Stadtpfarrkirche *St. Georg*. Auch sie wurde von der fürstlichen Familie in Auftrag gegeben.

Die Geschichte der Lobkowitzer nimmt im *Stadtmuseum* (Stadtplatz 10, Tel. 09602/8929, www.neustadt-waldnaab.de, Di–Fr 10–12, 14–16, Sa/So 14–17 Uhr) neben der Pfarrkirche einigen Raum ein. Darüber hinaus zeigt es Produkte der hiesigen Bleikristallproduktion.

Den wohl schönsten Blick über das Waldnaabtal rund um Weiden hat man von der Wallfahrtskirche *St. Felix* (Felixallee 32, ca. 2 km ab Stadtplatz) auf der Anhöhe jenseits des Tals der Floß. Sie stammt aus dem 18. Jh. und verfügt über einen originellen, kleeblattförmigen Chor.

Nun mag der Kulturinteressierte noch einen Abstecher ins 5 km entfernte **Wilchenreuth** etwas abseits des Waldnaabtales machen. In diesem Weiler stößt man auf die romanische Kirche *St. Ulrich* (tgl. 10–16 Uhr) vom Ende des 12. Jh. Die Apsismalerei stammt aus der Bauzeit und zeigt Jesus Christus auf dem Thron, die ihn umgebenden Evangelistensymbole wurden erst Anfang des 20. Jh. ergänzt.

Gut 11 km nördlich von Neustadt kommt man nach **Windischeschenbach**. Zwei gute Gründe gibt es, diesen Ort zu besuchen. Einerseits ist Windischeschenbach die Hauptstadt des Zoigls, eines süffigen, untergärigen Bieres [s. S. 122]. Andererseits kann man 4 km westlich des Ortes im **Geo-Zentrum** (Am Bohrturm 2, Tel. 09681/400430, www.geozentrum-ktb.de, Mai–Okt. tgl. 10–18, Nov.-April tgl.

Inmitten der Hügellandschaft des Oberpfälzer Waldes erhebt sich der Bohrturm des KTB

10–16 Uhr) einen einzigartigen Blick in die Erdkruste werfen. Denn bis 1994 drangen Geowissenschaftler hier bei der *Kontinentalen Tiefbohrung* 9101 m tief in das kristalline Gestein unter der Oberpfalz vor. Was sie zu Tage förderten, ist ebenso zu sehen wie eine informative Ausstellung über die Prozesse, die das System Erde im Gleichgewicht halten.

Nur die Waldnaab trennt Windischeschenbach vom Ortsteil Neuhaus, an dessen Hochufer **Burg Neuhaus** (Tel. 096 81/94 39 44, www.burg-neuhaus.de, Febr.–Okt. So 14–17, Nov.–Jan. So 14–16.30

Uhr, Ostern, Pfingsten, Weihnachten und im VW-Werksurlaub geschl.) mit ihrem markanten butterfassförmigen Turm aufragt. Ulrich I. von Leuchtenberg ließ sie um 1300 erbauen. Das stattliche Wohnhaus unmittelbar neben dem Turm kam erst im 17. Jh. hinzu. Mittlerweile beschäftigt sich in den Burgräumen das *Waldnaabtal-Museum* (Öffnungszeiten wie oben) mit der Natur- und Wirtschaftsgeschichte des Tals, dessen schönster Abschnitt nun beginnt.

Auf eine weitere Burg stößt man gut 13 km die Waldnaab aufwärts, in **Falken-**

Der Bocklradweg

Bis in die 1990er Jahre schnaufte der **Eslarner Bockl**, eine Schmalspurbahn, über die inzwischen zum Bocklradweg (55 km) umgebauter Bahntrasse. Angesichts der nur langsam ansteigenden Strecke kommen Familien und weniger ausdauernde Radler hier auch auf ihre Kosten.

Der Radweg beginnt in unmittelbarer Nähe der Bahnhaltestelle in **Neustadt/WN**. Spätestens nach 25 km sollte man zum ersten Mal Station machen, ist dann doch **Vohenstrauß** erreicht. Imposantes Wahrzeichen der Kleinstadt ist die *Friedrichsburg* (nicht zugänglich), die Pfalzgraf Friedrich III. 1593 errichten ließ. Sechs Rundtürme sind an das dreistöckige Schloss angebaut, das nur wenige Jahre als Grafenresidenz

diente. 8 km später ist **Pleystein** erreicht. Blickfang ist hier der Kreuzberg, ein 38 m hoher Rosenquarzfelsen, der steil aus der Umgebung emporragt. Seinen Gipfel nimmt die *Wallfahrtskirche Heiligkreuz* ein.

Über **Waidhaus**, bekannt als Grenzübergang in die Tschechische Republik, erreicht man schließlich das Ziel des Bocklradwegs, das beschauliche **Eslarn**. Von hier verkehren Shuttlebusse (Mai–Sept. Sa/So, bayerische Sommerferien tgl., Fahrplanauskunft Tel. 09 61/48 16 80, www.nwn-bus.de) mit Fahrradanhänger zurück nach Weiden/Opf.

Wer morgens mit dem Bus von Weiden aus nach Eslarn fährt, radelt dank der abschüssigen Strecke gen Neustadt noch einfacher.

Gemächlich fließt die Waldnaab an der Burg Falkenberg über dem gleichnamigen Ort vorbei

berg. Einige Fachwerkhäuser verleihen der hübsch gelegenen Gemeinde am Südrand des Stiftlandes einen altertümlichen Anstrich. Vor allem aber erinnert **Burg Falkenberg** (Tel. 09634/92000, www.markt-falkenberg.de, Besichtigung auf Anmeldung) als eindrucksvolles Beispiel eines mittelalterlichen Wehrbaus an die Vergangenheit. Der Granitkegel, auf dem die Burg steht, ist so steil, dass keine Mauer sie schützen musste.

Wanderung zum Quirin

Einen Eindruck von der sanfhügeligen Kulturlandschaft des Oberpfälzer Waldes vermittelt der Rundwanderweg (Markierung ›Rundwanderweg Ilsenbach‹, ab Parkplatz am Nordwestrand von Ilsenbach, ca. 12 km, 4 h) zur barocken Wallfahrtskirche **St. Quirin** von 1680. Anschließend geht es hinunter nach Waffenhammer. Hier steht ein vorbildlich erhaltenes Hammerwerk, wie es im Mittelalter überall in der Oberpfalz zu finden war. Wenig später überschreitet man den Ilserberg, von dem sich ein herrlicher Blick auf das hübsche Püchersreuth öffnet. **Landgut Federkiel**, Rotzendorf 4, Püchersreuth, Tel. 09602/91316, www. cafe-federkiel.de, Sa 14–17, So 12–18 Uhr. Nette Einkehr. Skulpturenweg.

ℹ Praktische Hinweise

Information

Tourismuszentrum Oberpfälzer Wald/Landkreis Neustadt an der Waldnaab, Stadtplatz 34, 92660 Neustadt an der Waldnaab, Tel. 09602/791050, www.oberpfaelzerwald.de

Touristinformation Windischeschenbach, Hauptstr. 34, 92670 Windischeschenbach, Tel. 09681/401240, www.windischeschenbach.de

Hotel

Zum Waldnaabtal, Marktplatz 1, Windischeschenbach-Neuhaus, Tel. 09681/3711, www.waldnaabtal-hotel. de. Hotel, Gästehaus, Ferienwohnungen, jedenfalls erste Wahl für Waldnaabtal-Wanderer und Zoigl-Genießer.

Restaurants

Oberpfälzer Hof, Hauptstr. 1, Windischeschenbach Tel. 09681/788, www.ober pfaelzer-hof.de. Im Restaurant des Mittelklasse-Hotels isst man gut und günstig, ausgezeichnet als Schlemmerwirt. Und ein Zoiglbier passt zu jedem Essen.

Zum Roten Ochsen, Schönfichter Str. 7, Falkenberg, Tel. 09637/272, www.gast hof-roter-ochse.de. Historischer Gasthof. In der gemütlichen Gaststube kommt regionale Küche auf den Tisch. Köstlich ist der Schweinebraten (Di geschl.)

34 Steinwald

Verzauberter Wald voller steinerner Riesen

Mehr Wanderwege als Straßen durchziehen den Steinwald. Der dicht bewaldete Höhenzug besteht aus Granit, das bei Vulkanausbrüchen in grauer Vorzeit entstand.

Im Süden des Steinwalds liegt **Erbendorf** im Tal der Fichtelnaab. Hier erinnert das kleine *Heimat- und Bergbaumuseum* (April–Sept. Di/Do/2. So im Monat 14–16 Uhr) an vielfach vergessene Berufe und den Bergbau im Steinwald.

Von Erbendorf aus sind einige faszinierende Felsformationen gut zu erreichen. So erhebt sich der markante **Kühstein** (an der Kreuzung B 299/Tirschenreuther Straße) unmittelbar am östlichen Ortsrand. Er besteht aus drei Säulen des vulkanischen Gesteins Syenit.

Vom Wanderparkplatz (ca. 5 km ab Frbendorf an der St 2181 Richtung Neusorg, kurz nach Rosenbühl) an der Fichtelnaab erreicht man, immer der Markierung Blaues Rechteck folgend, weitere Felsen, die sich teils sogar zum Klettern eignen. Bereits nach ca. 1,5 km ragen die *Vogelfelsen* (begehbar, gesichert) aus dem Wald empor, wenig später steht der Wanderer vor den *Räuberfelsen* (begehbar, gesichert). Nochmals 4 km später breiten sich die *Saubadfelsen* aus. Diese Blockhalde entstand beim Einsturz einer Felsenburg während der letzten Eiszeit und darf wegen des schützenswerten Bewuchses nicht betreten werden.

Durchs Waldnaabtal

Eine Wanderung (Markierung ›Goldsteig‹, 14 km, ca. 4,5 h) von Burg Neuhaus nach Falkenberg [s. S. 119] führt durch das von dichten Mischwäldern flankierte Waldnaabtal. Gigantische **Granitformationen**, die Namen wie Kammerwagen, Biberstein oder Butterfass tragen, begleiten den Weg. Besonders unter der Woche sind hier oft nur Vogelstimmen und das Rauschen des Wassers zu hören. Unterwegs, etwa 2 km vor Falkenberg, kann man in der Blockhütte (Tel. 096 37/415, April–Okt. Di–So ca. 9–20 Uhr) einkehren.

Schließlich ist die **Platte** erstiegen, der mit 946 m höchste Gipfel des Steinwaldes. Auf ihr erhebt sich der 33 m hohe **Oberpfalz-Turm**, von dessen Plattform aus man hinüber in den Böhmerwald blicken kann.

Der Wanderweg führt in weiteren 2 km zur **Burg Weißenstein**. Kürzer ist der Anmarsch vom *Marktredwitzer Haus* (an der St 2121 zw. Poppenreuth und Friedenfels, Tel. 092 31/713 83) auf dem Goldsteig, für den man etwa eine halbe Stunde einplanen muss. Die Ruine steht auf einer Höhe von 863 m. Im 13. Jh. wird sie erstmals urkundlich erwähnt, doch Scherbenfunde bescheinigen ihr ein deutlich höheres Alter. Mindestens 600 Jahre lang war sie im Besitz des Adelsgeschlechts der Not-

Geradezu aus dem Granitgestein herauszuwachsen scheinen die Mauern von Burg Weißenstein

Unter gutem Stern: der Zoigl

Eng kann es werden in den Zoiglstuben im Waldnaabtal, wenn dort der süffige Zoigl ausgeschenkt wird. Dieses untergärige Bier wird im örtlichen **Kommunbrauhaus** von den Zoiglwirten selbst gebraut – und weil jeder von ihnen die Zutaten Wasser, Gerstenmalz und Hopfen anders mischt, schmeckt der Zoigl überall anders.

Die Zoiglwirte betreiben ihre Stuben oft nur im **Nebenerwerb**, deshalb haben sie nur an ein oder zwei Wochenenden im Monat (Zeiten unter www.zoiglinfo.de und www.zoiglbier.de) geöffnet. Dann hängen sie den **Zoiglstern**, ein dem Davidstern ähnelndes Zeichen, über die Tür. Er symbolisiert die am Brauereivorgang beteiligten Elemente Feuer, Wasser und Luft sowie die Zutaten Wasser, Malz und Hopfen – Hefe wurde im Mittelalter noch nicht verwendet.

Bahler, Marktplatz 12, Neuhaus, Tel. 096 81/39 16

Schafferhof, Burgstr. 6, Neuhaus, Tel. 096 81/91 71 60

Da Roude, Stadtplatz 3, Windischeschenbach, Tel. 096 81/21 85

Beim Gloser, Lehnerberg 2, Windischeschenbach, Tel. 096 81/31 70

Beim Brucksaler, Bahnhofstr. 13, Neustadt/WN, Tel. 096 02/92 01 35

Zum Waldhauser, Freyung 26, Neustadt/WN, Tel. 096 02/93 98 98

haffte, die allerdings gegen Ende des 15. Jh. nach Friedenfels umzogen. So erheben sich heute nur noch ein imposanter Bergfried und einige Mauern auf der mythisch anmutenden Felsenklippe.

Auch der Wanderparkplatz am Ende der Waldstraße in Fuchsmühl erschließt nach 1 km eine interessanten Felsformation, den **Hackelstein**. 15 m hoch sind seine über Leitern erschlossenen Felsen. Am Parkplatz startet auch ein *Walderlebnis-Pfad* (5 km, ca. 2 Std.), in dessen Verlauf Kinder und Erwachsene die Natur mit allen Sinnen erleben können.

Vom Weiler Veitmühle bei Wiesau zwischen Triebendorf und Fuchsmühl kann man den als Naturschutzgebiet ausgewiesenen und von herrlichem Laubwald überzogenen **Teichelberg** (Wiesauer Rundwanderweg Nr. 2) erwandern. Während des Tertiär brach das Basaltgestein, das allenthalben den Waldboden bedeckt, bei einem Vulkanausbruch an die Erdoberfläche. Nach dem Spaziergang laden schließlich die **Waldseen** (über Forstweg unmittelbar östlich der Bahngleise) im Süden von Wiesau zum Bad.

ℹ Praktische Hinweise

Information

Steinwald Allianz, Bräugasse 4, 92681 Erbendorf, Tel. 096 82/182 21 90, www.steinwald-urlaub.de

Hotel

Wellvital Landhaus zum Hirschen, Unterer Markt 35a, Waldeck bei Kemnath (9 km nordwestlich von Erbendorf), Tel. 096 42/70 43 10, www.wellvital-landhaus.de. Aufenthalt auch mit individuellem Medical-Wellness-Programm.

Restaurant

Zur Goldenen Krone, Stadtplatz 26, Kemnath, Tel. 096 42/449, www.gasthof-kormann.de. Regionalküche mit Produkten aus der hauseigenen Landwirtschaft.

Café

Konditorei Kohr, Kaiserberg 20, Erbendorf, Tel. 096 82/17 22, www.konditorei-kohr.de. Hier wird noch jeder Kuchen liebevoll von Hand zubereitet.

35 Waldsassen

Das Stiftland – fruchtbarer Boden für große Kunst.

Waldsassen an der Wondreb übt eine starke Anziehungskraft auf all jene aus, die barocke Kunst lieben. In dem 7000-Einwohner-Städtchen, nur 10 km vom tschechischen Cheb (Eger) entfernt, kann man sie in vollendeter Form erleben.

Geschichte Als Markgraf Diepold III. von Vohburg im Jahr 1133 Zisterziensermönche in sein Land bat und ihr Stift großzügig mit Land ausstattete, verfolgte er sehr weltliche Ziele. Die Zisterzienser dienten ihm als Kolonisten für den weitgehend unbesiedelten Nordosten seines Herrschaftsgebietes. In den folgenden Jahrhunderten agierten die Mönche so erfolgreich, dass die gesamte Region bis heute den Namen **Stiftland** trägt. Doch Pest, Missernten und vor allem der Landshuter Erbfolgekrieg, in dessen Verlauf Soldaten des Münchener Wittelsbacherherzogs Albrecht IV. das Kloster im Jahr 1504 niederbrannten, führten zum Niedergang. 1556 löste der zum Protestantismus übergetretene Kurfürst Ottheinrich von der Pfalz es schließlich auf.

Als die Oberpfalz 1626 an das katholische Bayern kam, setzte die Gegenreformation ein, und 1661 nahmen die Zisterzienser Waldsassen wieder in ihren Besitz. Nun begann sich jene Pracht zu entfalten, die Besucher bis heute erfreut. Die Säkularisation 1803 unterbrach noch einmal die **Klostertradition**, doch schon 1863 kehrte das geistliche Leben zurück, diesmal durch Zisterzienserinnen, deren Konvents bis heute besteht.

Besichtigung Unübersehbar beherrscht die **Zisterzienserinnenabtei Waldsassen** (Tel. 096 32/920 00, www.abtei-wald sassen.de) den Basilikaplatz. Ihre **Stiftskirche** ist eines der Hauptwerke des süddeutschen Barocks. Nach Plänen der Baumeister Abraham Leuthner und Georg Dientzenhofer entstand sie 1681–1704. Die Stuckaturen im Innern schuf der Italiener Giovanni Battista Carlone, die Fresken der Prager Jakob Steinfels. Die Deckenbilder im Chor geben die Gründungslegende des Klosters wieder. Ihr zufolge glaubte der Edle Gerwig, seinen Freund, den bereits erwähnten Markgrafen Diepold, im Turnier getötet zu haben. Daraufhin floh er in die Gegend von Köln. Als er dort einen Wald rodete, tauchte

Diepold auf und stellte ihn zur Rede. An einer Narbe erkannte Gerwig in ihm den tot geglaubten Freund, der ihm nun Land für seine Einsiedelei schenkte. Hier verbinden sich Legende und historische Tatsachen, gilt diese Einsiedelei etwas abseits von Waldsassen doch als Keimzelle des Klosters.

Eine Besonderheit der Basilika sind – neben dem Kugeltabernakel und dem kunstvoll geschnitzten Chorgestühl – die zwölf *Heiligen Leiber*, die um 1756 aus Rom ins Stiftland kamen. Die Ganzkörperreliquien, kostbar gefasst und auf neun Altäre verteilt, werden am ersten Augustsonntag in einem Festgottesdienst verehrt.

Unmittelbar an die Basilika schließen sich die drei Flügel der Zisterzienserinnenabtei an. Sie bilden mit der Südwand der Kirche einen fast quadratischen Innenhof. Ihn umläuft der Kreuzgang, dessen Stuckaturen teils in barocker Pracht erhalten blieben.

An den Westflügel angebaut, ragt die neobarocke Klosterkirche von 1924 in diesen Hof hinein. Sie wurde 2009 nach den Maßgaben des 2. Vatikanischen Konzils umgebaut: Das Chorgestühl der Klosterschwestern rückte dabei ins Zentrum der Kirche, um eine engere Verbindung zur Gemeinde zu ermöglichen.

Höhepunkt eines Klosterbesuchs ist der 1726 im Übergangsstil von Hochbarock zu Rokoko vollendete **Biblieksaal** (Palmsonntag–Okt. Di–Fr/So 11–16, Sa 10–16 Uhr, Nov.–Palmsamstag Mi–So 13–16 Uhr; Besichtigung nur mit Führung).

Kunstvolle Deckengemälde und Stuckaturen zieren die Bibliothek des Klosters Waldsassen

Eine der bekanntesten Wallfahrtsstätten Bayerns ist die Dreifaltigkeitskirche Kappl

Die Stuckarbeiten sowie die Fresken sind von herausragender Qualität, Blickfang sind die zehn lebensgroßen geschnitzten Figuren, welche die umlaufende Galerie tragen. Als Allegorien des menschlichen Hochmutes weisen sie rätselhafte bis amüsante Details auf: Ein Storch zwickt eine von ihnen in die Nase, im Bart einer anderen spielen Mäuse. Bemerkenswert sind auch die Reliefs auf der Galeriebrüstung über den Figuren: Da teilt ein Esel den Globus nach Längen- und Breitengraden ein, ein Fuchs mit Senkblei, Winkel und Landkarte schaut ihm zu, und eine Schnecke kriecht über den Erdball.

Rund um den **Basilikaplatz** vor dem Kloster und am anschließenden **Johannisplatz** geht es dank einiger netter Gaststätten und Cafés an warmen Sommertagen recht lebhaft zu. Nach einer

Auf den Spuren der Mönche

Man kann auch mit dem Auto zur **Dreifaltigkeitskirche Kappl** auf dem 628 m hohen Glasberg nordwestlich nahe bei Waldsassen fahren – doch weit schöner ist es, die herrliche Wallfahrtskirche zu erwandern (ab Kloster Waldsassen, Markierung Nr. 5, 8 km, ca. 2,5 h). Auf dem Rückweg sieht man 15 barocke Rosenkranz-Gebetssäulen.

Ein weiterer Rundwanderweg (ab ASV-Parkplatz, am oberen Ende der Schützenstraße, Markierung Nr. 2, 6,5 km, ca. 2 h) führt zum legendären Gründungsort des Klosters Waldsassen, der **Köllergrün**.

Tasse Kaffee kann man noch das **Stiftlandmuseum** (Museumstr. 1, Tel. 096 32/88 1 20, Apr.–Dez. Di–So 10–12, 13–16 Uhr) besuchen. Exponate aus dem Alltagsleben illustrieren hier die Geschichte der Region. Ein Rundgang führt vorbei an traditionell eingerichteten Werkstätten für Hutmacher, Töpfer und weitgehend in Vergessenheit geratene Berufszweige wie beispielsweise Wollstaubdrucker oder Büttner.

Eine schnurgerade, 4 km lange Straße verbindet das Kloster Waldsassen mit der **Wallfahrtskirche zur Heiligen Dreifaltigkeit** (Kappl 2, Anmeldung für Führungen Tel. 096 32/50 21 39, www.kapplkirche. de, April–Okt. 8–18, Nov.-März Sonnenaufbis Untergang) auf dem Glasberg. Mit ihr schuf der bayerische Baumeister Georg Dientzenhofer sein wohl eigenwilligstes Bauwerk. Als die Wallfahrt zum *Gnadenbild der Heiligen Dreifaltigkeit* auf den Glasberg während der Türkenkriege des 17. Jh. einen starken Aufschwung nahm, beauftragten die Zisterzienser von Waldsassen ihn mit dem Neubau. 1685–89 ersetzte er die alte Kapelle durch einen imposanten Bau, der im Volksmund bald ›die Kappl‹, genannt wurde. Aus der Ferne gleicht sie einer orthodoxen Kirche, denn sowohl ihr kleeblattförmiger Grundriss als auch die drei schlanken Zwiebeltürme scheinen der byzantinischen Formensprache entlehnt zu sein. Dientzenhofer wählte diese Gestalt, um die Dreifaltigkeit zu symbolisieren. Auch im Inneren ist die Dreizahl allgegenwärtig. Der gedeckte Umgang mit den vielen Votivgaben wurde später angebaut.

Eine Pilgerstätte des 20. Jh. ist **Konnersreuth** (6 km westlich von Waldsassen), der Geburtsort von Therese Neumann (s. u.). In ihrem *Geburtshaus* (Kirchplatz, Katholisches Pfarramt Tel. 096 32/85 88, www.therese-neumann.de, Di nach Ostern–Okt. Mo–Fr 14–16, Sa/So 10–12 und 14–16 Uhr) blieb ihr Schlafzimmer mit Originaleinrichtung erhalten.

Weniger spirituelle als körperliche Bedürfnisse befriedigt das **Sibyllenbad** (Kurallee 1, Tel. 096 38/93 30, www.sibyllenbad.de, tgl. 8–20 Uhr) in Neualbenreuth 11 km östlich von Waldsassen. Seine Radon- und Kohlensäure-Mineral-Quellen haben heilende Wirkung, und im warmen Wasser der Whirlpools und Außenbecken, in den Saunen und der irisch-römischen Dampfgrotte lässt es sich hervorragend entspannen.

Anschließend lohnt ein kurzer Spaziergang durchs Dorf **Neualbenreuth**, wo rund um den Marktplatz zahlreiche Bauernhäuser aus dem 18. Jh. im traditionellen Egerländer Fachwerkstil erhalten blieben. Da die Gerichtsbarkeit im Ort zwischen 1591 und dem 19. Jh. jährlich zwischen Kloster Waldsassen und Eger (heute Cheb) in Böhmen wechselte, sind die Verbindungen des Ortes nach Osten seit jeher sehr eng.

▶ **Reisefilm Zisterzienserinnen-Abtei Waldsassen** QR-Code scannen [s. S. 5] oder dem Link folgen: www.adac.de/rf0110

Information

Tourist-Info Waldsassen, Johannisplatz 11, 95652 Waldsassen, Tel. 096 32/881 60, www.waldsassen.de

Hotels

***Bayerischer Hof**, Bahnhofstr. 15, Waldsassen, Tel. 096 32/92 31 30, www.bayerischerhof-waldsassen.de. Bayerisch-rustikale Atmosphäre, heimische und internationale Küche.

Haus Sankt Joseph, Basilikaplatz 2, Waldsassen, Tel. 096 32/92 38 80, www.abtei-waldsassen.de. Schöner Wohnen bei den Zisterzienserinnen: In schnörkellos modern eingerichteten Zimmern genießt man klösterliche Ruhe. Auch die Restaurants verwöhnen ihre Gäste.

Hotel Königlich-Bayerisches Forsthaus, Basilikaplatz 5, Waldsassen, Tel. 096 32/920 40, www.koeniglichesforsthaus.de. Direkt gegenüber der Stiftsbasilika, mit böhmischer Küche.

Restaurants

Kapplwirt/Gasthaus Rosner, Kappl 1, Waldsassen, Tel. 096 32/688, www.kapplwirt.de. Oberpfälzer Spezialitäten in Sichtweite der Kappl (Di geschl.).

Prinzregent Luitpold, Prinzregent-Luitpold-Str. 4, Waldsassen, Tel. 096 32/28 86, www.gasthof-prinzregent-luitpold.de. Gute und gesundheitsbewusste Küche, Fischspezialitäten (Di geschl.).

Die Resl von Konnersreuth

Ein erstaunliches Beispiel **Oberpfälzer Volksfrömmigkeit** ist die Wallfahrt zu Therese Neumann (1898–1962), der Resl von Konnersreuth. Als 1918 eine Scheune im Ort in Brand geriet, schleppte die kräftige Bauernmagd so lange Wassereimer, bis sie unter der Belastung zusammenbrach. Es stellte sich heraus, dass ihr Rückenmark schwerste Schäden davongetragen hatte – Resl wurde zum Pflegefall und erblindete.

Doch am Tag der Seligsprechung der Therese von Lisieux 1923 geschah der Überlieferung nach das Wunder: Resl gewann ihr Augenlicht zurück. Ab 1926 zeigten sich dann die Wundmale Christi an ihren Händen und Füßen und über ihrem Herzen. Angeblich nahm sie seit dieser Zeit außer der Hostie nichts mehr zu sich. Vom folgenden Jahr an begannen die Wundmale am Karfreitag zu bluten, und Visionen vom Leidensweg Christi kamen über sie. Anschließend berichtete sie vom Gesehenen im Duktus eines Kleinkindes, wobei sie immer wieder Worte aus dem Aramäischen verwendete. Bald strömten am Karfreitag die Menschen nach Konnersreuth, um mit ihr zu beten.

Für all diese Ereignisse sind Zeugen genannt, sogar Tonbandaufnahmen von Therese Neumanns Berichten existieren. Nun sucht nun die katholische Kirche im Rahmen eines Seligsprechungsprozesses nachweisbare Wunder, die mit der Resl verbunden sind.

Die Tirschenreuther Fischhofbrücke weist den Weg zum residenzartigen Amtsgericht

Weißes Ross, Therese-Neumann-Platz 4–6, Konnersreuth, Tel. 09632/4114, www.gasthof-schiml.de. In den gemütlichen Gasträumen kann man sich Oberpfälzer Gerichte und dazu frischgebackenes Holzofenbrot (jeden Do) mit einem Zoigl schmecken lassen.

36 Tirschenreuth

Von Teichen gerahmte Fischerstadt.

Inmitten des Stiftlandes, im äußersten Norden der Oberpfälzer Waldes, liegt Tirschenreuth (9000 Einw.) auf einer von der Waldnaab umflossenen Anhöhe. Eingebettet ist die beschauliche Kreisstadt in eine **Teichlandschaft**, die ihres Gleichen sucht – mehr als 4600 Fischteiche sollen es im weiteren Umkreis sein. Es gibt kaum einen Tirschenreuther, der nicht seinen eigenen Fischteich bewirtschaftet, und wer die Gasthäuser der Stadt zur Karpfenernte im Herbst besucht, wird begeistert sein von der Vielfalt der angebotenen Fischgerichte.

Geschichte   Wie viele andere Städte der Oberpfalz entstand Tirschenreuth inmitten einer Waldrodung, worauf die Namensendung -reuth hindeutet. Die erste urkundliche Erwähnung findet sich für das Jahr 1134. Im Jahr 1217 gelangte die Siedlung in den Besitz des Klosters Waldsassen. Unter dessen Herrschaft erlebte die Tirschenreuther Teichwirtschaft eine erste Blüte. Die Mönche garantierten den Fischern die Abnahme der Karpfen zu festen Preisen und organisierten den lukrativen Weiterverkauf auf den Märkten von Regensburg oder Eger – für das Kloster Waldsassen ein einträgliches Geschäft, waren Karpfen doch etwa zehnmal so teuer wie Rindfleisch. Im Jahr 1364 verlieh Abt Johann V. dem Ort Stadtrechte. Als das Kloster im 16. Jh. an Macht verlor, ging die Stadt zunächst an die Kurpfalz und fiel dann, im Zuge des Dreißigjährigen Krieges, 1623 an Bayern.

Im 19. Jh. sorgte die Porzellanindustrie für Arbeit und zumindest unter den Fabrikbesitzern für einigen Wohlstand, die Marke Tirschenreuther Porzellan war weithin bekannt. Ihr Niedergang seit den 1990er-Jahren stellt die Stadt vor große Probleme, und seit der Schließung der letzten Fabrik im Jahr 1995 ist diese Traditionslinie endgültig gekappt. Für einen gewissen Ausgleich sorgte der zunehmende Tourismus. Zuletzt setzten diverse Bau- und Gestaltungsmaßnahmen für die bayerische Landesgartenschau 2013 neue Akzente im Stadtbild.

Besichtigung   Tirschenreuths Altstadt erstreckt sich rund um den von Bäumen gesäumten und sanft gen Norden ansteigenden **Maximiliansplatz**. Blickfang an seinem oberen Ende ist die *Dreifaltigkeitssäule* (um 1740), auf der Franz von Assisi und der im böhmischen Einflussgebiet hoch verehrte hl. Nepomuk die Muttergottes flankieren. Links dahinter erhebt sich der Turm der dreischiffigen **Pfarr- und Wallfahrtskirche Maria Himmelfahrt**

(www.pfarrei-tirschenreuth.de). Ihre Ursprünge gehen auf das 13. Jh. zurück, doch tilgten mehrere Stadtbrände fast alle Zeugnisse aus jener Zeit. So ist das Äußere der Kirche der späten Gotik (um 1475) verpflichtet, das Innere wurde zurückhaltend barockisiert. Der spätgotische Flügelaltar blieb erhalten. In seinem Zentrum steht die Kreuzigung Christi, zur Linken symbolisiert der sich ein Auge zuhaltende Reiter das die Lehren Christi ablehnende Judentum, zur Rechten sieht man Heiden, die sich seiner Offenbarung zuwenden.

Barockem Überschwang begegnet man in der 1723 an das rechte Seitenschiff angefügten *Gnadenkapelle*. Sie birgt das Maria mit Kind darstellende Gnadenbild, das 1692 ein Johann Zottmayer zum Dank für seine Genesung von schwerer Krankheit an einer Tirschenreuther Linde aufstellte. Es besitzt angeblich wundertätige Wirkkraft und begründete so eine Marienwallfahrt, die an jedem 13. eines Monats (ab 17.30 Uhr) zum Gnadenbild und um den Tirschenreuther Marktplatz führt.

Nur wenige Schritte vom Marktplatz entfernt versammelt das **MuseumsQuartier Tirschenreuth** (Regensburger Str. 6, Tel. 09631/6122, Di–So 11–17 Uhr) unter einem Dach mehrere heimatkundliche Sammlungen. Ein Raum ist *Johann Andreas Schmeller* (1785–1852) gewidmet, dem in Tirschenreuth geborenen Begründer der Mundartforschung und Verfasser des Bayerischen Wörterbuches. An einer Hörstation kann man sich einzelne Wörter wie Mädchen oder Käse in nieder- oder oberbayerischem, schwäbischem, fränkischem oder Oberpfälzer Idiom vorsprechen lassen. Zauberhaft ist die *Krippensammlung*. Ihr schönstes Stück ist die Tirschenreuther Papierkrippe von 1830. Sie besteht aus 140 handbemalten, etwa 15 cm hohen Pappfiguren. Die Ausstellung zu *Tirschenreuther Porzellan* zeigt die ganze Bandbreite hier geschaffener

Durch die Tirschenreuther Teichlandschaft

Ein guter Ausgangspunkt für einen kleinen Spaziergang durch die schöne **Tirschenreuther Teichlandschaft** ist der Parkplatz (linke Straßenseite, ca. 2 km ab Tirschenreuth) an der B 15 nach Mitterteich. Über schmale Dämme geht es vorbei an zahllosen, von Schilf umstandenen Teichen, Libellen schwirren, Vögel zwitschern.

Mehrere längere Wanderungen beginnen am Volksfestplatz Tirschenreuths (Franz-Heldmann-Straße) im Westen der Altstadt, etwa der **Rundweg Nr. 4** (ca. 10,5 km). Er erschließt das ausgedehnte Teichgebiet des Paulusschwamms und begleitet anschließend kurz die sanft durch Wiesen und Wälder mäandernde Waldnaab.

Mit dem Fahrrad kann man die Teiche auf dem **Stiftländer Karpfenradweg** (52 km, Rundweg) erkunden. Er führt von Tirschenreuth aus durch die Waldnaabaue nach Mitterteich und über Wiesau nach Kornthan. Die dortige **Karpfenkirchweih** (Ende Sept./Anf. Okt.) ist ein Höhepunkt des regionalen Festkalenders.

Zertifizierte Teichwirte und Erlebnis-Teichführer, die *geführte Wanderungen* und *Radtouren* anbieten, nennt die **ARGE Fisch** (Mähringer Str. 7, Tel. 09631/88223, www.erlebnis-fisch.de).

Zahlreiche Wanderwege führen durch die Tirschenreuther Teichlandschaft

Einst wachten Männer Kaiser Barbarossas von Flossenbürg aus über den Nordgau

Tischservice. Gleich mehrere Räume umfasst das *Oberpfälzer Fischereimuseum*. Es ist der lokalen Fischerei und Teichwirtschaft gewidmet und erklärt etwa, wie die Teiche der Umgebung entstanden und warum man Karpfen nur im Herbst essen sollte. Lebendige Fische schwimmen gegenüber im ebenfalls zum MuseumsQuartier gehörenden **Haus am Teich** (Di–So 11–17 Uhr) in großen Aquarien umher. Allesamt stammen sie aus heimischen Gewässern.

Über Damm- und Mähringerstraße kann man sodann zur zehnjochigen **Fischhofbrücke** von 1750 spazieren. Sie ist der Steinernen Brücke in Regensburg [s. S. 94] nachempfunden. Lange überspannte sie nach Trockenlegungsarbeiten eine grüne Wiese, doch seit den Umgestaltungen für die kleine Landesgartenschau 2013 führt sie wieder über Teich und Bach zur barocken Sommerresidenz der Waldsassener Äbte von 1713, heute Sitz des Tirschenreuther Amtsgerichtes.

Während in Tirschenreuth lediglich ein trockengelegter Weiher wiederentstand, wurde im **Geschichtspark Bärnau-Tachov** (11 km nördlich, Naaber Str. 6, Tel. 096 35/924 99 75, www.geschichtspark.de, Mitte März–Anf. Nov. Do–So 10–18 Uhr) ein komplettes mittelalterliches Dorf rekonstruiert. Überragt werden seine strohgedeckten Häuser von einer hölzernen Turmhügelburg. Solche Festungen sicherten seit dem 9. Jh. die Handelswege im Frankenreich.

i **Praktische Hinweise**

Information

Tourist-Information, Regensburger Str. 6, 95643 Tirschenreuth, Tel. 096 31/ 60 02 48, www.stadt-tirschenreuth.de

Unterkunft

Ferienhof Eichenseher, Mühlhof 3, Wiesau, Tel. 096 34/506, www.ferienhof-eichenseher.de. Vier gemütliche Aparments auf einem kinderfreundlichen Bauernhof mit Fischzucht.

Restaurant

Gasthof Schwan, Maximilianplatz 34, Tirschenreuth, Tel. 096 31/12 98. Gutbürgerliches Essen, und während der Karpfensaison ausgezeichnete Fischgerichte (Sa geschl.).

37 Flossenbürg

Idyll mit dunkler Vergangenheit.

Schon von weither sieht man die **Burgruine** im Nordwesten über Flossenbürg (1600 Einw.). Sie blickt über eine malerische Hügellandschaft mit Buchen- und Nadelwäldern – und das Gelände des ehemaligen NS-Konzentrationslagers am Fuß des Burgbergs.

Es ist die Ruine der Hauptburg, die auf dem 732 m hohen Gipfel aufragt, eine große Vorburg nimmt den Platz an der

Südostseite des Berges etwas weiter unten ein. Begonnen wurde der Bau um das Jahr 1100, wobei zunächst nur ein Wohnturm mit einer Ringmauer entstand. Der vorgelagerte Bergfried kam im 13. Jh. dazu. Der bekannteste unter den zahlreichen Besitzern der Burg war fraglos Kaiser Friedrich I. Barbarossa (1122–1190).

Die **KZ-Gedenkstätte Flossenbürg** (Gedächtnisallee 5, Tel. 096 03/90 39 00, www.gedenkstaette-flossenbuerg.de, März–Nov. tgl. 9–17, Dez.–Febr. tgl. 9–16 Uhr) am nordöstlichen Ortsrand bewahrt die Erinnerung an das nationalsozialistische Konzentrationslager von Flossenbürg. 1938–45 zwang hier die SS Gefangene – Regimekritiker, ausländische Häftlinge, soziale Außenseiter, Kriegsgefangene – zur Arbeit in den Granitsteinbrüchen von Flossenbürg, ab 1943 zusätzlich zur Produktion von Flugzeugteilen für die Rüstungsindustrie.

In Flossenbürg und seinen 90 Außenlagern waren insgesamt 100 000 Menschen aus 47 Nationen inhaftiert. Mindestens 30 000 Gefangene starben an Unterernährung, der strapaziösen Zwangsarbeit und an Krankheiten. Wer sich als zu schwach zur Arbeit erwies, einen Fluchtversuch unternahm oder einfach alt oder behindert war, wurde ermordet. Die Leichen wurden im eigens errichteten Krematorium verbrannt.

Zu den in Flossenbürg Ermordeten gehören auch der evangelische Theologe Dietrich Bonhoefer und Admiral Wilhelm Canaris. Am 9. April 1945, zwei Wochen, bevor die 90. Infanterie-Division der 3. US-Armee Flossenbürg befreite, starben beide durch den Strang.

In der Wäscherei des ehemaligen KZ erinnert eine Ausstellung an die Opfer des NS-Terrors

Zur Ruine Schellenberg

Durch die stillen Grenzwälder zwischen Deutschland und der Tschechischen Republik führt eine Rundwanderung von **Georgenberg** (11 km südöstlich von Flossenbürg) aus. Zunächst folgt man dem Glasschleiferweg am Zottbach entlang bis Galsterlohe, hier vorbei am malerischen Siebeninselweiher. Anschließend führt der Wanderweg Nr. 3 auf breiten Forstwegen nach Waldkirch. Nun leitet der Weg Nr. 2 über die Planer Höhe hinauf zur Burgruine Schellenberg, die im 12. Jh. zur Grenzsicherung entstand. Vom auf ihren Überresten errichteten Aussichtsturm hat man einen schönen Blick gen Süden. Weiter geht es zum Brotfelsen, einem markant verwitterten Granitstein.

Der Rückweg folgt dem **Nurtschweg** (Markierung gelb-rot-gelb). Er bringt den Wanderer zur Mühle Gehenhammer (Tel. 096 58/347, www.owv-georgenberg.de, bewirtschaftet Mi und Fr–So jew. ab 13 Uhr) und, wenige hundert Meter später, nach Georgenberg zurück.

Der Umgang mit dem Konzentrationslager nach dem Krieg ist kein Ruhmesblatt deutscher Erinnerungskultur. Zwar errichteten polnische *Displaced Persons* 1947 hier eine der ersten KZ-Gedenkstätten in Europa. Doch später wurden Teile des Geländes durch eine Wohnsiedlung überbaut, einige Gebäude sogar von einem Industriebetrieb genutzt. Erst in diesem Jahrhundert wurde das ehemalige Lager wieder in die Gedenkstätte einbezogen, um seine Geschichte für künftige Generationen zu dokumentieren.

Durch tiefsten Wald erreicht man die **Silberhütte** (5 km östlich von Flossenbürg, St 2154). Dank ihrer Höhenlage von über 800 m ist sie im Winter ein trotz Klimawandel einigermaßen schneesicheres Langlaufgebiet (Schnee-Tel. 096 35/17 17, Bärnau, www.slz-silberhuette.de, www.baernau.de), das mit seinem abwechslungsreichen Profil auch anspruchsvolle Sportler fordert.

ℹ Praktische Hinweise

Information

Tourismusbüro Flossenbürg, Tel. 096 03/920 60, www.flossenbuerg.de

Glasmuseum Frauenau

Eine Reise mit dem Glas ...
von der Antike bis zur Gegenwart

Das Museum nimmt seine Besucher mit durch die Kulturgeschichte des Glases von den Anfängen im Zweistromland durch alle Epochen bis heute. Den Glasort Frauenau prägen seit 2010 zudem die Gläsernen Gärten mit 22 Großskulpturen international renommierter und regional prominenter Künstler.

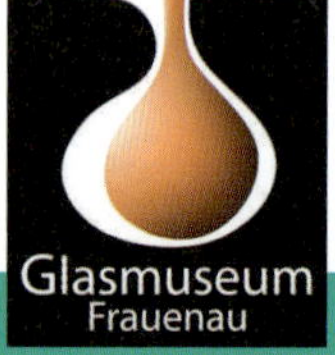

Glasmuseum Frauenau
Staatliches Museum zur Geschichte der Glaskultur

Am Museumspark 1 • 94258 Frauenau • Tel. 09926-941020 • Fax 941028
www.glasmuseum-frauenau.de

Geöffnet Di.-So. 9-17 Uhr

Bayerischer Wald aktuell A bis Z

■ Vor Reiseantritt

ADAC Info-Service:

Tel. 0800/510 11 12 (gebührenfrei)

Unter dieser Telefonnummer oder bei den ADAC Geschäftsstellen können ADAC Mitglieder kostenloses Informations- und Kartenmaterial anfordern.

ADAC Mitfahrclub, www.adac-mitfahr club.de, www.fahrgemeinschaft.de. Kostenlose Vermittlung von Fahrtangeboten und Mitfahrgelegenheiten im Internet für einmalige und regelmäßige Fahrten.

ADAC im Internet:
www.adac.de
www.adac.de/reisefuehrer

Bayerischer Wald im Internet:
www.bayerischer-wald.de

Informationen über die einzelnen Ferienregionen bieten:

Tourist-Information Naturpark Oberer Bayerischer Wald, c/o Landratsamt Cham, Rachelstr. 6, 93413 Cham, Tel. 099 71/784 30, www.bayerischer-wald.org

Nationalpark-FerienLand Bayerischer Wald, Wolfkerstr. 3, 94078 Freyung, Tel. 085 51/571 14, www.nationalpark-ferienland-bayerischer-wald.de

Tourismusreferat Deggendorfer Land, c/o Landratsamt Deggendorf, Herrenstr. 18, 94469 Deggendorf, Tel. 09 91/310 02 31, www.deggendorfer-land.de

Touristisches Service Center/Kinderlandbüro ArberLand, Amtsgerichtsstr. 6-8, 94209 Regen, Tel. 099 21/960 50, www.arberland-bayerischer-wald.de, www.kinderland-bayerischer-wald.de

Tourist-Information Passauer Land, Domplatz 11, 94032 Passau, Tel. 08 51/39 76 00, www.passauer-land.de

Tourismusreferat, Leutnerstr. 15, 94315 Straubing, Tel. 094 21/97 31 27, www.tourismus-straubing-bogen.de

Tourismuszentrum Oberpfälzer Wald, Lkr. Neustadt/WN Stadtplatz 34, 92660 Neustadt/Waldnaab, Tel. 096 02/79 10 50, www.oberpfaelzerwald.de

■ Allgemeine Informationen

Tourismusämter

Tourismusämter werden bei den Punkten unter *Praktische Hinweise* genannt.

■ Anreise

Auto

Aus dem Münchner Raum führt die A 92 südwestlich Richtung Bayerischer Wald. Bei Deggendorf trifft sie auf die A 3, die aus Nürnberg kommend Regensburg mit Passau verbindet. Den nördlich anschließenden Oberen Bayerischen Wald und den Oberpfälzer Wald erreicht man aus Westen über die A 6, in Nord-Südrichtung erschließt ihn die A 93.

Bahn

Ab Nürnberg fährt etwa alle halbe Stunde ein ICE nach Regensburg und Passau. Von München aus erreicht man Passau mit dem RegionalExpress. DB und Privatbahnen erschließen auch kleine Orte im Bayerischen Wald und Oberpfälzer Wald.

Deutsche Bahn,
Tel. 01806/99 66 33 (dt. Festnetz 20 Cent/Anruf, dt. Mobilfunknetz max. 60 Cent/Anruf), Tel. 0800/150 70 90 (gebührenfrei, automatische Fahrplanansage), www.bahn.de

Deutsche Bahn Autozug, Tel. 01806/99 66 33 (dt. Festnetz 20 Cent/Anruf, dt. Mobilfunknetz max. 60 Cent/Anruf), www.dbautozug.de

City Night Line, www.citynightline.de

Österreichische Bundesbahn,
Tel. 05/17 17, www.oebb.at

Schweizerische Bundesbahnen,
Tel. 0900/30 03 00 (CHF 1.19/Min. aus dem Schweizer Festnetz), www.sbb.ch

Bus

Deutsche Touring, Am Römerhof 17, 60486 Frankfurt/Main, Tel. 069/790 35 01, www.eurolines.de

Flugzeug

Die Flughäfen München und Nürnberg sind ca. 150 bzw. 100 km von der Urlaubsregion entfernt – auch Salzburg und Linz in Österreich bieten sich an.

Bank und Post

Bank

Banken sind in der Regel Mo–Fr 8.30–12.30 und 14–16 Uhr geöffnet.

Post

Öffnungszeiten sind meist Mo–Fr 8–12 und 14–18, Sa 8–12 Uhr.

Menschen mit Behinderung

Der **Caritas-Verband** betreibt im Bayerischen Wald ein auf Menschen mit Behinderung spezialisiertes Hotel:

******Witikohof**, Schwarzenthaler Str. 64, Bischofsreut, Tel. 0 85 50/961 90, www.witikohof.de

Im Nationalpark Bayerischer Wald ist der *Baumwipfelpfad* [s. S. 58] barrierefrei zugänglich, ebenso das *Tier-Freigelände* am Hans-Eisenmann-Haus [s. S. 58]. Im *Naturhochseilpark Schönberg* können Rollstuhlfahrer auf dem Handicap Parcours sogar in luftiger Höhe und bestens gesichert klettern (An der Scheibe/Kadernberg, Schönberg, Tel. 0 99 41/770 10 52, www.die-erlebnis-akademie.de).

Service und Notruf

Notruf
Tel./Mobil: 112 (EU-weit:
Polizei, Unfallrettung, Feuerwehr)

ADAC Info Service
Tel. 0800 5 10 11 12 (gebührenfrei)

ADAC Pannenhilfe Deutschland
Tel. 0180/22 22 22 2 (dt. Festnetz 6 Cent/Anruf; dt. Mobilfunknetz max. 42 Cent/Minute) Mobil-Kurzwahl: 22 22 22 (Verbindungskosten je nach Netzbetreiber/Provider)

ADAC Verkehrsservice
Mobil-Kurzwahl 224 11
(Verbindungskosten je nach Netzbetreiber/Provider)

ADAC Ambulanzdienst München
Tel. +49/89/76 76 76

ÖAMTC Schutzbrief Nothilfe
Tel. +43/1/251 20 00

TCS Einsatzzentrale
Tel. +41/58/827 22 20

Einkaufen

Glas und Porzellan

Der Osten Bayerns blickt auf eine lange Tradition in der Glas- und Porzellanherstellung zurück. Schöne Trinkgefäße kann man bei der *Glasmanufaktur Theresienthal* in Zwiesel oder bei *Poschinger* in Frauenau erwerben. Glaskünstler in Lohberg stellen individuelle Stücke her.

Günstige Porzellanservice kann man im Werksverkauf der Firma *Seltmann* in Weiden erstehen, Bleikristall bei *Nachtmann* in Neustadt/Waldnaab.

Schnapsbrennereien

Gute Kräuterliköre und Obstbrände kommen aus Arrach vom *Drexler-Hof* [S. 83] und aus der *Alten Hausbrennerei Penninger* (Industriestr. 18, Tel. 085 86/961 10, www.penninger.de) in Hauzenberg. In Weiden werden der *Böhmische* sowie der *Stoapfälzer* (Weinhof Peschke, Etzenrichter Str. 33, Tel. 09 61/48 19 90, www.weinhof-peschke.de) gebrannt. Und fein sind auch die Brände von *Greindl* (Kirchplatz 5, Tel. 099 65/262, www.edelobstbrennerei-greindl.de) in Sankt Englmar.

Schnitzereien

An Holz gibt es keinen Mangel im Bayerischen Wald. Bis heute entsteht in der Region ansprechendes Kunsthandwerk aus diesem Rohstoff.

Vor allem Krippenfiguren, Kruzifixe und Heilig-Geist-Kugeln gestaltet etwa Holzbildhauermeister *Fischer* (Höfing 17, Tel. 099 45/1288, www.holzbildhauer-fischer.de) in Bad Kötzting. Krippen entstehen auch beim *Hafner* (Burgstr. 2, Tel. 094 62/262, www.holzschnitzereien-hafner.de) in Falkenstein.

Essen und Trinken

Die traditionelle Küche des Bayerischen Waldes ist einfach, deftig, bäuerlich – und ihren Wurzeln treu geblieben.

Herz und Seele eines gelungenen Mittagessens ist der **Schweinebraten**, mal mit, mal ohne Kruste. Dazu gibt es Kartoffelknödel und Krautsalat. Auch der **Sauerbraten** vom Rind, serviert mit Semmelknödeln und Blaukraut, ist sehr beliebt. Ein weiterer Klassiker der regionalen Küche ist das **Böfflamott**. Es waren wohl Soldaten aus dem Heer Napoleons, die das Boeuf à la Mode nach Bayern brachten. Man bavarisierte die Schreibweise und ergänzte den Rinderschmorbraten um **Bayrisch Kraut**, also gedünsteten Weißkohl mit Speck. Auch hier ist der Semmelknödel die Beilage der Wahl.

Wild aus den Wäldern der Region ist nicht zu verachten, auch wenn der herbe Geschmack eines Rehbratens oder Hirschgulaschs nicht jedermanns Sache ist. Gleiches gilt für die **Schlachtschüssel**, die Wirtshäuser mit Hausmetzgerei an Schlachttagen anbieten. Sie besteht aus gekochter Blut- und Leberwurst, Kesselfleisch – also gegartem Bauchfleisch, Zunge, Leber und Backerl vom Schwein – sowie Sauerkraut. Als Beilage wird oft **Dotsch**, hochdeutsch Kartoffelpuffer, serviert.

Im Herbst kommt die Zeit der Karpfenernte, dann kommt der Fisch vor allem in der Oberpfalz als **Karpfen blau**, gebacken oder als Suppe auf den Tisch. Im Sommer gibt es oft Steckerlfisch, also am Stock gegrillte Renke, Weißfisch oder Brachse aus heimischen Gewässern.

Gerade unter der Woche und auf dem Land kann es dem Urlauber passieren, dass die Speisekarte eher dürftig ausfällt. Dann ist **abgebräunter Leberkäs** mit Spiegelei eine gute Wahl. Grobe **Bratwürste** auf Sauerkraut sowie **Saure Zipfel**, also kleine, in Obstessig mit Lorbeerblättern gekochte Schweinswürste, können ebenfalls im Angebot sein. Auch eine **Sulz**, in Fleischgelee eingelegtes Schweine- oder Rinderfleisch, angereichert mit gekochtem Ei, Paprika und Gurken, ist schmackhaft. Und manchmal bleibt nur der **Brotzeitteller** mit Schinken und Käse.

Als Nachspeise kommt oft **Bayerische Creme** aus Eigelb, Zucker, Milch und süßer Sahne auf den Tisch.

Bei der Verdauung helfen abschließend **Obstbranntweine**, etwa Himbeergeist, oder **Kräuterliköre** wie der Bärwurz.

Nicht nur zum Essen lässt man sich ein **Bier** schmecken. Das Helle ist ein untergäriges, gelbes Bier, dessen Alkoholgehalt bei 4,5 bis 6 % liegt. Gern getrunken wird auch ein Weizen- oder Weißbier, das obergärig gebraut wird und etwa 5,5 % Alkoholgehalt hat. Hier hat man die Wahl zwischen trübem Hefeweizen und klarem Kristallweizen. Eine Nordoberpfälzer Spezialität ist der *Zoigl* [auch: Kommunbier, s. S. 122], ein naturtrübes Bier.

◼ Feiertage

1. Januar (Neujahrstag), 6. Januar (Heilige Drei Könige, Epiphanias), Karfreitag, Ostermontag, 1. Mai (Maifeiertag), Christi Himmelfahrt, Pfingstmontag, Fronleichnam (2. Donnerstag nach Pfingsten), 15. August (Mariä Himmelfahrt), 3. Oktober (Tag der deutschen Einheit), 1. November (Allerheiligen), 25./26. Dezember (1./2. Weihnachtsfeiertag)

◼ Festivals und Events

Januar

Waldkirchen: *Rauhnacht* (5. 1.). Glockengeläut und Mummenschanz soll die Dämonen vertreiben (www.waldkirchen. de/rauhnacht.de).

Februar

Haidmühle: *Internationale Schlittenhunderennen* (Mitte Dez.–März). Selbst Bayerische und Europameisterschaften wurden auf der Strecke bereits ausgetragen (www.sc-haidmuehle.de).

März/April

Furth im Wald: *Leonhardiritt* (Ostermontag). 9.45 Uhr Pferdeumritt mit Feldgottesdienst, 10.45 Uhr Pferdesegnung auf dem Stadtplatz (www.furth.de).

Regen: *Osterritt* (Ostermontag). Ab 9 Uhr Gottesdienst, Flurritt und Segnung (www.pfarrei-regen.de).

April

Lallinger Winkel: *Apfelblütenfest* – je nach Wetter am letzten April- od. 1. Maisonntag.

Mai

Weiden: *Weidener Literaturtage:* 10 Tage im Mai

Mai/Juni

Bad Kötzting: *Pfingstritt* (Pfingstmontag). Ritt von Bad Kötzting zur Wallfahrtskirche Steinbühl (www.koetzting.de).

St. Englmar: *Englmari-Suchen* (Pfingstmontag). Schauspiel um die Bestattung des hl. Engelmar, Beginn ca. 8 Uhr am Kirchplatz (www.sankt-englmar.de).

Holzkirchen bei Ortenburg: *Kerzenwallfahrt* (Pfingstfreitag – Pfingstsonntag). Prozession mit einer 13 m hohen ›Kerze‹ von Holzkirchen über Deggendorf zum Bogenberg (www.kerzenwallfahrt.de).

Neuschönau: *NaturVision*, internationales Festival für Natur-, Tier- und Umweltfilm, Ende Mai/Anf. Juni.

Oberviechtach: *Eisenbarth-Festspiele*. Barockschauspiel um den Wandermediziner (www.doktor-eisenbarth.de).

Juni

Rinchnach: *Fuhrleute-Gedächtnisfahrt* (vorletzter So im Monat, ab ca. 10 Uhr). Über 60 Pferdegespanne und Kutschen ziehen zu Kirchen und Kapellen rund um Rinchnach (www.rinchnach.de).

Juni/Juli

Straubing: *Agnes-Bernauer-Festspiele* (2015, 2019 ...). Schauspiel um die Geliebte Herzog Albrechts III. im Hof des Straubinger Herzogsschlosses (www.agnes-bernauer-festspiele.de).

Passau: *Europäische Wochen*. Musik, Diskussionsrunden und Kino zur kulturellen Einheit Europas (www.ew-passau.de).

Juli

Burg Falkenstein: *Burghhofspiele Falkenstein* in historischem Ambiente (www.burghofspiele-falkenstein.eu).

Nabburg: *Mittelalterlicher Markt* (Mitte des Monats, 2016, 2018 ...), 2 Tage Spektakel in der Altstadt (www.vg-nabburg.de).

Neuschönau: *NaturVision*. Tolle Bilder beim Internationalen Natur - und Tierfilm-Festival (www.natur-vision.de).

Regensburg: *Schlossfestspiele*. Klassik und Musical im Hof des fürstlichen Schlosses (www.thurnundtaxis.de).

Regensburg: *Bayerisches Jazzweekend* (2. WE). Jazz in Kneipen und auf Plätzen (www.bayerisches-jazzweekend.de).

Straubing: *Bluetone – Das Festival an der Donau*. 5 Tage Musik, Kabarett u.v.m., Joe Cocker und LaBrass Banda (bluetone.de).

Zwiesel: *Grenzlandfest* (Mitte des Monats). 9 Tage dauerndes Traditions-Volksfest (www.grenzlandfest-zwiesel.de).

Juli/August

Waldmünchen: *Trenckfestspiele*. Schauspiel um den berüchtigten Panduren-oberst (www.trenckfestspiele.de).

Bad Kötzting: *Waldfestspiele*. Heimatstücke und Klassiker auf Bairisch (www.waldfestspiele-koetzting.de).

Furth im Wald: *Sommertheater*. Theater für Kinder auf der Waldbühne (www.waldbuehne-furth.de).

Rimbach: *Lichtenegger Burgfestspiele*. Freilicht-Aufführungen in der Burgruine Lichtenegg (www.libu.de).

Leuchtenberg: *Burgfestspiele Leuchtenberg*. Theater und Musical im Burghof (www.landestheater-oberpfalz.de).

August

Furth im Wald: *Further Drachenstich*. Ältestes Volksschauspiel Deutschlands (www.drachenstich.de).

Straubing: *Gäubodenvolksfest* (ab 2. WE). Zweitgrößtes Volksfest Bayerns (www.volksfest-straubing.de).

Großer Arber: *Arber-Kirchweih* (vorletzter So im Monat). Festgottesdienst auf dem Arber ab ca. 10 Uhr, Fest am Arberschutzhaus (www.arberschutzhaus.de).

September

Straubinger Land: *Bluval Festival*. Klassik und E-Musik (www.bluval.de).

Weiden: *Max Reger-Tage*. Konzerte mit der Musik Max Regers, auch Meisterkurse (www.maxregertage.de).

November

Passau: *ScharfrichterBeil* (Preisverleihung Anfang Dez.). Wettbewerb um Kabarettpreis (www.scharfrichterhaus.de).

Rinchnach: *Wolfauslassen* (10. Nov.). Lautstarkes Brauchtumsspektakel mit Glockengeläut und Goaßlschnalzen zur Dämonenabwehr (www.rinchnach.de).

Dezember

Passau, Regensburg u.a.: *Christkindlmärkte* (Advent – 24. Dez.)

■ Klima und Reisezeit

Das Klima in der Region Bayerischer Wald variiert je nach Höhe und Lage.

Während im eigentlichen Bayerischen Wald um den Großen Arber **schneereiche Winter** eher die Regel sind, präsentieren sich die Städte entlang der Donau zwischen November und Februar grau und nebelverhangen. Ende April, wenn der letzte Schnee geschmolzen ist, beginnt im Bayerischen Wald die **Wandersaison**. Bis in den Oktober kann man dann mit milden Tagen rechnen. Die Sommer sind angenehm warm.

Zugleich sollte man nicht vergessen, dass der Spruch, im Bayerischen Wald herrsche ein Dreivierteljahr Winter und ein Vierteljahr sei es kalt, zumindest einen Funken Wahrheit enthält. Denn der regelmäßig auffrischende **Böhmische**, ein Fallwind aus dem Osten, bringt im Sommer kühles, wenngleich sonniges, im Winter aber sehr kaltes Wetter in den Osten Bayerns. Warme Kleidung gehört also immer ins Reisegepäck.

Klimadaten Regensburg

Monat	Luft (°C) min./max.	Sonnen- std./Tag	Regen- tage
Januar	-4,5/ 0	1,4	9
Februar	-3/ 3	2,7	8
März	0/ 8	4,1	9
April	3/ 13	5,6	9
Mai	7,5/18	6,7	11
Juni	11/21,6	7,2	11
Juli	12/23,6	7,6	11
August	12/23	7	10
September	9/19	5,5	8
Oktober	5/13	3,5	7
November	1/ 6	1,5	10
Dezember	-3/ 2	1,2	10

Klimadaten Zwieselberg, bei Zwiesel

Monat	Luft (°C) min./max.	Sonnen- std./Tag	Regen- tage
Januar	-7/ 0	2,1	13
Februar	-6/ 3	3,2	10
März	-3/ 7	3,9	11
April	0,6/ 11,5	5	11
Mai	5/16,5	5,9	13
Juni	8/19,5	6,2	13
Juli	10/21	6,6	12
August	9/21	6,4	12
September	6/18	5,3	10
Oktober	2/13	4,5	8
November	-2/ 6	2,3	12
Dezember	-5,4/ 1,4	1,9	14

Kur

Bad Kötzting ist der einzige Kurort im Bayerischen Wald. Allerdings ist Regensburg nicht weit von den traditionsreichen Thermalbädern Bad Abbach und Bad Gögging entfernt. Von Passau sind Bad Griesbach, Bad Birnbach und Bad Füssing schnell erreicht.

Bayerisches Golf- und Thermenland, Luitpoldstr. 20, 93047 Regensburg, Tel. 09 41/585 39 30, www.bayerisches-thermenland.de und www.ostbayern-tourismus.de

Sport

Angeln

Wer in den Gewässern Bayerns angeln will, braucht einen Fischereischein und eine Angelkarte und muss sich an die Bayerische Fischereiverordnung halten. Angelkarten gibt es bei den jeweiligen Tourismusämtern.

Landesfischereiverband Bayern e.V., Pechdellerstr. 16, 81545 München, Tel. 089/64 27 26 0, www.lfvbayern.de

Baden

Die größten Seen finden sich rund um Schwandorf und Wackersdorf, entlang des Regens und der Schwarzach entstanden mehrere schöne Stauseen. Darüber hinaus gibt es eine Reihe von Erlebnisbädern wie den **Karoli Badepark** in Waldkirchen oder das **Aqua-Fit** in Waldmünchen, ferner Wellnessbäder wie das **Sibyllenbad** in Neualbenreuth.

Golf

Mit Handicap 54 und Clubausweis ist man als Gast auf vielen Plätzen willkommen. Im Folgenden eine Auswahl:

Golf- und Land- Club Regensburg, 93093 Jagdschloss Thiergarten, Tel. 094 03/505, www.golfclub-regensburg. de. 18-Loch-Golfplatz im waldreichen ›fürstlichen Thiergarten‹.

Golf-Club Furth im Wald e.V., Voithenberg 3, 93437 Furth im Wald, Tel. 099 73/20 89, www.gc-furth.de. 18-Loch-Platz mit altem Baumbestand und Teichbiotopen; Bergauf-Bahnen.

Golfclub Straubing, Bachhof 9, 94356 Kirchroth, Tel. 09428/90 24 50, www.golfclub-straubing.de. 18-Loch-Platz, 9-Loch-Übungsplatz mit Driving Range.

Deggendorfer Golfclub e.V., Rusel 123, 94571 Schaufling, Tel. 099 20/89 11, www.deggendorfer-golfclub.de. 18-Loch Platz Platz, mit Bächen und Naturteichen als Wasserhindernisse.

Golf- & Land Club Oberpfälzer Wald, Kemnath bei Fuhrn/Ödengrub, 92431 Neunburg v. Wald, Tel. 094 39/466, www.glcoberpfaelzerwald.de. 18-Loch-Platz mit anspruchsvollen Bahnen.

Klettern

Im Bayerischen Wald findet man einige gute Kletterfelsen. In der Regel befinden sie sich inmitten des Waldes und wollen daher zunächst erwandert werden. Zu ihnen gehören die Rauchröhren am Kaitersberg zwischen Bad Kötzting und Lam, der Teufelstisch bei Mitterfels nahe Sankt Englmar und der Torfels bei Geigant nördlich von Cham. Geeignet sind auch der Ochsenfels bei Waldkirchen, der Pfahl bei Viechtach sowie der Eidenberger Lusen bei Wegscheid.

Während der Vogelbrutzeit können einige Felsen gesperrt sein; über die aktuelle Situation informiert:

Deutscher Alpenverein e.V., Von-Kahr-Str. 2–4, 80997 München, Tel. 089/14 00 30, felsinfo.alpenverein.de

Einfacher zugänglich sind die professionell betriebenen **Hochseilgärten** der Region, etwa in Waldkirchen, Schönberg oder Waldmünchen.

Laufveranstaltungen

Weiden: *Weidener Straßenlauf* (Mai, Infos E. Engl, Tel. 0170/48 43 570). 10 km durch die Stadt, eine von acht Veranstaltungen des Oberpfälzer Volkslauf-Cups (www.djkweiden.de).

Regensburg: *Regensburg Marathon* (Mai). Auch Halb-, Viertel- und Minimarathon durch mittelalterliche Gassen (www.regensburg-marathon.de).

Amberg: *FreundschaftsMarathon* (September/Oktober). Alle 2 Jahre von Amberg nach Weiden (2015, 2017 …, www.freundschaftsmarathon.de).

Luftsport

Eduard Engl, Kirschenweg 15, 92224 Amberg, Tel. 096 21/37 26 41 www.tandemfun.de, Fallschirmspringen, Tandemfallschirmspringen, auch Ausbildung.

Flugschule Ostbayern, Flughafen Latsch bei Weiden, Tel. 09 61/377 28, www.flugschule-ostbayern.de. Rundflüge über Oberpfälzer Wald und Bayerischen Wald. Die Cessnas fliegen bis Regensburg.

Flugzentrum Bayerwald, Schwarzer Helm 71, 93086 Wörth an der Donau, Tel. 094 82/95 95 25, www.flugzentrum-bayerwald.de. Ballonfahrten, Drachen- und Gleitschirmfliegen.

Mountainbike

Für Mountainbiker gibt es im Bayerischen Wald viele reizvolle Strecken. Eine echte Herausforderung ist der in Bayerisch Eisenstein beginnende **Nationalpark-Radweg** (80 km). Er führt, meist weit abseits der Zivilisation, zum Grenzübergang Haidmühle nördlich von Waldkirchen. Geradezu abenteuerlich wird es wenn man diesen Weg über die **Šumava-Tour** durch den tschechischen Nationalpark zum Rundkurs zurück nach Bayerisch Eisenstein macht. Die anspruchsvolle Strecke ist dann ca. 105 km lang und sollte angesichts ihrer Abgeschiedenheit nur mit gutem Material und entsprechender Ausrüstung angegangen werden.

Gut ausgeschilderte Trails finden sich im **Lamer Winkel**, rund um **Sankt Englmar** und **Bodenmais**, wo der **Große Arber** ausdauernde Mountainbiker lockt. Dank eines gut ausgebauten Forstwegs kann man auch den **Großen Falkenstein** im Nationalpark von Zwieslerwaldhaus aus ohne größere Probleme bezwingen.

Im **Oberpfälzer Wald** mangelt es vielerorts noch an ausgewiesenen Routen für Mountainbiker, doch wer sich an die Wanderwege hält und rücksichtsvoll fährt, kann auch hier das abwechslungsreiche Terrain genießen.

Bayerwald Bike, Emanuel-Schikaneder-Str. 9, Viechtach, Tel. 099 42/25 44, www.bayerwald-bike.de. Geführte Mountainbike-Touren.

Radwandern

Die Städte im Donautal zwischen Regensburg und Passau verbindet der **Donauradweg** (153 km) meist auf allein dem Fahrradfahrer vorbehaltenen, nicht asphaltierten Wegen. Der **Regental-Radweg** (163 km, s. S. 104) folgt dem Fluss von der Mündung in die Donau bei Regensburg bis zur deutsch-tschechischen Grenze bei Bayerisch Eisenstein. Ebenfalls in Regensburg beginnt der **Naabtal-Radweg** (99 km) bis Luhe-Wildenau. Seine reizvolle Fortsetzung bildet der **Waldnaabtal-Radweg** (70 km) über Weiden, Windischeschenbach und Tirschenreuth zur Quelle am Entenbühl. Ebenfalls ›seinen‹ Fluss begleitet der **Schwarzachtal-Radweg** (67 km, s. S. 91) von Schwarzenfeld nach Waldmünchen.

Auch auf zu Fahrradwegen umfunktionierten Bahntrassen können sich Radfahrer die Hügellandschaft von Bayerischem und Oberpfälzer Wald ohne allzu große Anstrengungen erschließen. So führt der **Falkenstein-Radweg** (43 km) von Regensburg zur Burg Falkenstein. Der

Bootswandern auf Naab und Regen

Eine Möglichkeit, den Bayerischen Wald von einer ganz anderen Seite kennenzulernen, ist, ihn vom Wasser aus zu betrachten. Ungeübte können zum Beispiel von Regen nach Auerkiel fahren. Das folgende, etwa 8 km lange Teilstück des Regens bleibt erfahrenen Kajakfahrern vorbehalten, ist allerdings von atemberaubender landschaftlicher Schönheit. Durchgängig befahrbar, von einigen Umtragestellen einmal abgesehen, ist der Regen vom Blaibacher See bis Regensburg. Für diese unschwere Strecke benötigt man ungefähr fünf Tage.

Zwischen Windischeschenbach und Neustadt ist auch die Waldnaab bequem mit dem Kanu befahrbar, gleiches gilt für die Naab ab Oberwildenau. Bis Regensburg sollte man vier bis fünf Tage einplanen.

Kanusport Frieser, Gladiolenweg 9, 92637 Weiden, Tel. 09 61/250 03, www.kanusport-frieser.de. Waldnaab, Naab, Pfreimd, Schwarzach.

Robson Adventure, Hinhart 1, 94209 Regen, Tel. 099 21/88 21 90, Mobil 01 60/94 58 24 22, www.robson-adventure.de. Regen.

Zankls Kanu- und Canadierverleih, Tiefental 12, 93468 Miltach, Tel. 099 44/28 23, www.kanuverleih-zankl.de. Regen, Seentouren.

Bocklradweg (43 km, s. S. 119) bringt den Radler von Neustadt/WN nach Pleystein und der **Bayerisch-Böhmische Freundschaftsradweg** (60 km, s. S. 112) von Nabburg nach Schönsee. Auch der **Adalbert-Stifter-Radweg** (39 km) folgt, nach einem kräftezehrenden ersten Teilstück von 10 km zwischen Röhrnbach und Waldkirchen, einer stillgelegten Bahntrasse bis zur deutsch-tschechischen Grenze in Haidmühle gemächlich bergan. Parallel zur Zugverbindung von Deggendorf nach Patersdorf verläuft der **Waldbahnradweg** (26 km). Da der Anstieg von Deggendorf aus recht anstrengend ist, empfiehlt sich die Fahrt mit der Bahn nach Gotteszell oder Regen, um dann zur Donau hinab zu radeln.

Anspruchsvoller sind die Radwege, die den Kammlagen des Mittelgebirges in Nord-Südrichtung folgen. So begleitet der **Grüne-Dach-Radweg** (240 km) die deutsch-tschechische Grenze von Waldsassen bis Bayerisch Eisenstein.

Bayernnetz für Radler: www.bayerninfo.de/rad

Reiten

Im Bayerischen Wald stehen Pferdefreunden insgesamt über 1000 km Reitwege und rund 180 Reitstationen zur Verfügung.

ARGE Ross und Reiter Niederbayern: www.ross-und-reiter-urlaub.de

Gut Aichet, 94136 Thyrnau, Tel. 085 01/272, www.gut-aichet.de. Kurse, Turniere u. m.

Pullman City Horse Stables, Ruberting 30, 94535 Eging am See, Tel. 085 44/

97490, www.pullmancity.de. Ställe für Pferdewanderer in Westernatmosphäre.

Freizeitreitstall Kapellenhof, Kapellenhof 1, 94160 Ringelai, Tel. 08555/4336, www.freizeitreitstall.de. Unterricht, Ausritte, Trekking.

Wandern

Hervorragend ausgeschilderte Wanderwege erschließen die Gipfel des Bayerischen Waldes. Diese sind angesichts ihrer vergleichsweise geringen Höhen selbst für weniger ausdauernde Marschierer gut zu erreichen. Recht bekannt ist der **Goldsteig** (www.goldsteig-wandern.de) von Marktredwitz nach Passau. Mit zwei Routen – eine über die Höhen des Bayerischen Waldes, die andere durch den hügeligen Vorwald – ist er insgesamt 660 km lang. Weitere Weitwanderwege sind der **Böhmweg** von Deggendorf nach Bayerisch Eisenstein, der auf vier unterschiedlichen Routen von Passau aus an die bayerisch-tschechische Grenze führende **Goldene Steig** und der **Baierweg** von Mariaposching bei Straubing nach Furth im Wald.

Bayerischer Waldverein: www.bayerischer-wald-verein.de

Oberpfälzer Waldverein: www.owv-hv.de

Karten: Bayerisches Landesvermessungsamt, 1:25000 und 1:50000, erhältlich im örtlichen Buchhandel oder beim Landesvermessungsamt. Auch die Touristen-Informationsämter vor Ort geben Wanderkarten aus. Im ADAC Verlag ist der Wanderführer *Bayerischer Wald* erschienen.

Wintersport

Für **Langläufer** bietet der Bayerische Wald in schneereichen Wintern mit bis zu 5800 gespurten Loipenkilometern ideale Bedingungen.

Ein besonders ausgedehntes Wegenetz erstreckt sich um das *Aktivzentrum Bodenmais-Bretterschachten* (5–15 km südöstlich Bodenmais, Tel. 09924/778135, www.aktivzentrum-bodenmais.de). Von Bayerisch Eisenstein aus erreicht man die Loipen um den *Brennes-Sattel* auf der anderen Seite des Arbermassivs. In Bayerisch Eisenstein starten auch Loipen in den Šumava-Nationalpark unmittelbar jenseits der deutsch-tschechischen Grenze. Anbindung nach Tschechien hat man auch von *Waldmünchen* (Schnee-Tel. 09972/8220) aus. Gleiches gilt für das Skigebiet um *Mauth-Finsterau* (Schnee-Tel. 08557/973838, www.mauth.de) mit über 100 km gespurter Loipen.

Abfahrer und **Snowboarder** können ihrem Sport am *Großen Arber* (Schnee-Tel. 09925/941480, www.arber.de), am *Geißkopf* (Schnee-Tel. 09920/485, www.geisskopf.de) über Bischofsmais oder am *Hohenbogen* (Schnee-Tel. 09947/2654, www.hohenbogen.de) über Neukirchen beim *Hl. Blut* nachgehen. Auch das Wintersportgebiet Sankt Englmar (Schnee-Tel. 09965/19750, www.sankt-englmar.de) verfügt über einige Skipisten.

Schlittenfahren kann man an Geisskopf (2 km) und Silberberg bei Bodenmais und am Großen Arber (1200 m).

Schneeschuhwanderer sollten sich an die ausgeschilderten Wanderwege halten. Geführte Touren bieten:

Schneeschuhtouren Sport Eder + Berger Tel. 08503/801026, www.sport-eder.de

Willy Gödel, Steinwiesstr. 27, 94065 Waldkirchen, Tel. 08581/989574, www.goedel-sailing.de. Schneeschuh- und Skitouren.

Statistik

Lage: Der Bayerischer Wald hat eine Fläche von ca. 6900 km^2, der nördlich angrenzende Oberpfälzer Wald ist etwa gleich groß. Nach Westen und Südwesten begrenzen zwischen Tirschenreuth und Regensburg Waldnaab und Naab die Region, anschließend bis Passau die Donau. Nach Osten trennen die Kammlagen des Mittelgebirges den Bayerischen und Oberpfälzer Wald vom tschechischen Böhmen, im Süden schließt sich Österreich mit dem Mühlviertel an. Der höchste Gipfel ist der Große Arber (1456 m).

Das Mittelgebirge entwässert zur Donau hin, längste Flüsse sind Naab im Norden und Regen im Südosten. Der Nordwesten des Landkreises Tirschenreuth gehört über die im Fichtelgebirge entspringende Eger zum Einzugsgebiet der Elbe.

Verwaltung: Die Region besteht aus elf Landkreisen und fünf kreisfreien Städten (Regensburg, Weiden, Landshut, Straubing, Passau).

Einwohnerzahl: Zwischen Tirschenreuth im Norden und Passau im Süden leben etwa 1,5 Mio. Menschen. Davon entfallen gut 700000 Einwohner auf den Bayerischen und 800000 auf den Oberpfälzer Wald. Seit der Jahrtausendwende sinken die Einwohnerzahlen, besonders in den strukturschwachen Gebieten im Norden und entlang der tschechischen Grenze. Allein der Raum Regensburg widersetzt sich diesem Trend.

Wirtschaft: In wirtschaftlicher Hinsicht nimmt Regensburg dank Automobilindustrie (BMW, VDO), Mikroelektronik (Infineon) und Informationstechnologie seit den 1990er-Jahren einen der vorderen Plätze ein. Die zwei Hochschulen am Ort sorgen für qualifizierten Nachwuchs. Straubing und Deggendorf profitieren vom BMW-Standort in Dingolfing, und in der Region Cham sind mehrere Zulieferbetriebe der Automobilindustrie zuhause. In Weiden konnten sich die Porzellanhersteller Bauscher und Seltmann behaupten, zudem haben der Modeversand Witt und die Werkstattkette ATU hier ihre Zentralen.

Doch durch ihre Lage abseits der größeren Städte kämpfen Bayerischer Wald und Oberpfälzer Wald mit erheblichen Strukturproblemen. Die einst bedeutende Glasindustrie ist vielerorts zusammengebrochen, von Land- und Holzwirtschaft können nur noch wenige Menschen leben. Da keine neuen Wirtschaftszweige diese Lücken füllen, steigt die Zahl der Auspendler ins prosperierende Oberbayern seit Jahren.

Entsprechend wichtig ist der **Fremdenverkehr** in der Region. Der Tourismusverband Ostbayern (www.ostbayern-tourismus.de) verzeichnet jedes Jahr mehr als 4 Millionen Gästeankünfte. Der größte Teil davon entfällt auf den Bayerischen Wald mit seinen fast 100 000 Betten. Im Oberpfälzer Wald sind es knapp 15 000.

Unterkunft

Camping

Im Bayerischen und Oberpfälzer Wald gibt es gut 50, oft ganzjährig geöffnete Campingplätze. Eine Auswahl geprüfter Plätze bieten ADAC Campingführer und ADAC Stellplatzführer (adac.de/camping fuehrer). Die Inhalte gibt es auch als App für iPhone, iPad und Android in Appstores von Apple und Google.

Jugendherbergen

In 17 Jugendherbergen können Bayerwald-Reisende übernachten. Voraussetzung ist die Mitgliedschaft im DJHW.

Deutsches Jugendherbergswerk (DJ

HW), Bismarckstr. 8, 32756 Detmold, Tel. 052 31/740 10, www.jugendherberge.de

Hotels

Neben einem breiten Angebot von Unterkünften mit einfachem Komfort hat sich für eine Vielzahl von Häusern ein solides Drei-Sterne-Niveau durchgesetzt.

Verkehrsmittel

Bahn

Die Deutsche Bahn bietet das **Bayern-Ticket** für Gruppen bzw. Singles an. Es ist gültig in sämtlichen Regionen Bayerns für bis zu 5 Personen (mit geringem Aufschlag ab der 2. Pers.) einen Tag lang von 9–3 Uhr, u. a. an Wochenenden ganztägig in Nahverkehrszügen, in Verkehrsverbünden (auch mit priv. Betreibern.) u. zahlreichen Bussen, ebenso als Nachtangebot erhältlich (18–6 Uhr, Wo.ende bis 7 Uhr).

Das **Bayerwald-Ticket** (www.bayerwald-ticket.com) ist ein Verbundfahrschein für die öffentlichen Verkehrsmittel im Nationalpark und Naturpark Bayerischer Wald.

Mehrere Gemeinden im Bayerischen Wald, von Bayerisch Eisenstein bis Zwiesel, bieten ihren Übernachtungsgästen als besonderen Service das **GuTi**, das **Gästeservice Umweltticket**. Es erlaubt die kostenlose Nutzung von Bussen und Bahnen in der Region.

Beide Tickets gelten auch auf den durchgehenden Fahrten der Waldbahn bis ins tschechische Špičák und auf ausgewählten RBO-Linien (www.rbo.de) ebenfalls bis zu grenznahen Zielorten in der Tschechischen Republik.

Bus

Die Linien sind meist nach Landkreisen organisiert und nicht in einem Verkehrsverbund zusammengeschlossen, d. h. jede einzelne hat ihre eigenen Fahrkarten.

Regionalbus Ostbayern GmbH (RBO), Tel. 09 41/500 65 22, www.rbo.de

Mietwagen

Für Mitglieder bietet die ADAC Autovermietung günstige Konditionen an. Buchungen über www.adac.de/autovermietung, die ADAC Geschäftsstellen oder unter Tel. 089/76 76 20 99.

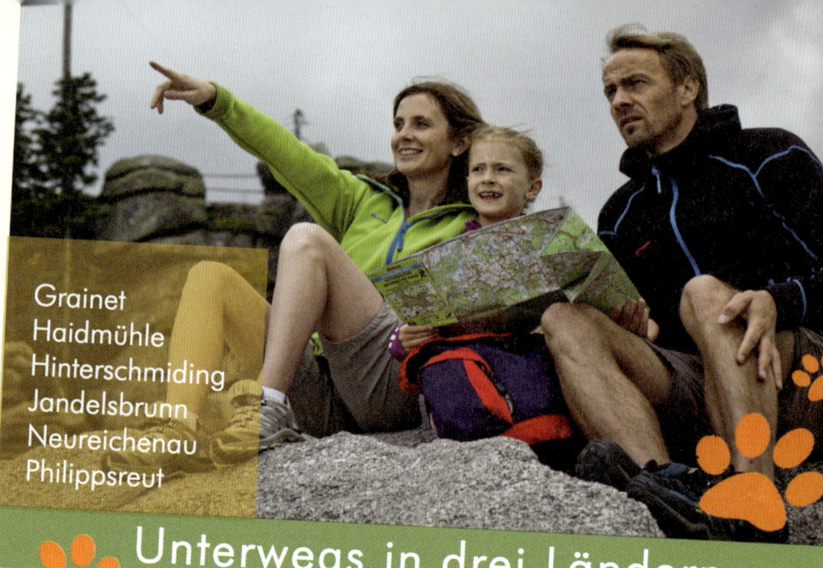

Unterwegs in drei Ländern

Familie (2 Erwachsene und 2 Kinder), buchbar von April - Oktober
buchbar in 6 Gemeinden der Ferienregion Dreiländereck

- 7 Übernachtungen in einer Ferienwohnung, Hotel oder Pension
- Erlebnisnachmittag auf dem Biobauernhof in Frauenberg (D)
- Eintritt am längsten Baumwipfelpfad Deutschlands mit Baumei (D)
- Besuch bei Luchs, Bär, Elch und Wildschwein (D)
  (Wanderung durch das Tierfreigelände Bayerischer Wald)
- Eintritt „Villa Sinnenreich" - Museum der Wahrnehmung (A)
- Infomaterial für Ausflüge nach Tschechien (CZ)
- Dreiländereck-Tasche gefüllt mit Überraschung und Infos

Preis inkl. allen Eintritten und Leistungen
zzgl. Kurbeitrag

ab 88,00 Euro/Person
bei 2 Erwachsenen und 2 Kindern

ARGE Dreiländereck- Dreisesselstraße 8
94089 Neureichenau - Tel. 08583 9601-20
info@dreilaendereck-bayerischer-wald.de
www.dreilaendereck-bayerischer-wald.de

Register

Bildnachweis

Titel: Frau wandert am Pfahl in der Nähe von Regen
Foto: **Getty Images** (Andreas Strauss)

Rücktitel: links: **Bildagentur Huber** (Reinhard Schmid); rechts: **Shutterstock** (Bildagentur Zoonar GmbH)

akg images: 12, 13.1, 13.2, 14, 43.2 – **Alimdi:** 57 (Siepmann), 58 (Hauke), 74 (Heine) – **Archiv Agnes Bernauer Verein:** 25 (Scharrer) – **Bildagentur Huber:** 2.1 (Wh. 106), 2.3 (Wh. 40), 2.4 (Wh. 22.2), 3.2 (Wh. 84), 3.4 (R. Schmid) (Wh. 90), 7.2, 8.3, 9 (R. Schmid), 11.1 (R. Schmid), 11.2, 16/17, 19, 21.1, 22.2, 29, 40, 51 (R. Schmid), 61, 67, 82/83, 84 (Gräfenhain), 102.1 (Wh. 4.2), 105, 106, 128 (R. Schmid) – **Centrum Bavaria Bohemia:** 109.1 – **Corbis:** 117 (Westend61/Siepmann) – **Eberhard von Kuenheim-Stiftung:** 62 (David Ausserhofer) – **f1online:** 36.1 (Westend61/Weinhäupl), 104 (Otto), 120 – **Fotolia:** 5 (Robert Biedermann) (Wh. 34/35), 63 (Bergfee), 124 (tomcool), 126 (Martin Hausner) – **Fürst Thurn und Taxis Zentralarchiv:** 3.3 (Wh.), 100 – **Gäubodenmuseum:** 22.1 – **Glow Images:** 54 (Marcus Siebert) – **Gerhard Götz:** 109.2, 111.1, 111.2 – **Norbert Grüner:** 123 – **Granitzentrum Hauzenberg:** 49 (Dionys Asenkerschbaumer) – **Haus am Strom:** 45 – **Kunstsammlung des Bistums Regensburg:** 97 – **KZ-Gedenkstätte Flossenbürg:** 129 (Wentzler) – **Laif:** 39, 41.2, 115.1 (Standl), 47.2, 68 (Kirchner), 59.2 (Louis-Marie Perau/hemis) – **Look:** 36.2 (TerraVista), 38, 43.1 (Quadriga Images), 66 (Strauss), 80 (Stankiewicz), 103 (Strauss) (Wh. 4.4), 107 (Zielske), 113 (age fotostock) – **Mauritius Images:** 2.2 (Wh. 95), 8.1 (imagebroker), 8.2 (imagebroker/Norbert Eisele-Hein), 23 (Siepmann), 26, 77 (imagebroker/Bahnmüller), 28, 52/53 (Christian Bäck), 87, 91, 92, 95, 99, 115.2, 127 (imagebroker/Siepmann), 33 (imagebroker/Lenz), 47.1, 81.2, 86, 88 (imagebroker/Dr. Bahr), 85 (Otto), 121 (imagebroker/Otto Stadler), 137 (go images) – **Monheim:** 3.1 (Wh. 110), 21.2 (Roman von Goetz) – **Günter Moser:** 108, 110, 119 – **Ostdeutsche Galerie:** 101 (Schmidt) – **Andreas Mühlbauer:** 89 – **Picture Alliance:** 15.1 (Claus Felix/dpa), 15.2 (Armin Weigel/dpa) – **Pullman City:** 52 (Ramona Schwarz) – **Stadt Regensburg, Bilddokumentation:** 102.2 – **Stadtarchiv Waldkirchen:** 48 – **Stadtmuseum Deggendorf:** 31 – **Transit:** 6.1, 6.2, 32, 41.1, 55, 56, 73.1, 78, 96 (Peter Hirth) – **Hanna Wagner:** 27, 59.1, 65, 71, 73.2, 76/77, 81.1 – **Thomas Peter Widmann:** 10.1 (Wh. 4.1), 10.2 (Wh. 4.3), 50, 69, 70, 75, 98 – **your photo today:** 7.1, 64 (Gerolf Nießmer)

Impressum

Herausgeber: TRAVEL HOUSE MEDIA GmbH, München
Programmleitung: Dr. Michael Kleinjohann
Verlagsleitung: Ulrich Safferling
Redaktionsleitung: Jens van Rooij
Autor: Regina Becker
Redaktion: Intermag Publishing GmbH, München
Bildredaktion: Intermag Publishing
Satz: Intermag Publishing
Karten (Umschlag): ADAC e.V., München
Karten (Innenteil): Computerkartographie Carrle, München
Herstellung: Anna Bäumner
Druck: Drukarnia Dimograf Sp z o.o. (Polen)

Ansprechpartner für den Anzeigenverkauf:
KV Kommunalverlag GmbH & Co. KG,
MediaCenter München, Tel. 089/92 80 96 44

ISBN 978-3-95689-103-8

Neu bearbeitete Auflage 2015
© 2015 TRAVEL HOUSE MEDIA GmbH, München
ADAC Reiseführer Markenlizenz der ADAC Verlag GmbH & Co. KG, München